中原文化研究丛书

中华孙姓源流暨孙姓文化研究

卫绍生 主编

U0838265

中原出版传媒集团
大地传媒

大象出版社
·郑州·

图书在版编目(CIP)数据

中华孙姓源流暨孙姓文化研究 / 卫绍生主编.— 郑州：大象出版社，2017. 2
ISBN 978-7-5347-8576-4

Ⅰ. ①中…　Ⅱ. ①卫…　Ⅲ. ①姓氏—研究—中国
Ⅳ. ①K810. 2

中国版本图书馆 CIP 数据核字(2017)第 005390 号

中华孙姓源流暨孙姓文化研究

卫绍生　主编

出 版 人　王刘纯
责任编辑　郑强胜
责任校对　钟　骄
书籍设计　王　敏

出版发行　大象出版社(郑州市开元路 16 号　邮政编码 450044)
　　　　　发行科　0371-63863551　总编室　0371-65597936
网　　址　www.daxiang.cn
印　　刷　新乡市龙泉印务有限公司
经　　销　全国新华书店
开　　本　787mm×1092mm　1/16
印　　张　20
字　　数　300 千字
版　　次　2017 年 4 月第 1 版　2017 年 4 月第 1 次印刷
定　　价　56.00 元
若发现印、装质量问题，影响阅读，请与承印厂联系调换。
印厂地址　河南省新乡经济开发区中央大道中段
邮政编码　453731　　　　电话　0373-5590988

“中原文化研究”丛书编委会

主　任：魏一明　张占仓

副主任：袁凯声

主　编：卫绍生

副主编：李立新

编　委：许凤才　杨　波　郭　艳　孔令环　席　格　郭树伟

《中华孙姓源流暨孙姓文化研究》编委会

主　任：孙山巍　卫绍生

副主任：孙海峰　李立新

主　编：卫绍生

副主编：李立新

编　委：许凤才　孙立柱　孙庆国　孙广琢　孙腾海　杨　波
郭　艳　孙仲宽　孙慧玲　孔令环　席　格　郭树伟

中国濮阳·中华孙姓源流研讨会开幕式现场

中国濮阳·中华孙姓源流研讨会会场

河南省社会科学院党委书记魏一明致辞

濮阳市委常委、宣传部部长郭岩松致辞

河南省社会科学院文学研究所所长卫绍生主持会议

河南省社会科学院历史与考古研究所所长张新斌发言

中国社会科学院历史研究所先秦史研究室主任徐义华发言

中国社会科学院考古研究所研究员曹定云发言

河南省社会科学院历史与考古研究所研究员马世之发言

河南省社会科学院历史与考古研究所研究员任崇岳发言

河南省社会科学院原纪委书记杨海中发言

中国青年政治学院教授王大良发言

陕西博物馆研究员杨东晨发言

国家图书馆分馆研究馆员孙学雷发言

河南大学教授李玉洁发言

南开大学教授朱彦民发言

河南省社会科学院文学研究所副所长李立新研究员做学术总结

浙江大学副教授孙国有发言

郑州大学教授孙俊杰发言

河南科技大学文学院院长薛瑞泽发言

郑州航空工业管理学院中国文化与市场经济研究所所长李海龙发言

河南省姓氏文化研究会副会长石小生发言

四川行政学院教授孙和平发言

濮阳市孙氏文化研究会荣誉会长高友谦发言

河南省社会科学院河洛中心副主任李乔研究员发言

河南省社会科学院文学研究所副所长杨波博士宣读会议纪要

目 录

中华孙姓源流研究

孙姓历史名人研究

孙姓文化及相关研究

研讨会相关文件

中华孙姓源流研究

孙姓的三个来源

⊙任崇岳

濮阳是历史名城，中国历史上许多重大历史事件都发生在这里，许多名人诞生在这里。夏禹在昆吾铸九鼎，昆吾即今天的濮阳县。春秋时期，晋楚城濮之战是一次著名的战役，楚国大败，大将子玉自杀，“退避三舍”的典故由此产生。春秋时期诸侯在卫国会盟多达 15 次，有 7 次在戚城；战国时期魏、齐马陵之战，孙膑用巧计打败庞涓，迫使庞涓自杀，马陵在今范县西南，属于濮阳市；东汉末年曹操、吕布曾大战于濮阳，吕布败北；北宋中叶宋真宗在寇准辅佐下，与辽圣宗在澶渊打过一仗，后来握手言和，签订了“澶渊之盟”；元初党项人的一支定居濮阳，加速了中原地区民族融合的进程。立于元顺帝至正十六年（1356 年）的“唐兀公碑”，至今仍屹立在金堤河上。被称为大孝子的孔子弟子闵子骞、坐怀不乱的柳下惠、变法家商鞅、军事家吴起、刺秦王的荆轲、秦始皇的仲父及《吕氏春秋》的作者吕不韦、西汉名臣汲黯、元代戏剧学家宫天挺等都是濮阳人；含冤被杀的西汉易学家京房、唐朝与叛军作战殉国的南霁云是清丰人；唐代天文学家僧一行是南乐人；五代时在洛阳屯田、后唐时官封齐王的张全义是范县人，也算是濮阳人。孔子是鲁国人，但他周游列国十几年中，大部分时间都在卫国度过，与卫国大臣蘧伯玉结为好友，也算是半个卫国人。卫国在历史上是人文荟萃之地。

除此之外，自鲁僖公三十一年（前 629 年）卫成公自楚丘（今安阳滑县东）迁帝丘（今濮阳县西南）作为都城，城址在今濮阳五星乡高城遗址，到亡于秦为止，将近 4 个世纪，帝丘一直是卫国的都城。濮阳还是孙姓的发祥地，孙姓有几个来源，但正统的孙姓源于濮阳。

一、源于濮阳的孙姓

孙姓有几个来源，《新唐书·宰相世系表》说孙姓有出自姬姓、出自芈姓、出自妫姓三支，出于姬姓的一支是孙姓的主要来源。周武王灭商建立周朝后分封诸侯，封他的同母少弟姬封于康（今河南禹州西北），建立康国，为侯爵。武王又封殷纣王之子武庚于淇县一带，以奉其先人之祀，又怕武庚乘机作乱，武王让弟弟管叔、蔡叔、霍叔辅佐他，实际上是监视他。武王死后，成王继位，但他年少，由周公旦摄政。蔡叔疑周公旦篡权自立，勾结武庚叛乱，欲进攻成周。周公旦率师平叛，杀武庚和管叔，流放蔡叔，把殷遗民交给康叔掌管。因姬封先被封于康，后徙封于卫，故称卫康叔，“居河、淇间故商墟”①，也就是淇县。周公旦怕康叔年纪轻，掌控不了殷朝遗民，就告诉他说：你统治殷朝遗民，应该寻找殷民中的贤者长者，讲清楚殷商之所以兴起，又如何灭亡的原因，务必爱惜、保护百姓。告诉殷朝遗民，纣王之所以亡国，是因为酗酒乱政、听信妲己之言迫害忠良。卫康叔遵照周公的指示，兢兢业业，悉心治理，殷朝遗民心诚悦服，没有再闹乱子。成王执政后，封卫康叔为司寇，主管刑狱，为六卿之一，又赏赐他祭器，以表彰他的功劳。

传至卫康叔的八世孙卫武公姬和时，周朝发生了一个重大事件，那就是“共和行政”。所谓“共和行政”，历来说法不一，司马迁在《史记·周本纪》中认为“共和行政”与卫武公姬和无关，周厉王暴虐无道，被国人放逐于彘（今山西霍县东北）。“召公、周公二相行政，号曰‘共和’。共和十四年，厉王死于彘。”② 共和元年即公元前841年，是我国历史上有准确纪年的开始。《史记·卫康叔世家》说：“[卫] 釐侯十三年，周厉王出奔于彘，共和行政焉。二十八年，周宣王立。四十二年，釐侯卒，太子共伯馀立为君。共伯弟和有宠于釐侯，多予之赂；和以其赂赂士，以袭攻共伯于墓上，共伯入釐侯羡自杀。卫人因葬之釐侯旁，谥曰共伯，而立和为卫侯，是为武公。”③ 原来釐侯去世后，由长子共伯馀继位。共伯馀之弟姬和

① 《史记》卷三十七《卫康叔世家》，京华出版社，2002年。
② 《史记》卷四《周本纪》。
③ 《史记》卷三十七《卫康叔世家》。

很受父亲釐侯宠爱，并赏赐了他很多金钱。姬和也觊觎王位，他用这些钱买通了哥哥身边的大臣，起兵攻打共伯馀，共伯馀兵败跑到父亲釐侯羡（羡即墓道）中自杀，国人葬他于釐侯墓旁，谥曰共伯，立姬和为国君，是为卫武公。从这两条记载来看，“共和行政”与卫武公姬和没有任何关系。司马迁所说的召公、周公指的是召穆公虎和周定公。

司马迁认为卫武公姬和与“共和行政”没有关系的说法遭到了后世史学家的质疑，后世史学家认为“共和行政”是卫武公姬和代行天子之政，而非召、周二公代行政事。《晋书》卷五十一《束皙传》引汲郡人不准（fǒu biāo）发掘魏襄王墓，得《竹书纪年》，其中云：“幽［厉］王既亡，有共伯和者摄行天子事，非二相共和也。”① 《资治通鉴外纪》引刘恕注云：“韦昭曰：彘之乱，公卿相与和而修政事，号曰共和。《汲冢纪年》引《鲁连子》曰：‘共国之伯名和，行天子政，与《史记》不同。’”又说：“共和凡有二说，《史记》以谓二相行政，号曰共和，韦昭从之。《史记正义》：‘共音巨用反’，此一说也。《正义》又引《鲁连子》云：‘卫州共城县（今河南辉县）本周共伯之国也。共伯者名和，好行仁义，诸侯贤之。周厉王无道，国人作难，王奔于彘，诸侯奉和以行天子事，号曰共和元年。十四年，厉王死于彘，共伯和使诸侯奉王子靖为宣王，而共伯复归。’《汉书古今人表》亦有共伯和。《竹书纪年》：厉王十二年，王亡奔彘，国人围王宫，执召穆公之子杀之。十三年，王在彘，共伯和摄行天子事。二十六年大旱，王陟于彘（按：帝王之死曰陟），周定公、召穆公立太子靖为王。共伯和归其国，遂大雨。《汉书·地理志》：河内郡共县故国。此又一说也。”② 郭沫若、陈梦家认为彝铭中的伯龢父即共伯和。我同意“共和行政”乃共伯和（即卫武公姬和）代行天子之政，而非召穆公、周定公共同摄天子之政的说法。这一点至关重要，正因为共伯和是周朝举足轻重的大臣，周天子才委以重任。“武公即位，修康叔之政，百姓和集。四十二年，犬戎杀周幽王，武公将兵往佐周平戎，甚有功，周平王命武公为公。”③ 卫武公是周天子的股

---

① 《晋书》卷五十一《束皙传》，上海古籍出版社，1987 年。
② 《资治通鉴外纪》卷三下《周纪一》，上海古籍出版社，1987 年。
③ 《史记》卷三十七《卫康叔世家》。

肱之臣，卫国的地位自然也跟着提升。据《元和姓纂》记载，卫武公有一个儿子叫惠孙，惠孙的儿子名姬耳，在卫国当了上卿，卫国国君把戚邑当作他的食采之地，戚邑就是今天濮阳的戚城。姬耳的儿子名叫武仲乙，武仲乙以祖父名字“惠孙”中的孙为姓氏，就是孙氏。按照周代宗法制度规定，周天子是天下的大宗，由嫡长子继承王位，保持大宗地位，嫡长子的兄弟们受封为诸侯或卿大夫，是小宗。诸侯在其国内是大宗，君位也由嫡长子继承，嫡长子的兄弟们再分封为卿大夫，是为小宗。武公的儿子惠孙未能继承王位，肯定是小宗，惠孙的儿子能够当上上卿，并有采邑，是因为卫武公为周天子立下了不世之功，他的后人才有了采邑，有了孙姓。孙姓诞生于卫国戚邑，证明濮阳是孙姓最早、最主要一支的起源地。

濮阳的孙姓之所以成为孙姓最早、最大的一支，还与卫国的迁都帝丘（今河南濮阳西南）有关。卫国的都城先是康，武庚叛乱之后徙卫（今河南淇县），鳌侯时迁共（今河南辉县市）。传至卫懿公，他喜欢养鹤，淫乐奢侈。位于山西北部的翟人攻打卫国，卫侯欲发兵，百姓说：君好鹤，可派鹤去打仗。翟人杀了卫懿公，国人立戴公，国内大乱，齐桓公率诸侯伐翟，迁卫国都于楚丘（今河南滑县东）。《史记》说：“齐桓公以卫数乱，乃率诸侯伐翟，为卫筑楚丘。”[①]《左传·僖公二年》：“二年春，诸侯城楚丘而封卫焉。”[②] 传至卫成公时，狄人又来攻打卫国，卫国只好再次迁都。《左传·僖公三十一年》（前629年）载：“狄围卫，十有二月，卫迁于帝丘。”[③] 从此卫国未再迁都，直至灭亡。秦始皇统一中国后，留卫国为附庸。姬耳封于戚城，卫国都城迁于帝丘，均在今濮阳境内，给了孙氏子孙施展才能的机会，孙耳、孙林父、孙蒯、孙嘉等均是卫国地位显赫的重臣，孙氏瓜绵椒衍，成了百家姓中的大姓。晋代著名隐士孙登是共城（今河南辉县）人，便是这支孙姓的后裔。

二、源于淮滨的孙姓

春秋时期楚国令尹孙叔敖是另一支孙姓的始祖，出自芈姓，他是期思（今河南

---

① 《史记》卷三十七《卫康叔世家》。
② 《左传·僖公二年》，《国学备览》第二册，首都师范大学出版社，2007年。
③ 《左传·僖公三十一年》。

淮滨东南期思乡）人，因此这一支孙姓也发源于河南。《汉书·地理志》称：“汝南期思县蒋乡，古蒋国，楚灭为期思。”《元和姓纂》说：“楚相孙叔敖，后为孙氏。”《新唐书·宰相世系表》说：孙氏“又有出自芈姓。楚蚡冒生王子蒍章，字无钩，生蒍叔伯吕臣，孙蒍贾伯嬴生蒍艾猎，即令尹叔敖，亦为孙氏。”这是说孙姓的一支出自芈姓，是祝融八姓之一。楚国先由芈氏家族发展成为部落，而后形成为国家。孙叔敖因是楚王蚡冒之孙，又是第三孙，故名孙叔，敖是官名，他的真实姓名是蒍艾猎。孙叔敖是我国历史上贤明的宰相，《史记·循吏列传》中记载的第一位循吏就是孙叔敖。他“三月为楚相，施教导民，上下和合，世俗盛美，政缓禁止，吏无奸邪，盗贼不起。秋冬则劝民山采，春夏以水，各得其所便，民皆乐其生”。[①] 在宰相任上，他把国家治理得上下和谐，当官的依法行事，盗贼不敢作乱，百姓各得其所，他是春秋时期为数不多的贤能宰相。《史记》还记载楚庄王以为钱币太轻，打算以小为大，百姓不悦，相率罢市，孙叔敖得知此事，居中调停，三天之后集市便恢复了，司马迁称赞他：“孙叔敖出一言，郢市复。”《荀子》一书中有一段关于孙叔敖的记载：“缯丘之封人见楚相孙叔敖曰：‘吾闻之也：处官久者士妒之，禄厚者民怨之，位尊者君恨之。为相国有此三者而不得罪楚之士民，何也？’孙叔敖曰：‘吾三相楚而心愈卑，每益禄而施愈博，位滋尊而礼愈恭，是以不得罪于楚之士民也。’”[②] 缯丘（今河南方城）的地方官问孙叔敖：“听说当官太久的人会遭人忌妒，俸禄太高的人老百姓怨恨他，官位太高威胁到了君王时，君王会恨他。这三条你兼而有之，楚国的士民却不恨你，这是什么缘故？”孙叔敖回答说：“我三次当楚国令尹而心态越是平和，薪俸越多我施舍的人也越多，官位越高对人越是谦恭有礼，因此不得罪楚国的官员和百姓。”这真是绝妙的回答。孙叔敖是春秋时期为数不多的关心民瘼的清廉宰相。

三、源于乐安的孙姓

山东博兴有一支出自妫姓的孙姓。《通志·氏族略·以字为氏》载，陈完四世

---

① 《史记》卷一一九《循吏列传》。

② 《荀子·尧问第三十二》，《国学备览》第 8 册，首都师范大学出版社，2008 年。

孙田无宇有两个儿子：田常、田书。田书任齐国大夫，伐莒有功，景公赐姓孙氏，食采乐安（今山东博兴），即乐安孙氏始祖。陈厉公之子陈完因内乱奔齐国，任齐国大夫，因食采于田，故称田氏。《通志》称陈完四世孙无宇之子为田常、田书，《史记》则称陈完生子田稚孟夷，未提田书，田乞为齐景公大夫，收赋税时小斗进、大斗出，甚得民心。于是“齐国之政其卒归于田氏矣”①。田乞既揽齐国之政，他的儿子田书被景公赐姓孙氏，也在情理之中。自齐景公赐田书以孙姓，军事家孙武乃田书三世孙。秦始皇统一中国，推行郡县制，江南富春是为一郡，今浙江富阳、桐庐、建德之地均属富春管辖。孙武之子孙明食采于富春，孙氏遂卜居于此，成为当地著姓。这一支孙姓名人辈出，灿若星辰。乐安《孙氏宗谱》载：“系出自有虞，降而田书受姓，食邑乐安，降而孙明，以父功食邑富春，此富春孙氏之由也。”自田书受姓为孙，以乐安为郡望，生子孙凭，孙凭生子孙武，孙武著有《孙子兵法》，孙姓由此誉满天下。《孙氏宗谱》又载：“孙氏世居洛阳巩县，汉末国于三吴，衍居富春。”孙武生有三子：驰、明、敌。孙明是孙武次子，传至第十八世孙汉阳太宗孙耽时，已是汉灵帝时期。孙耽的儿子孙钟种瓜于富阳阳平山，居住于瓜丘之旁。孙钟的儿子孙坚，汉献帝时任长沙太守。孙坚有两个儿子：孙策、孙权。孙权是三国时吴国皇帝。孙坚麾下有一个叫俞河的部将，原姓孙，孙权建国后，复改姓孙，为孙坚义子。孙河侄孙孙韶被封为建德侯，建德孙姓由此开始。《新唐书·宰相世系表》载：“孙武有三子：驰、明、敌。其中明食邑于富春，自以为富春人。”

伟大的革命先行者孙中山也是乐安孙氏后裔。《乐安孙氏族谱》载：“吴孙武、齐孙膑、东吴孙权，皆子占（即田书）之后。孙叔传十七世孙誗，世居河南陈留，唐乾符年间……移居虔州，为孙氏入赣始祖。传至第四代有五八郎者，迁福建宁化石壁。后裔契全公因宋末荒乱，由宁化迁徙南下定居兴宁（今属广东），是为入粤开基祖。”《富春孙氏伯房十二修族谱》说：“孙氏始祖讳誗，居汴梁陈州（今河南淮阳），誗公乃唐中书舍人拙之子，唐末因黄巢之乱，以公才武定为百将，引兵游

---

① 《史记》卷四十六《田敬仲完世家》。

于闽粤江右间，遂居于虔化县（今江西宁都），以功封百将东平侯。”孙誗就是孙中山的远祖。《兴宁县志》载：“闽、粤、赣开基祖孙誗，原居陈州，唐僖宗时选为百将，定居虔州。至五世宣教，迁居宁化，至七纪建邦，迁浙江余姚。十四世伯传，于明永乐间携四子迁广东兴宁。”有学者考证指出：“孙誗的三子士元这一脉，后来则移居有名的客家古城汀州（今福建长汀），也正是从汀州河田，再走客家人入粤路线，来到了广东。”[①] 几经周折，辗转来到了香山县（今广东中山市）翠亨村。《辞源》说孙中山是“广东香山人”，事实上孙中山家虽有几代居住在香山县，但祖籍却是今广东河源市紫金县。原来国民党中央党史会为编孙中山年谱于1930—1931年派人到中山县翠亨村调查，孙中山的姐姐孙妙茜说他家的祖籍是“粤之东莞县”，此说一出，博得许多人的认可。但孙中山先生却说：“其实我和我的几代祖先的确是生活在翠亨村里的。不过，我家住在那里，只有数代，我们的家庙，却在东江的一个龚公村里。”[②] 孙妙茜的说法可能是附会，孙中山自己的说法肯定真实可信。他说他们家只有数代居住在中山县翠亨村，而祖庙却在东江，这就证明他的祖籍不是中山县，而是东江。按照广东旧俗，从博罗、惠阳以至紫金县、河源县、龙川县都是东江属县。中山大学罗香林教授通过实地考察，寻觅资料，于1942年写成《国父家世源流考》一文，“从而证实孙中山家族不是从东莞迁徙来的，而是由福建长汀河田村迁至广东紫金中坝村，而后再迁增城转至香山县翠亨村的”[③]。罗香林的考证得到了孙中山之子孙科及其亲属的认可，孙科说：“《国父家世源流考》中山大学教授罗君香林所撰述也。罗君深治史学，探究国父家世源流，且十年矣，所阐发，皆明确。”对紫金说表示了明确的支持。1983年孙科的夫人陈淑英题写“国父是客家人，老家在紫金”的题词；1999年中共广东紫金县县委统战部部长李开云访问台湾，孙中山之孙孙志强特别题写“祖父孙文祖籍紫金”；2003年孙科之女孙穗芳回到紫金祭祖，题词是“国父孙中山先生祖籍在广东省紫金县中坝

---

① 谭元亨：《客家人的大迁徙与孙氏入粤路线》，《第七届海峡两岸客家高峰论坛暨第二届石壁客家论坛论文集》，海风出版社，2014年，第296页。

② 林百克：《孙中山传记》，中山图书馆，1927年，第2页。

③ 丘峰：《孙中山祖籍紫金说与罗香林的科学研究方法》，《第七届海峡两岸客家高峰论坛暨第二届石壁客家论坛论文集》，海风出版社，2014年，第611页。

镇，希望恢复中山镇原名”。孙中山祖籍在广东紫金县如今已成定论。

还有一种说法，比干被殷纣王杀害后，子孙隐姓避难，以为自己是王族子孙，就以孙为姓。这种说法牵强附会，又无史料作证，不可凭信。

（本文作者为河南省社会科学院历史与考古研究所研究员）

卫国孙姓研究

⊙李玉洁

孙姓在中国是一个大姓，中国的孙姓来源主要有三支：周文王的后裔姬姓之后，起于卫国惠孙；大舜妫姓之后，起于齐国田氏；楚国芈姓之后，起于孙叔敖。“孙”的含义是什么呢？《说文》云：“子之子曰孙。从子从系。系，续也。”这里“子”与“系”，说明子又有孙，孙又有子，像不断的丝线一样，连绵不断。又我国把“植物再生成滋生曰孙”，如孙竹。可见，“孙”是一个褒义词。

这三支源于姬姓、妫姓、芈姓的孙姓，卫国孙姓最早，在春秋前期。今就卫国孙姓的起源即孙氏在卫国的兴衰进行研究，以正于学术界的同仁。

一、卫国孙氏的得姓之始

卫国，是周公东征之后、武王少弟康叔的封国，所领封国即殷商故地，国都定在殷旧都朝歌（今河南淇县）。西周灭殷之后，将纣王的儿子武庚封在殷商故地，并任管叔、蔡叔、霍叔为三监。然而两年后周武王病死，于是武庚与三监发生叛乱。周公团结召公毅然东征，平息了武庚、三监之乱，把殷商故地封给了康叔。《汉书·地理志》云：“《书序》曰：‘武王崩，三监畔。’周公诛之，尽以其地封康叔，号曰孟侯，以夹辅周室。迁邶、庸之民于雒邑。”孟侯，颜师古注曰：“康叔，亦武王弟也。孟，长也，言为诸侯之长。”

康叔所领的封地，北从武父（未详其地）以南，直至甫田（今河南郑州东圃田）以北，西近东都雒邑附近，东临商丘一带。康叔得到封土，带着自己的族人，到殷商故地，“启以商政，疆以周索”①。也就是说，卫国居殷故地，因其风俗，用其政法，但在疆理土地方面采取周法。卫是“诸侯之长”“号曰孟侯”，是当时最大、最重要的诸侯国。

西周后期，周厉王实行专利政策，专山林川泽之利，以增加周王朝的财政收入，严重触及了大贵族的经济利益，引起了下层贵族和平民的反对。这些人不享王室俸禄，连年的战争又使他们的田园荒芜，不得不依靠山林川泽为生。周厉王的专利政策，使他们丧失了生活的来源，于是他们对周厉王产生了强烈的不满和怨恨。《史记·周本纪》记载：厉王任用荣夷公、卫巫等人，“以监谤者，以告，则杀之”，压制社会舆论。周厉王与国人之间的矛盾非常尖锐，于是发生了“国人暴动”。在暴怒的国人进攻下，厉王出奔于彘（今山西霍县），最后死在那里。厉王的太子静藏在召公家里，被国人发现，召公只得将自己的儿子冒充太子交给国人杀死，这才保留了太子静的性命。

厉王出奔后，由共伯和执政，此年是公元前841年，史称“共和行政”。从厉王出奔到宣王即位，中间经过了14年。

《史记·周本纪》说：“召公、周公二相行政，号曰共和。”这可能是司马迁对“共和”的误解。

但是先秦古籍，包括先秦诸子的记载都认为“共和”指的是共伯和。《竹书纪年》记载：周厉王十三年，“王在彘，共伯和摄行天子事”。二十六年，“大旱，王陟于彘。周定公、召穆公立太子靖为王。共伯和归其国，遂大雨。……和有至德，尊之不喜，废之不怒，逍遥得志于共山之首”。《史记·周本纪·正义》引《鲁连子》云：“卫州共城县，本周共伯之国也。共伯名和，好行仁义，诸侯贤之。周厉王无道，国人作难，王奔于彘。诸侯举和以行天子事。号曰‘共和’元年。十四年，厉王死于彘，共伯和使诸侯奉王子靖为宣王，而共伯和复归国于卫也。”《左传·昭公二十六年》云：“至于厉王，王心戾虐，万民弗忍，居王于彘。诸侯释位，以间王政。”

---

①《左传·定公四年》。

《吕氏春秋·开春论》云："共伯和修其行，好贤仁，而海内皆以来为稽矣。周厉之难，天子旷绝，而天下皆来谓矣。"《庄子·让王》云："许由娱乎颍阳，共伯得乎共首。"

由此可见，厉王奔彘后，历史上有两种说法：一为周、召二公联合行政，号曰"共和"；二为共伯和执政。笔者认为，先秦诸子的许多著作皆记载共伯和执政，当不是空穴来风，应该是有一定根据的。司马迁记史谨慎，也当有一定根据，可见汉代对西周史的认识已有模糊之处。如果排列史籍，先秦诸子更为准确。

卫国孙氏就是卫武公和之后裔。《新唐书·宰相世袭表》云："孙氏出自姬姓。卫康叔八世孙武公和生公子惠孙，惠孙生耳，为卫上卿，食采于戚，生武仲乙，以王父字为氏。乙生昭子炎，炎生庄子纥，纥生宣子鳝，鳝生桓子良夫，良夫生文子林父，林父生嘉，世居汲郡。晋有孙登，即其裔也。"

唐代林宝《元和姓纂》卷四云："孙，周文王第八子卫康叔之后。至武公生惠孙，惠孙生耳，耳生武仲，以王父字为氏。元孙良夫生林父，林父生嘉。"

《通志》卷二十七《氏族略三》"以字为氏·卫人字"条下亦云："孙氏，姬姓，卫武公之后也。武公和生公子惠孙，惠孙生耳，为卫上卿，食邑于戚；生武仲，亦曰孙仲，以王父字为氏。孙仲生炎，曰孙昭子。自昭子六世至孙嘉，世居汲郡。晋有孙登，即其裔也。"

从上述记载来看，卫国孙氏的族谱当是卫武公和—公子惠孙—公孙耳—武仲乙—孙昭子炎—孙庄子纥—孙宣子—孙桓子良夫—孙文子林父—孙蒯—孙嘉。

卫国孙氏出自周文王第八子卫康叔的八世孙卫武公和之后。卫武公和生惠孙，惠孙之子名耳，耳生武仲乙，武仲乙"以王父字为氏"。《尔雅注疏·释训》云："父为考，母为妣。父之考为王父，父之妣为王母。"① 武仲乙"以王父字为氏"，就是以他祖父惠孙的字为氏，即孙氏。

当然，除卫国孙氏之外，还有楚国孙氏、齐国孙氏等。如《通志》卷二十七《氏族略三》又云："又有孙氏芈姓，楚令尹孙叔敖之后也。又有孙氏妫姓，齐陈

① 《尔雅注疏》卷四《释训》，《十三经注疏》（下），中华书局，1980年。

敬仲四世孙桓子无宇之后也。或言桓子之子书伐莒有功，齐景公赐姓孙氏，非也。以字为氏，何用赐为？此当是桓子祖父字也。桓子曾孙孙武，以齐之田鲍四族谋为乱，奔吴为将。武之子明食邑于富春，自是世为富春人。"

楚国孙氏、齐国孙氏，皆得氏于春秋中后期，卫国孙氏得姓于春秋中前期。

二、孙良夫在卫国的发展

卫国孙氏自公孙耳"为卫上卿，食邑于戚"之后，武仲乙"以王父字为氏"为孙氏，在卫国逐渐地发展起来。春秋初年，当晋公子重耳在晋国被难，逃亡在外，"过卫，卫文公不礼焉"① 之后，重耳回国即位，是为晋文公，并很快成为春秋时期的霸主，于是卫国是晋国首先报复的诸侯国。鲁文公元年（前626年）孙昭子时期，因卫国不朝晋国，晋国"使告于诸侯而伐卫，及南阳"，"晋侯朝王于温，先且居、胥臣伐卫。五月辛酉朔，晋师围戚。六月戊戌取之，获孙昭子"。杜预注："昭子，卫大夫，食戚邑。"② 晋国围戚，并且俘获了孙昭子。这年秋天，晋侯把戚田进行疆理，划为晋国的辖地。

卫国与晋国为邻，当晋国发展成为霸主强国之后，卫国不敢惹。于是卫国逐渐与晋国修好，甘愿成为晋国的属国。而晋国作为霸主，也希望小国服从。于是文公八年（前619年），晋国归还了原来侵占卫国的匡、戚二城。《左传·文公八年》记载："春，晋侯使解扬归匡、戚之田于卫。"孙昭子当也一起回到卫国。孙昭子成为卫国的功臣。

孙良夫时期，孙氏在卫国得到充分的发展。孙良夫是卫穆公的上卿，受到卫穆公特别的信任和宠信。《春秋左传注·成公二年》云："卫侯使孙良夫、石稷、宁相、向禽将侵齐，与齐师遇。石子欲还，孙子曰：'不可，以师伐人，遇其师而还，将谓君何？若知不能，则如无出。今既遇矣，不如战也。'夏，有。石成子曰：'师败矣，子不少须，众惧尽。子丧师徒，何以复命？'皆不对。又曰：'子，国卿也。陨子，辱矣。子以众退，我此乃止。'且告车来甚众。齐师乃止，次于鞫居。新筑

① 杨伯峻：《春秋左传注·僖公二十三年》，中华书局，1981年，第406页。
② 杨伯峻：《春秋左传注·文公元年》，中华书局，1981年，第512—513页。

人仲叔于奚救孙桓子，桓子是以免。既，卫人赏之以邑，辞。请曲县、繁缨以朝，许之。”

这次战争很明显是由于孙良夫不能对双方力量正确估计而失败。而这时新筑的封疆守吏仲叔于奚及时赶到营救孙良夫。因孙良夫在卫国是得宠大臣，于是卫穆公准备赏赐给仲叔于奚很多邑，可是仲叔于奚不要邑，请“曲县、繁缨以朝”。曲县，即轩县，诸侯之礼；繁缨，是诸侯国君所用的马饰。曲县、繁缨都是春秋诸侯国君才能用的礼仪。但是卫国国君同意了仲叔于奚的要求。连孔子都认为这太过分了，“仲尼闻之曰：惜也，不如多与之邑。唯器与名，不可以假人，君之所司也。名以出信，信以守器，器以藏礼，礼以行义，义以生利，利以平民，政之大节也。若以假人，与人政也。政亡，则国家从之，弗可止也已。”① 卫国国君之所以答应新筑人仲叔于奚的要求当然与孙良夫有关。

孙良夫打败仗，不仅没有受到惩罚，而且还全权代表卫国参加诸侯国的盟会。《春秋左传注疏·成公二年》：“十一月，公及楚公子婴齐、蔡侯、许男、秦右大夫说、宋华元、陈公孙宁、卫孙良夫、郑公子去疾及齐国之大夫盟于蜀。”

孙良夫作为卫国的上卿最多算作霸主国的下卿，因为卫是小国。《春秋左传注疏·成公三年》：“冬十一月，晋侯使荀庚来聘，且寻盟。卫侯使孙良夫来聘，且寻盟。公问诸臧宣叔曰：‘中行伯之于晋也，其位在三。孙子之于卫也，位为上卿，将谁先？’对曰：‘次国之上卿当大国之中，中当其下，下当其上大夫。小国之上卿当大国之下卿，中当其上大夫，下当其下大夫。上下如是，古之制也。卫在晋，不得为次国。晋为盟主，其将先之。’丙午，盟晋；丁未，盟卫，礼也。”

大约自从孙昭子被晋国俘获之后，孙良夫对晋国非常谦让友好，但还是很有戒备心的。如《春秋左传注·成公六年》：“三月，晋伯宗、夏阳说，卫孙良夫、宁相，郑人，伊、雒之戎，陆浑，蛮氏侵宋，以其辞会也。师于鍼，卫人不保。说欲袭卫，曰：‘虽不可入，多俘而归，有罪不及死。’伯宗曰：‘不可。卫唯信晋，故师在其郊而不设备。若袭之，是弃信也。虽多卫俘，而晋无信，何以求诸侯？’乃

① 杨伯峻：《春秋左传注·成公二年》，中华书局，1981年，第788页。

止。师还，卫人登陴。”

这段话的意思是，卫国孙良夫跟随晋国伯宗、夏阳说伐宋，以宋没有参加会盟为借口。诸侯国军队皆在鍼地（今不明其处）驻扎。卫国营地没有警戒，晋国夏阳说就想乘机袭击卫国。伯宗认为不应该，才未袭击。结果当晋国军队过后，“卫人登陴”，卫国士卒登上城墙观看晋军，说明卫国是有戒备的。

卫国自孙良夫始，就一直跟随晋国。据说孙良夫跛脚。《穀梁传·成公元年》云：“（鲁）季孙行父秃，晋郤克眇，卫孙良夫跛，曹公子手偻，同时而聘于齐。齐使秃者御秃者，使眇者御眇者，使跛者御跛者，使偻者御偻者。萧同叔子于处台上而笑之，闻于客，客不说而去。相与立胥闾而语，移日不解。”① 萧同叔子，即齐顷公之母。又《史记·晋世家》记载：晋“使郤克于齐。齐顷公母从楼上观而笑之。所以然者，郤克偻，而鲁使蹇；卫使眇，故齐亦令人如之以导客。郤克怒，归至河上曰：‘不报齐者，河伯视之。’”② 另外，《公羊传》《说苑·敬慎篇》都有类似的记载。其大意皆是齐顷公的母亲萧同叔子嘲笑其他诸侯国的使者，拿使者的生理缺陷以取乐，从而使晋、鲁、卫等诸侯国使者受到耻辱。

但是《左传·成公二年》记载，孙良夫在新筑失败之后，到晋国请求出师，刚好碰到晋国郤克出使齐国受辱，卫国与晋国一起于成公二年（前589年）在鞌（今山东济南附近）打败齐国。

从以上记载来看，孙良夫在卫国的权力非同一般，是权臣和重臣。

三、孙林父两次“以戚入晋”及孙氏在卫国的兴衰

孙林父是孙良夫之子，也是卫国孙姓家族史上的重要人物。卫穆公时期，孙良夫是卫穆公的宠臣，孙良夫之后，孙林父继承了孙氏的家主之位，卫穆公之子臧也继承了卫国国君之位，是为卫定公。

卫定公非常讨厌孙林父。孙林父害怕卫定公治其罪，于是在公元前584年奔晋。《左传·成公七年》记载：“卫定公恶孙林父。冬，孙林父出奔晋。”杜预注：

---

① 《穀梁传·成公元年》，《十三经注疏》，中华书局，1980年，第2417页。

② 《史记·晋世家》，中华书局，1982年，第1677页。

“戚，林父邑，林父出奔，戚随属晋。”孙林父奔晋，是带着其封邑戚一块儿投奔晋国的。

《左传·成公十四年》云：“春，卫侯如晋，晋侯强见孙林父焉，定公不可。夏，卫侯既归，晋侯使郤犨送孙林父而见之。卫侯欲辞，定姜曰：‘不可，是先君宗卿之嗣也，大国又以为请，不许，将亡。虽恶之，不犹愈于亡乎？君其忍之，安民而宥宗卿，不亦可乎？’卫侯见而复之。”

孙林父带着戚邑奔晋，按道理说，戚邑已经属晋，但是当卫定公到晋国朝见时，晋侯强迫卫定公见孙林父，与孙林父和好，让孙林父归卫国。说来奇怪，孙林父奔晋，并带着戚邑，应该说对晋国是有好处的，但是为什么晋侯非要让孙林父回归卫国呢？原因可能是孙林父回到卫国对晋国更有好处，另外，晋国真的是为孙林父好。总之，这是孙林父第一次奔晋，而又回到卫国。

孙林父回到卫国，仍然主持卫国朝政，包括外交盟会皆是孙林父参加，也有很多事情发生在卫国的戚邑，即孙林父的封邑盟会。孙林父仍然是卫国的权臣。

鲁成公十四年（前577年），卫定公在位十二年死去，临终立妾敬姒之子衎为太子。衎即位，是为卫献公。这引起卫定公的夫人姜氏的不满，姜氏希望让衎的弟弟鱄即位。“孙文子自是不敢舍其重器于卫，尽寘诸戚，而甚善晋大夫。”① 从此，卫国在孙林父的主持下，更进一步地倒向晋国。

《春秋左传·成公十五年》：“冬，十有一月，叔孙侨如会晋士燮、齐高无咎、宋华元、卫孙林父、郑公子酉、邾人会吴于钟离。”

《春秋左传·襄公二年》：“秋七月，仲孙蔑会晋荀罃、宋华元、卫孙林父、曹人、邾人于戚。”“冬，仲孙蔑会晋荀罃、齐崔杼、宋华元、卫孙林父、曹人、邾人、滕人、薛人、小邾人于戚，遂城虎牢。”《正义》曰：“虎牢是郑旧邑，此时属晋。”

《春秋左传·襄公五年》：“仲孙蔑、卫孙林父会吴于善道。”

《春秋左传·襄公七年》：“冬十月，卫侯使孙林父来聘；壬戌，及孙林父盟。”

---

① 杨伯峻：《春秋左传注·襄公十四年》，中华书局，1981年，第1013页。

《左传·襄公十年》："六月，楚子囊、郑子耳伐宋，师于訾毋（宋地）。庚午，围宋门于桐门。晋荀罃伐秦，报其侵也。卫侯救宋，师于襄牛。郑子展曰：'必伐卫，不然，是不与楚也。得罪于晋，又得罪于楚，国将若之何？'子驷曰：'国病矣。'子展曰：'得罪于二大国，必亡。病不犹愈于亡乎？'诸大夫皆以为然。故郑皇耳帅师侵卫，楚令也。孙文子卜追之，献兆于定姜。姜氏问繇，曰：'兆如山陵，有夫出征，而丧其雄。'姜氏曰：'征者丧雄，御寇之利也。大夫图之！'卫人追之，孙蒯获郑皇耳于犬丘。"① 孙文子，即孙林父；孙蒯，孙林父之子。

这一场战争，晋、卫、宋为一方，楚、郑为一方。卫国救宋，也是受晋国之令。郑国为了保持与楚国的关系，攻卫。卫国在与郑国的交锋中，孙蒯在犬丘俘获郑国围卫的主将皇耳，获得全胜。

公元前562年，卫国又跟随晋国伐郑，原因是郑国臣服了楚国。《左传·襄公十一年》："四月，诸侯伐郑。己亥，齐大子光、宋向戌先至于郑，门于东门。其莫，晋荀罃至于西郊，东侵旧许。卫孙林父侵其北鄙。六月，诸侯会于北林，师于向，右还，次于琐，围郑。观兵于南门，西济于济隧。郑人惧，乃行成。"② 杜预注："向地在颍川长社县东北苑陵，县西有琐侯亭。"

晋国率领其所属诸侯国包括卫国攻郑，直至郑国臣服于晋。

《春秋左传·襄公十四年》："冬，季孙宿会晋士匄、宋华阅、卫孙林父、郑公孙虿、莒人、邾人于戚。"晋国在郑国臣服后又一次在戚邑盟会。

鲁襄公十四年（前559年），卫献公宴请孙文子、宁惠子，二人等到时过中午还没召见。此时卫献公在苑囿射猎游玩，当与孙文子、宁惠子见面时不脱皮冠，仍在打猎，也不提宴请之事，二人非常恼怒。孙文子回到戚邑，儿子孙蒯又入朝，卫献公请孙蒯饮酒。酒宴上，卫献公让乐师奏《巧言》一诗，暗喻孙林父作乱。孙林父大惊，赶快调集自己采邑上的战车兵卒，发动叛乱，杀死了卫献公派来谈判的子蟜、子伯、子皮、子行等，卫国的群公子出奔。卫献公奔齐。齐人把莱丘让给卫侯居住。

---

① 杨伯峻：《春秋左传注·襄公十年》，中华书局，1981年，第978页。
② 杨伯峻：《春秋左传注·襄公十一年》，中华书局，1981年，第988页。

“卫人立公孙剽，孙林父、宁殖相之，以听命于诸侯。”① 公孙剽，就是公子鱄。孙林父立公孙剽之后，与晋会于戚以定之，即承认公孙剽为国君。

公孙剽在卫国做国君已经 12 年，但是又被一场政变击垮。鲁襄公二十六年（前 547 年）“春，王二月辛卯，卫宁喜弑其君剽。卫孙林父入于戚以叛，甲午卫侯衎复归于卫”，“晋人执卫宁喜”。

《左传·襄公二十六年》：“孙文子在戚，孙嘉聘于齐，孙襄居守。二月庚寅，宁喜、右宰穀伐孙氏，不克，伯国伤。宁子出舍于郊，伯国死。孙氏夜哭，国人召宁子。宁子复攻孙氏，克之。辛卯，杀子叔及太子角。《书》曰：‘宁喜弑其君剽。’言罪之在宁氏也。孙林父以戚如晋。《书》曰：‘入于戚以叛’，罪孙氏也。臣之禄，君实有之；义则进，否则奉身而退。专禄以周旋，戮也。甲午，卫侯入。”② 伯国，孙襄也。

公元前 547 年，孙林父又一次奔晋，当然又是带着戚邑逃往晋国，然而与上次不同。上次是因为卫定公讨厌孙林父，孙林父出奔；这次是孙林父发动叛乱，赶走了卫献公；卫献公又复国，与孙林父的仇恨几乎是不共戴天。晋国派出兵卒守卫戚邑。卫献公派师侵戚邑东鄙，杀晋国戍卒三百人。“六月，公会晋赵武、宋向戌、郑良霄、曹人于澶渊，以讨卫，疆戚田。取卫西鄙懿氏六十，以与孙氏。……晋人执宁喜、北宫遗，使女齐以先归。卫侯如晋，晋人执而囚之于士弱氏。”③ 士弱，晋国主狱大夫。晋国不仅攻取了卫国西鄙懿氏六十以与孙氏，而且将卫献公送到晋国的大狱中。

在春秋社会中，无论国君是否有错，人们都是站在国君一边的。公元前 547 年，齐景公、郑简公一起到晋国为卫侯讲情，“今为臣执君若之何”？晋侯乃许卫献公回归卫国。

三年之后，卫献公死去，但是戚邑还在孙氏手中。

昭公七年（前 535 年），晋国把戚邑还给了卫国。《左传·昭公七年》云：“秋

---

① 杨伯峻：《春秋左传注·襄公十四年》，中华书局，1981 年，第 1015 页。
② 杨伯峻：《春秋左传注·襄公二十六年》，中华书局，1981 年，第 1113 页。
③ 杨伯峻：《春秋左传注·襄公二十六年》，中华书局，1981 年，第 1116 页。

八月，卫襄公卒。晋大夫言于范献子曰：‘卫事晋为睦，晋不礼焉，庇其贼人而取其地，故诸侯贰。《诗》曰鹏鸰在原，兄弟急难。又曰死丧之威，兄弟孔怀。兄弟之不睦，于是乎不吊，况远人，谁敢归之？今又不礼于卫之嗣，卫必叛我，是绝诸侯也。’献子以告韩宣子。宣子说，使献子如卫吊，且反戚田。”①

从此，孙氏不显。

由以上论述可知，孙氏与卫国的兴衰共始终，与卫国有密切的关系。卫国在春秋时期一直由孙氏执政掌权，孙氏是卫国的上卿，是卫国政权中最关键的人物。孙氏在卫国政权的衰败是由当时的政治局势造成的（这又是一个重要的问题，将另文论述）。孙氏把自己的很多问题与晋国放在一起，当孙氏不能在政治局势中起作用时，就会被放弃，这就是政治。

（本文作者为河南大学黄河文明与可持续发展研究中心教授，博士生导师）

① 杨伯峻：《春秋左传注·昭公七年》，中华书局，1981年，第1294页。

孙姓多元　根在濮阳

⊙杨东晨

中国是世界四大文明古国之一，有着五千多年文明史。姓氏起源是先有氏，后有姓，产生的年代比“文明史”要早得多。概说之，大约从旧石器时代晚期（约3万年前）至新石器时代早期（约10000—8000年前）已有，如盘古氏、有巢氏、燧人氏、华胥氏等。“姓”的产生，文献记载始于“三皇”（当为产生阶段）、形成于“五帝”（已普及）时代。《史记》将姓氏连称，表示一个血统的家庭或宗族。孙姓系望族，在南宋流行的《百家姓》（432个姓）中列第三位。现将孙姓多源地望及其名人简述如下，以与同人交流。

一、孙姓多源简介

新中国建立后，尤其是改革开放后相继出版的姓氏书，有的将孙姓来源分为三处，有的分为四处，最多者达六处。孙姓为当代第12大姓，约有1900万人（约占总人口的1.5%），为现行常见姓氏。“分布很广，几遍全国各地。今北京，河北之尚义，山东之平邑，内蒙古之乌海，山西之太原，湖北之监利，广东之新会，云南之河口、陇川，四川之合江等地均有。”① 从省份说，黑龙江、吉林、辽宁、山东、河北、江苏、安徽等省，孙姓分布较多。②

1. 出自姬姓

姬姓是上古八大姓氏之一，是姓公孙名轩辕的黄帝在姬水旁长大而改公孙为姬

① 窦学田：《中华古今姓氏大辞典》，警官教育出版社，1992年，第583页。

② 任传辉：《中华千家姓氏录》，金盾出版社，2013年，第4页。

姓。黄帝崩，孙子颛顼继位，称高阳氏。颛顼崩，帝喾继位，娶炎帝神农氏后裔姜嫄为妃，生子弃。弃善于农耕，被帝尧封为稷（官名）。又因炎帝之子柱封为稷的年代在前，故又称弃为“后稷”。周文王的子女较多，小儿子姬封在周朝建立后，被封于卫。《辞海》释“卫”：“古国名。姬姓。始封之君为周武王弟康叔。公元前11世纪周公平定武庚反叛后，把原来商都周围地区和殷民七族分封给他，建都朝歌（今河南淇县）。公元前660年被翟击败，靠齐的帮助，迁到楚丘（今河南滑县），从此成为小国。前629年，又迁都帝丘（今河南濮阳县西南）。战国时，国势更弱。前254年为魏所灭，成为魏的附庸，后来秦把它迁到野王（今河南沁阳市），作为秦的附庸。前209年为秦所灭。”周武王（前1046—前1043年）时封胞弟姬封于康（今河南禹州市西北），称康国，依辈分又称康叔国。武王去世，周成王继位（前1042年），因年少而由叔父周公（名姬旦）摄政，引起管叔、蔡叔、霍叔反对，尤其是管叔、蔡叔勾结武庚（殷纣王之子）公开叛乱。周公旦力排众议，在姜太公、召公、毕公等的支持下，亲率大军东征。历三年战争，周公平定了武庚、三监及东夷一些小国的叛乱，维护了建立不久的周朝政权。

周公东征平定叛乱时，康叔出兵攻怀（今河南武陟县西南）取得胜利，被封为怀侯，以示尊崇。《史记·卫康叔世家》云：“周公旦以成王命兴师伐殷，杀武庚禄父、管叔，放蔡叔，以武庚殷余民封康叔为卫君，居（黄）河、淇间故商墟。”即今河南省黄河以北的北部地区，国都在今淇县。摄政王周公旦担心康叔年轻，作《康诰》《酒诰》《梓材》以劝导。康叔就国后，善待国人，民众安心生产，社会稳定。周成王亲掌大权后，任康叔为司寇（主管司法），政绩优异，赐予卫国祭祀宝器（车、帛、旗及钟等），以表彰其功德。康叔去世后，历康伯、考伯、嗣伯、捷伯、靖伯、贞伯、顷侯等七世至釐侯。

周宣王十五年（前813年）釐侯病逝，子姬和继位（前812年）。《史记·卫康叔世家》云“武公即位，修康叔之政，百姓和集。四十二年，犬戎杀周幽王，武公将兵往佐周平戎，甚有功”，周平王封卫侯姬和为“武公”，故史称“卫武公”。武公病逝（前757年）后，子姬扬继位，史称庄公。武公的另一子叫惠孙，后代便以“孙”字为姓。郑樵《通志》云：“姬姓。卫武公之后也。武公和生公子惠孙；

惠孙生子耳，为卫上卿，食邑于戚（今河南濮阳县东北戚城，春秋卫地，秦置濮阳县）。生武仲，亦曰孙仲，以王父字为氏。”武仲改姓孙的年代，大约为卫宣公（前719—前700）时期，距今约2800多年。由此而言，孙姓出自姬姓，始祖是孙仲，取其祖父“惠孙”的孙字为姓。有的姓氏书说：“孙姓是当代中国第十二大姓。孙姓由来已久，姓源诸多，据史书记载，最早可以追溯到距今3000多年前的周文王。”[①] 此说显然太早，应以源于惠孙（前800年），得姓祖先是孙仲为确。以下孙姓的来源都比较晚，仅简述如下。

2. 出自芈姓

《史记·楚世家》云：“楚之先祖出自帝颛顼高阳。高阳者，黄帝之孙，昌意之子也。高阳生称，称生卷章，卷章生重黎。重黎为帝喾高辛居火正，甚有功，能光融天下，帝喾命曰祝融。共工氏作乱，帝喾使重黎诛之而不尽。帝乃以庚寅日诛重黎，而以其弟吴回为重黎后，复居火正，为祝融。吴回生陆终。陆终生子六人，坼剖而产焉。”陵终长子名昆吾，二子名参胡，三子名彭祖，四子名会人，五子名曹姓，六子名季连。芈姓，楚其后也。由此知，楚人亦为黄帝后裔南迁的一支。

到春秋时期的楚穆王（前625—前614年）、楚庄王（前613—前591年）时期，楚国期思（今河南淮滨县东南）人敖（字孙叔，又有孙叔敖之称），任令尹（最高长官，掌军政大权）。楚庄王十七年（前597年），楚军攻郑国（都城在今河南新郑市），晋援郑，晋军将领对战与和的意见不一致，行动迟缓。孙叔敖指挥楚军在邲（今河南荥阳北）突然进攻，晋军一败涂地，楚军取得完全胜利。他还领导楚民在期思、雩娄（今河南商城东南）兴修水利工程，灌溉农田。相传他还组织百姓开凿芍陂（今安徽寿县安丰塘）蓄水灌田，得到吏民称赞。据《世本》《通志》《新唐书·宰相世家表》等载，孙叔敖的后裔，先以其字“孙叔”为姓，后又去“叔”字单称“孙”姓。芈姓的一支改孙姓，是汉代以后的说法。

3. 出自妫姓

《史记·五帝本纪》将帝舜归属于黄帝后裔，是从其部落融入以炎黄为主体的

---

① 翟文明：《中国姓氏地图》，中国书籍出版社，2004年，第11页。

华夏族而言的。就其先祖的氏族或部落而言，应属于东夷（今河南东境至山东）。舜本姓虞，以生地而又姓姚。《史记·陈杞世家》载：“陈胡公满者，虞帝舜之后也。昔舜为庶人时，尧妻之二女”，居于妫（今山西永济市蒲州镇的古河流，源于历山，故称妫水）水旁。“其后因为氏姓，姓妫氏。舜已崩，传禹天下，而舜子商均为封国。夏后之时，或失或续。至于周武王克殷纣，乃复求舜后，得妫满，封之于陈，以奉帝舜祀，是为胡公。”妫满之父名遏父，继父亲遂之职，任周诸侯国陶正。周武王将自己的大女儿太姬，许予妫满为妃。陈为周初十二诸侯国之一，地位高而重要。按说，封国名与君主之姓是无关系的，陈国之君本应姓妫。但从《史记·陈杞世家》载知，妫满后即姓陈了，是否为武王赐其姓陈，无资料可查。从陈胡公起，传11位公后，厉公（前706—前700年）继位。他的儿子中，有一个名完，非长子，未继公位，但很有智谋和才干。《史记·陈杞世家》称他为陈完，又称陈敬仲。

陈宣公二十一年（前672年），公室内乱，陈完避祸逃入齐国（该年为齐桓公二十二年）。齐桓公早闻其才，亲自接见，欲拜为“卿”。陈完辞谢不受，桓公改任其为工正。因陈、田古代通用，遂改陈为田姓。他的第四代孙曰田无宇，无宇有子田书，被齐国公拜为卿。田书文武兼备，率军攻打莒国（今山东莒县），战功卓著，被齐景公（前547—前490年）赐姓孙，封食邑于乐安（今山东博兴县）。从得姓的孙书算起，至今已约有2500年的历史。

4. 出自子姓

《史记·殷本纪》云：殷末年，纣王“愈淫乱不止。微子数谏不听，乃与太师、少师谋，遂去。比干曰：‘为人臣者，不得不以死争。’乃强谏纣。纣怒曰：‘吾闻人心有七窍。’剖比干，观其心”。比干是纣王的叔父，王室贵族，任少师，忠于商王朝。他被剖心而死，族人避祸，纷纷改姓埋名，从汲地（今河南卫辉市）外逃。其中的子姓后裔，以比干的子孙之故，改姓孙。汉代《孙根碑》对此有记载。

5. 出自荀姓

荀况（约前313—约前238年）为赵国（都城在今河北邯郸市）人，战国著名思想家，人们尊称他为荀卿。他年轻时，游学于齐国（都城在今山东淄博市），在齐都城的“稷下学宫”三次任祭酒，威望大增。他游学至秦国，秦昭王（前306—前251年）和相国范雎予以召见和礼待。他游学至赵国，曾和临武君在赵孝成王（前265—前245年）面前议论兵法，受到好评。他渡江到达楚都（今湖北江陵县纪南城）后，得到楚国才子、名臣春申君（黄歇,？—前238年）的欢迎和尊重，任命他为兰陵（今山东苍山县兰陵镇）令。楚考烈王二十五年（前238年），春申君病逝，荀况失去升职机会，在兰陵著书立说至寿终。他的弟子有韩非、李斯等。他对先秦诸子的学术思想进行了批判和总结，对古代唯物主义有所发展，批判了孟子的“性善”论，提出了“性恶”说。还提出了“人定胜天”，即“制天命而用之”的思想，主要著作有《荀子》。汉宣帝（前73—前49年）名刘询，与荀同音，避讳而改荀卿为“孙卿”。其后裔从宣帝起，便也由荀改姓孙。《姓氏考略》据《汉书》注云：“荀卿避汉宣帝讳改孙氏。”宣帝去世后，只有少数孙姓人又改为原姓。

6. 出自夏侯姓

《姓氏考略》载：“夏侯婴为滕（今山东滕州）令奉车，号滕公。其曾孙颇尚公主，主随外家姓号孙公主，故滕公子孙又为孙氏。”《中国姓氏大全》云：“汉代夏侯婴的曾孙随外家，姓号孙公主，故夏后氏后人又为孙氏。”有的书又说：西汉滕公夏侯婴之曾孙夏侯颇，随外祖父姓而改姓孙。这三种解释，均不够明确。夏侯婴生年失载，卒于公元前172年，西汉沛县（今属江苏）人。少年、青年时与刘邦关系亲密，跟随刘邦起义反秦，转战南北，功劳卓著。汉朝建立后，汉高祖封他为汝阴（治所在今安徽阜阳）侯，任太仆（九卿之一，掌管皇帝的舆马与马政）。惠帝、文帝时期，一直任太仆。《汉书》卷四十一《樊郦滕灌傅靳周传》载：夏侯婴“传至曾孙颇，尚平阳公主，坐与父御婢奸，自杀，国除”。景帝的公主，自然应是刘姓。但因她是景帝地位低微的女儿，母亲家是名门望族，外祖父地位高，故随外祖父为孙姓。故《汉书》又云：及滕公“曾孙颇尚主，主随家姓，号孙公主，故滕公子孙更为孙氏”。

至于异姓汉人改姓孙，或少数民族改姓孙，均与不同姓氏、不同民族的迁徙和融合有着千丝万缕的关系。如鲜卑族之北魏的改汉姓等，不多叙。

二、孙姓人的迁徙和郡望

关于孙姓的来源，我们列出了六项。六大来源的族属，从夏代以前的部落或族属而论，可分为华夏和东夷。夏代起至周末，孙姓来源的先族则通称为华夏族。

1. 孙姓最早的地望应在濮阳

在戚邑（今河南濮阳县东北戚城）形成的孙仲贵族，系卫诸侯国君（姬姓）的后裔，距今约2800年。戚邑在春秋中期后，曾为迁此的卫国都城。孙仲望族，按一般情况，是会传家至卫国灭亡之年（前254年）。《百家姓探源》云："孙姓的祖先可以远溯到3000多年前的周文王。周朝是一个实行封建制度的社会，周文王的儿子康叔，被封于卫。传到卫武公的时候，武公的儿子惠孙做了卫国的上卿，惠孙的这一支子孙就以父辈的字'孙'作为自己的姓氏。"① 戚或戚邑何时称濮阳呢？秦朝时以戚邑在濮水之阳而置濮阳县。《辞海》释："濮阳，郡国名。晋咸宁三年（277年）改东郡置国。治所在濮阳（今河南濮阳县西南）。辖境相当今河南滑县、濮阳、范县，山东郓城、鄄城等地。西晋末改为郡。"惠孙后裔形成的孙姓家族，从其形成地戚邑未成为孙姓郡望分析，应是改封或迁徙于他地了。今濮阳市辖区，尤其是濮阳县，是否还有孙姓族人，笔者未去实地调查过。

2. 孙姓郡望汲郡

汲邑在周朝属于卫国辖地，春秋至战国初亦然。戚邑的孙姓望族是否又有封或迁于汲邑，文献无明确记载。但从"汲郡为孙姓的郡望"分析，汲邑当为孙姓人世居地。汲县（今河南卫辉市）系西汉置，西晋泰始二年（266年）设立汲郡，治所在汲县。辖境相当于今新乡市所辖四个区、卫辉市、辉县市、新乡县、获嘉县、原阳县、延津县、封丘县及长垣县。据史料记载，卫康叔的后代孙林父"父子"败于政敌宁喜，后孙林父之子孙嘉迁至河南卫辉，形成孙姓第一次分迁。②

---

① 张海彤、金连昌：《百家姓探源》，首都师范大学出版社，1996年，第316页。
② 翟文明：《中国姓氏地图》，中国书籍出版社，2004年，第11页。

3. 孙姓郡望太原

孙姓郡望太原，秦庄襄王四年（前246年）置，治所在晋阳（今山西太原市西南）。辖境相当于今阳曲、交城、平遥、和顺之间的晋中地区。周朝属于王室所封晋国，与卫国地域相距较近，关系亲密，春秋、战国初亦然。战国晚期卫国亡后，孙姓人是否迁于太原，无文献可查证。

4. 孙姓郡望乐安

乐安，郡国名。东汉永元七年（95年）改千乘郡置国。治所在临济（今山东高青县高苑镇西北）。辖境相当今山东博兴、高青、桓台、广饶、寿光等地。三国魏改为郡，移治高苑（今山东博兴西南）。乐安郡，应是田书始为孙姓的食邑地。设郡时孙姓望族是否为其后裔，无详载。

5. 孙姓郡望东莞

东莞县，西汉置，治所在今山东沂水县。东汉献帝建安元年（196年），分琅琊、齐郡置东莞郡，治所在今沂水县东北。辖境相当于今山东临朐、沂水、蒙阴、沂源等地。从地域和时代分析，东莞郡的孙姓望族，当是从乐安迁入的。

6. 孙姓郡望吴郡

汉唐之际，姓氏研究的风气盛行，出现了孙姓来源的多种说法，如源于比干、孙叔敖等。[①]《新唐书·宰相世系表》云：乐安的孙姓人，在齐国内乱时，有的渡过长江逃到了吴国。其中的“孙武为吴将，其后也”。《辞海》释“吴郡”：“东汉永建四年（129年）置。治吴县（今江苏苏州市）。辖境相当今江苏、上海长江以南，大茅山以东，浙江长兴、湖州市、天目山以东，与建德市以下的钱塘江两岸；三国后逐渐缩小。”孙武入吴为将后，功劳卓著，世代居于富春（今浙江富阳）。正因为如此，齐景公赐田完后代孙姓一说影响最大。

自春秋战国后，尤其是战国以后，孙姓望族或平民，由北向南进行了多次迁徙。当然，在漫长的历史长河中，又有孙姓人从南方迁回北方者。大约至明末清初，有大批沿海百姓到台湾、海外诸国谋生。仅就其中的孙姓人而论，以福建省的

---

① 张海彤、金连昌：《百家姓探源》，首都师范大学出版社，1996年，第316页。

孙姓人居多。

三、孙姓历代名人简述

作为《百家姓》位列第三的孙姓，在古代，分布地方广泛，形成郡望多、世家名士多的盛况。有关资料统计，山东、京津、河北大部、黑龙江、内蒙古东部、江苏与安徽北部、河南东部，居住着孙姓总人口中约56%的人口。陕西、山西、河北西部、宁夏大部、新疆西北部、内蒙古中部、河南大部、湖北北部、江苏与安徽南部、浙江北部等地居住的孙姓人，约占全国孙姓人总数的24%。[①] 拙文重点对中国古代的孙姓名人予以简述，近现代仅举其典型人物。

1. 春秋时期

从前述可知，孙姓人的远祖先是周文王，距今约3000年。以近祖先惠孙论，距今大约2800年。从得姓始祖孙仲而论，孙姓人的历史也已有2700多年。孙仲世代为官，后代名字、官职不详。其他得姓孙者均较晚，且事迹不详。孙姓名人，一般姓氏书都是从春秋时期的孙阳说起。

秦穆公（前659—前621年）执政时期，善于相马的臣子伯乐，曾推荐九方堙为秦室相马。他认为相千里马必须“得其精而忘其粗，在其内而忘其外”（《淮南子·道应训》。另一说是伯乐即孙阳，以善于相马而闻名。他是否为秦国人，无详载。

孙武是春秋末年吴国的名将，籍贯乐安，故《辞海》云：“孙武，春秋时兵家，字长卿，齐国人。”其祖父、父亲都是齐国的名将，家中军事书籍丰富。他在父亲的培养下，酷爱兵书和征战。吴王阖闾执政（前515—前496年）后，入吴居于富春（今浙江富阳）的孙武，到达吴国都城（今江苏苏州市）。他的挚友伍子胥，一连七次向吴王举荐；孙武也将所撰《兵法十三篇》（亦称《孙子兵法》）献于吴王。吴王喜其才，任命年轻的孙武为将军。他对军队严格训练，军队的战斗力强。伍子胥、孙武率大军攻楚，五战五捷，灭了楚国。接着，他们又率大军攻破越国，得到吴王称赞。后来，吴国北进，又大败齐国军队，吴王在黄池（今河南封丘

---

① 袁义达、邱家儒：《中国姓·三百大姓群体遗传和人口分布》（上），华东师范大学出版社，2007年，第46页。

西南）与晋定公、鲁哀公等会盟（前482年），完成霸业。从此，吴王阖闾骄傲专权，逼苦谏的伍子胥自杀。孙武心灰意冷，辞官归家，专心修订《孔子兵法》，被称为兵家之祖。

2. 战国时期

孙武有子曰明，在吴王阖闾、夫差（前495—480年）时期，相继任官，以父亲功高而被吴王封为富春侯。孙姓的“郡望吴”，亦由此而形成。

孙膑，战国时期齐国人，孙武的后裔，生卒年失载。齐国阿（今山东阳谷县东北）人，大致与商鞅（前395—前338年）、孟轲（前372—前289年）同时代。他与魏国将领庞涓是同学，都是鬼谷子的门徒。魏惠王（前369—前319年）时庞涓任将军，忌妒孙膑的才能，骗其入魏国。庞涓以莫须有罪名判孙膑以膑刑（割掉膝盖骨），成为不能走路的残疾人，以刑法而称“孙膑”，原名则失传了。齐国使者入魏，设法将孙膑偷运回齐国。孙膑被田齐威王（前356—前320年）任为军师，乘车指挥作战。公元前353年，他协助齐将田忌与庞涓的魏军大战于桂陵（今河南长垣县西北），取得胜利。公元前342年，孙膑又助田忌在马陵（今河南范县西南）大败魏军，庞涓被逼自杀。其留世著作，名为《孙膑兵法》。

3. 秦汉与三国时期

东汉有宦官孙程（？—132年），字稚卿，涿郡新城（今河北徐水县）人，汉安帝时任中黄门。安帝卒，他与中黄门王康等18人，拥立济阴王为帝（顺帝），灭阎氏外戚势力。汉顺帝论功行赏，封他为浮阳侯，任骑都尉。

孙明的后裔传到东汉中期后，吴郡富春（今浙江富阳市）有孙策、孙权二兄弟，父亲名字曰孙坚。孙坚世代为吴郡官吏，爱习武。孙坚曾任东汉王室议郎，后被人暗杀，时年37岁。他去世后，长子孙策掌管军队，自任会稽郡（治所在今浙江绍兴）太守。建安五年（200年）夏，广陵太守欲夺取吴郡，使人暗杀孙策，年仅28岁。策死前，令长弟权继位，掌管军队。

孙权（182—252年）继其兄位，据有江东六郡。建安十三年（208年），他联合刘备，大败曹操于赤壁。后又战胜刘备，于黄龙元年（229年）称帝于武昌（今湖北鄂城），国号吴。不久，又迁都建业（今江苏南京），成为与魏、蜀鼎立的三国之一。其孙孙皓（242—283 年）继景帝孙休位（264 年），专横残暴，奢侈腐化，天纪四年（280 年），晋军攻克建业，孙皓降，三年后去世。

三国之魏国有孙炎，是经学兼训诂学家。

4. 晋至宋朝以前

孙楚（约 218—293 年），字子荆，太原中都（今山西平遥县西北）人，西晋文学家，官至冯翊（今陕西大荔县）太守。善诗赋，原集散佚，明代人辑《孙冯翊集》。孙康，西晋名士。东晋时期，太原中都孙家望族有子名盛，字安国，官至秘书监，加给事中。他是无神论者，著作有《魏氏春秋》《晋阳秋》等。孙绰（314—371 年），字兴公，随父移家于会稽（今浙江绍兴），东晋文学家。官至廷尉，著作早佚。明人辑《孙廷尉集》，为玄学诗的代表作。孙恩，琅琊（今山东临沂县）人，字灵秀。叔父孙泰，聚天师道徒起事被处死，他流亡于南方海岛。隆安三年（399 年），孙恩自称征东将军，部队发展至 20 万人，登陆作战，夺取不少城池。后遭晋军镇压，退入海岛。元兴元年（402 年），孙恩率义军第四次进攻临海（今属浙江），失败后投水而亡。

孙安祖（？—611 年），清河漳南（今河北故城东北）人，隋末农民起义领袖，自号将军。他率起义军与隋将张金称作战，失败后被杀，余军归起义军领袖窦建德统领。同孙安祖先后起义的还有孙宣雅，渤海（今山东阳信县）人，有义军 10 万人，自称齐王。

唐朝的孙姓名人，首推孙思邈。孙思邈，华原（今陕西铜川市耀州区孙原镇孙家原村）人，生卒年不详。或云生于隋开皇元年（581 年），卒于唐永淳元年（682 年），寿命 102 岁，可备参考。他长期到名山大川采草药，在“药王山”（陕西铜川耀州区东北）居住、研究、著书，为百姓治病。隋文帝召他任官，不应。唐太宗的长孙皇后有病，孙思邈入宫为皇后治病，皇后病愈，太宗欲任其为宫廷医官，婉言谢绝。其主要著作有《千金要方》《千金翼方》等，人们尊其为“药王”。此外，唐朝还有宰相孙茂道、名臣孙伏伽等。孙伏伽，贝州武城（今山东费县南）人，隋时任万年县（今陕西西安市西北）法曹。唐太宗时，以他的才能被任为大理少卿，再升为大理卿。孙处约，始名道茂，汝州郏城（今河南郏县）人，唐高宗时官至宰相。其子孙佺，官至幽州（治所在今北京城西南）都督。此外，有武将孙儒、散文家孙樵、书法家孙过庭、画家孙位等。五代十国（907—960 年）时期，有名将孙方谏、诗人孙光宪等。

5. 宋元明清时期

孙光宪，黄平（今四川仁寿东北）人，五代词人，归宋朝后，任黄州（今湖北黄冈市黄州区）刺史。他是五代及宋初的词作家，著作有《花间集》《北梦琐言》。孙洙（1032—1080 年），广陵（今江苏扬州）人，字巨源。进士及第，官至翰林学士，负有盛名，著作早佚。还有经学家孙奭、名士孙复等。

孙承宗（1563—1638 年），字稚绳，保定高阳（今河北高阳县）人，进士。天启二年（1622 年），任兵部尚书，为官清正。后受奸臣魏忠贤排挤，被免职。崇祯二年（1629 年），清军攻山海关，承宗复职，镇守山海关，数次击败清军。之后又受排挤，罢官归乡，著书立说。清军攻其家时，带领族人抗击，战死。孙传庭（1593—1643 年），字伯雅，代州振武卫（今山西代县）人。进士及第，崇祯九年（1636 年）任陕西巡抚，镇压高迎祥、李自成农民起义，杀高迎祥于今陕西周至县。之后，奉调回京抵抗清军。崇祯十五年（1642 年），复任陕西总督，次年在交战中被李自成农民军斩首。孙可望（？—1060 年），原名可旺，米脂（今属陕西）人，农民起义军领袖张献忠的爱将。永历六年（1646 年）张献忠死后，他和李定国率起义军进入贵州、云南，建立抗清基地。永历七年（1647 年），他在贵州称王，年号“兴朝”，李定国亦在云南称王，共同抵抗清军。之后，两人都奉南明帝为君，孙可望被封为秦王。孙可望忌恨李定国抗清功高，带军入云南攻打李定国，兵变后他逃入长沙（今属湖南）降清，被封为义王。一说他助洪承畴灭西南反清势力后，被洪承畴以游猎为名射死；另一说是封王三年后病亡。明清之际的孙奇逢（1584—1675 年），字启泰，又字钟元，世称夏峰先生，直隶容城（今河北容城县）人。明亡后不做清朝官，隐居著书，主要著作有《理学宗传》《夏峰先生集》。

清代有孙嘉淦（1683—1753 年），山西兴县人，字锡公，康熙年间进士。官吏部尚书协办大学士，著作有《诗经补注》。还有经学家孙星衍、孙诒让，诗人孙原湘等。孙原湘（1760—1829 年），字子潇，晚年号心青，昭文（今江苏常熟）人，嘉庆年间进士。其妻席佩兰也是诗人，夫唱妇随。原湘官至武英殿协修，酷爱作诗。其著作有《天真阁集》。孙家鼐（1827—1909年），清末安徽寿州（今寿县）人，字燮臣，咸丰年间状元。相继任工部、礼部、吏部尚书等。戊戌变法时，主办京师大学堂。八国联军攻陷北京，他随驾逃往西安，任礼部尚书。光绪三十一年（1905年），任内阁大学士。1907年任资政院总裁，与马吉森创办安阳（今属河南）广益纱厂。其子孙多森，也是实业家。

6. 创立中华民国的孙中山

到了近现代，孙姓人分布于海内外，优秀人物不胜枚举，在这里仅述创立中华民国的孙中山。孙中山（1866—1925年），名文，字德明，号逸仙，广东香山（今广东中山市）人。1892年毕业于香港西医书院，曾在澳门、广州等地行医。1894年上书李鸿章，主张改革，其政治革新主张遭拒绝后，遂赴美国檀香山组织兴中会。1895年在香港设机关，准备发动广州起义，未果。1900年，惠州（今广东惠阳）起义失败。1905年，他在日本组成中国同盟会，被推举为总理，确定“驱除鞑虏，收复中华，建立民国，平均地权”的资产阶级革命政纲，提出三民主义学说，创办《民报》。之后，在国内外开展了一系列革命活动，发动了多次武装起义。1911年（宣统三年）10月10日的武昌起义，各地响应。12月29日，共有17省的同盟会代表在南京开会，共同推举孙中山为中华民国临时大总统。1912年1月1日，孙中山在南京宣布就职，月底组建了临时参议院。2月13日，因革命党人向军阀袁世凯妥协，孙中山被迫辞去总统职务。临时参议院于3月通过了孙中山主持制订的《中华民国临时约法》。8月，中国同盟会改组为国民党，孙中山被选为理事长。之后，他相继展开反对袁世凯、段祺瑞等军阀的斗争。1918年，正式将中华革命党改组为中国国民党。1923年，又在广州重建大元帅府。在中国共产党、苏俄的帮助下，1924年1月在广州召开了第一次国民党全国代表大会，通过宣言，实行联俄、联共、扶助农工的三大政策，实行新三民主义，改组国民党为工人、农民、小资产阶级和民族资产阶级的革命联盟。11月，他赴北京讨论国政，次年3月12日不幸病逝。遗嘱“必须唤起民众，及联合世界上以平等待我之民族，共同奋斗”。遗著编为《孙中山选集》《孙中山全集》《孙文选集》等。

综上所述，孙姓的来源是多元的，祖源较多，但从远祖先和得姓祖先论，应以周文王之子姬封后裔孙仲（约前 700 年）为最早。因而其食邑戚（今河南濮阳）应是孙姓的祖源圣地，也曾为卫国的都城要地。

（本文作者为陕西省人民政府参事室文史馆研究员、中华伏羲文化研究会副会长）

孙姓之源与濮阳戚城

⊙马世之

孙姓是中华大姓之一，在享有“天下第一经”之称的《百家姓》中，第一句就是“赵、钱、孙、李”。据统计，当代孙姓人口已达1848万，在全国姓氏排行榜上排名第十二，大约占全国人口的1.54%。臧励和等编的《中国人名大辞典》收入孙姓历代名人521名，占名人总数约1.15%，排在名人姓氏的第十三位；孙姓著名文学家占中国历代文学家总数的1.22%，排在第十五位；孙姓的著名医学家占中国历代医学家总数的1.26%，排在第十七位。孙姓家族历史悠久，文化发达，名人辈出，灿若星辰：兵祖孙武、兵圣孙膑给中华民族留下了千古不朽的《孙子兵法》和《孙膑兵法》。伯乐孙阳善于相马，直到今天人们还在感叹“千里马常有，而伯乐不常有”。世称吏者师的楚国令尹孙叔敖，主持兴修了我国最早的蓄水灌溉工程——芍陂，建立了不朽的历史功绩。在东汉末年群雄争霸中，孙权称帝东吴，与曹魏、蜀汉呈三国鼎立之势，致使曹操发出了“生子当如孙仲谋”的感慨。唐代药王孙思邈，传世之作《千金要方》至今仍造福人类。近代革命先行者孙中山创立的三民主义学说及“天下为公，世界大同”的伟大理想，具有不朽的价值。其他作出伟大贡献而彪炳史册的孙氏名人甚多，在此不一一列举。由此可知，孙姓的历史地位和社会影响。

一、孙姓的起源

孙姓是一个多源的姓氏，主要有五个来源：姬姓、芈姓、妫姓、子姓和外姓和少数民族的改姓。

第一支源自姬姓。为周文王之子卫康叔的后裔。

第二支源出芈姓。系楚令尹孙叔敖之后。《通志》云："又有孙氏，楚令尹孙叔敖之后也。"孙叔敖居于期思，即今河南淮滨县东南。孙叔为其字，子孙以其字为氏。

第三支源于妫姓。齐国大夫田完，字敬仲，本是陈国妫氏的后裔，逃到齐后改为田氏。其五世孙田书伐莒有功，被齐景公封于乐安，在今山东博兴县，并赐姓孙氏。《古今姓氏书辩证》说："齐田完，字敬仲，四世孙无宇，二子：常、书。书字子占，齐大夫，伐莒有功，赐姓孙氏，食采于乐安。"

第四支系出子姓。据《汉根碑》载，殷商贵族比干，是纣王叔父，著名的贤臣，因谏被杀，子孙避难改姓，其中一支为王族子孙，遂姓孙氏。

第五支来自外姓和少数民族的改姓。战国荀卿的后裔为避汉宣帝名讳，改为孙姓；西汉夏侯婴之曾孙夏侯颇，随外祖父姓而改姓孙；三国时孙坚部将俞河改姓孙。少数民族改姓的，主要有北魏鲜卑族拔拔氏、唐朝契丹族人及清朝满洲八旗孙佳氏改姓孙。

孙姓虽然来源多支，但出自姬姓的孙氏发展最快，影响深远，从而形成当代孙姓的主体。

关于姬姓孙氏之源，《元和姓纂》载："周文王第八子卫康叔之后，至武公和生惠孙，惠孙生耳，耳生武仲，以王父字为氏。"《新唐书·宰相世系表》云："孙氏出自姬姓。卫康叔八世孙武公和生公子惠孙，惠孙生耳，为卫上卿，食采于戚，耳生武仲乙，以王父字为氏。"宋本《广韵》云："（孙）姓，周文王子康叔封于卫，至武公子惠孙生耳为卫上卿，因氏焉。"现存孙氏家乘中，有许多自称是姬姓孙氏后人的家族，如《婺东忠孝世家孙氏宗谱》"孙氏源流记"谓："吾家祖本周文王第八子康叔，封于卫，至武公子惠孙为卫上卿，因以孙为氏，历年久矣。"《黄桥孙氏家乘》"孙氏迁徙各支渊源叙录"云："黄墅桥孙氏，系出卫武公、惠孙，子姓遂以字为氏焉。"常熟《虞邑孙氏宗谱》"锦港孙氏族谱序"说："孙氏出于姬周之后文王，康叔封于卫，至武公子惠孙为上卿，因以为氏。战国时有孙武、孙膑，其苗裔也。"这里显然已将两种不同起源的孙氏糅合在一起了。由上述记载可知，孙姓系周文王第八子卫康叔之后，卫康叔八世孙卫武公，名和，是西周末、春秋初年卫国国君。《史记·卫康叔世家》载："武公即位，修康叔之政，百姓和集。四十二年，犬戎杀周幽王，武公将兵往佐周平戎，甚有功，周平王命武公为公。"因勤王有功，被赐为公爵，从此以后，卫国国君由"侯"改称为"公"。武公之子惠孙，惠孙生耳，耳生乙，字武仲，又叫武仲乙，以祖父惠孙的字为氏，姓孙，其后代就以孙为姓，孙乙被公认为是孙姓的得姓始祖。春秋时期，从惠孙之子耳开始，为卫国上卿，食采于戚（今河南濮阳戚城）。由于姬姓孙氏在孙氏起源中所占重要的地位，濮阳戚城就成了中华孙姓的发祥地。

二、考古视野下的戚城遗址

戚城位于濮阳市区京开大道西侧，北临古城路口，南距濮阳县城5公里。关于戚的地望，《春秋·文公元年》载："秋，公孙敖会晋侯于戚。"杜预注："戚，卫邑，在顿丘卫县西。"杨伯峻注："戚，卫邑，在今河南省濮阳县北。"《开州志》谈到戚城时，引《太平寰宇记》说："在澶州北十里。"又引明《通志》说："在开州北七里。"澶州、开州，即今濮阳县城。据1978年的考古调查资料，当时的戚城遗址，南靠戚城西村，再东250米即戚城屯，向西2公里是前范家，向北2公里是白仓集。东北约700米为子路坟，再向东北约1.5公里即蒯聩台。文献记载和考古调查资料大体一致。戚城所在的濮阳，因其地处古代濮水之阳而得名，这里位于中国地形第三级阶梯的中后部，属于黄河冲积平原的一部分，地势平坦，交通便利，经济发达，早在上古时期，颛顼、虞舜及其部族就在此繁衍生息，因此素有"颛顼遗都""帝舜故里"的美誉。近年来，在濮阳戚城发现了一处龙山与春秋战国时期的城摞城。

1963年3—4月，濮阳县文化馆、河南省文化局文物工作队先后派人对戚城遗址进行考古调查。1965年11月，国务院原副总理郭沫若委托北京大学李仰松莅濮探寻卫都帝丘并顺访戚城，试掘探沟一条，确认戚城为一座春秋战国城址，还是一处新石器时代聚落遗址。1986年11—12月，河南省文物研究所丁清贤等在城内进行试掘，其中东城墙基础探沟显示，主城墙建筑在龙山文化层之上，城外有一条6

米深的城壕。2004—2008 年间，濮阳戚城文物景区管理处在城内进行文物钻探，并与河南省文物研究所联合发掘，确认春秋战国城下，叠压着一座龙山文化城。

戚城龙山城址略呈长方形，南北稍长，约 450 米，东西稍窄，约 390 米。连同城墙计算在内，城址总面积近 16 万平方米。龙山城西城墙深 2. 8—3. 8 米，宽 12—14 米，龙山城北城墙位于春秋战国北城墙外侧，两者走向平行。该段城墙夯土地下残高 8. 2 米，为红褐色花土，夯层厚 8—12 厘米。在建筑方法上已经使用了方块版筑技术。

城址内东北部发现近万平方米的夯土台基 1 座，台体为正方形，东面呈陡坡，北面和西面可能是由于后期破坏呈斜坡，南面发现疑似台阶。台高 7—8 米，最浅处 30 厘米即至台顶。估计台上应有高规格的建筑。

此外，还发现有房址、陶窑、灰坑与灰沟等。

出土的龙山文化遗物，有罐、甗、盆、碗、杯等陶器，针、刀、笄、锥等骨器，刀、镰等蚌器，凿、斧等石器。

该城址的时代约在距今 4000 年前的龙山文化中晚期。因其地处濮阳境内，为研究五帝之一的颛顼及其所居帝丘等相关问题提供了新的重要资料。①

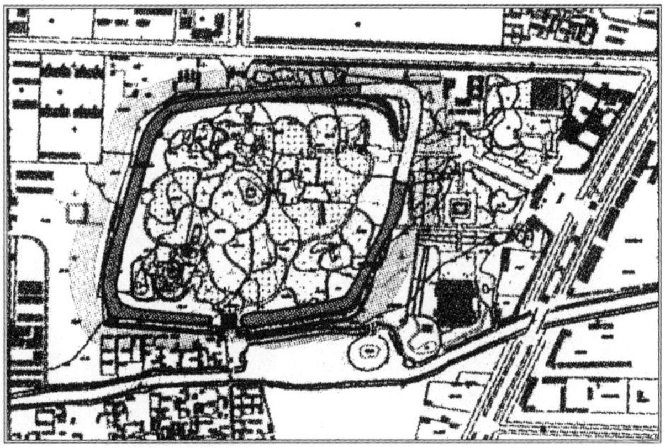

戚城城址平面图

① 马学泽：《河南濮阳戚城遗址文物调查取得重要收获》，《中国文物报》2008 年 4 月 9 日。马学泽：《濮阳戚城城摞城》，《龙乡纵横》2009 年第 2 期。

戚城春秋战国城与龙山城的城墙基本重合。由于龙山城已完全废弃，但遗迹犹存，春秋战国城墙建设比照龙山城墙稍有错位。如东、西、南三面城墙皆向外错位半个墙体，似有扩城之意。从考古调查来看，北城墙与东城墙保存较好，南城墙破坏比较严重。城墙平面基本上呈长方形，东西稍宽，南北稍窄。城垣周长1520米，城内面积14.4万平方米。残存城墙最高处8.3米，最宽处16.5米。城角为圆形，唯西南城角略向外突。城墙东、西、南、北四面中部各有一缺口，宽30—40米，应为城门遗迹。城外发现有早期城壕，宽7.5米，深2.5—3米。在与早期城壕相隔2米处为晚期城壕，宽6.5米，深2.5米。城内东西、南北各有一条主干道通向城门。东北部有并排两座宫殿建筑基址，距地表30厘米，系高台建筑，面积2100平方米。城垣以东36米与80米处有东西并列的两个土丘，均高6米，呈长方形，西丘较小。东丘长20米，宽16米，高4.6米，夯筑而成，传为孔悝及其母卫良娣之墓，实际上为城的附属建筑，也有人认为东丘就是会盟台基址。

戚城遗址文化堆集丰富，自下而上依次叠压着裴李岗、仰韶、龙山、商代、西周、春秋战国和汉代文化层。特别是春秋之际，这里是卫国的重要城邑。顾栋高《春秋大事表》云："盖其地濒河西，据中国之要枢，不独卫之重地，亦晋、郑、吴、楚之孔道也。"据《春秋左传》记载，公元前626—前531年间，诸侯在此会盟7次之多：

1. 鲁文公元年（前626年）秋，鲁国公孙敖会晋襄公于戚。

2. 鲁成公十五年（前576年）三月十一日，鲁成公会晋厉公、卫献公、郑昭公、曹成公、宋世子成、齐国佐和邾人，同盟于戚。

3. 鲁襄公二年（前571年）七月，鲁大夫仲孙蔑会晋荀罃、宋华元、卫孙林父、曹人、邾人于戚。

4. 鲁襄公二年（前571年）冬，仲孙蔑会晋荀罃、齐崔杼、宋华元、卫孙林父、曹人、邾人、滕人、薛人、小邾人于戚。

5. 鲁襄公五年（前568年）秋，鲁襄公会晋悼公、宋平公、陈哀公、卫献公、郑厘公、曹成公、莒子、邾子、滕子、薛伯、齐世子光、吴人、鄫人于戚。

6. 鲁襄公十四年（前 559 年）冬，鲁国季孙宿会晋士匄、宋华阅、卫孙林父、郑公孙虿、莒人、邾人于戚。

7. 鲁昭公十一年（前 531 年）秋，单成公会韩宣子于戚。

戚城成了中国古代战略要地和会盟之都。1991 年 2 月 5 日，江泽民同志到此视察，称其为春秋时期的“联合国”。该地最初是卫国的第十代国君武公之孙耳的采邑。耳生乙，字仲武，为孙氏得姓始祖，所以戚城又被称为孙姓的起源地。

戚是中国古代历史上一座名城，约在商末周初之时已闻名遐迩。春秋时期是其黄金时代。从春秋戚城城墙断崖看，城墙先后两次筑成，下部夯层包含商周文化遗物，上部夯层包含汉文化遗存。据此推断，该城垣是在龙山城址基础上重建的，重建的时间约在西周晚期或春秋早期。鲁僖公三十一年（前 629 年），卫成公由楚丘徙都帝丘（今河南濮阳市西南）。鲁文公元年（前 626 年），《春秋左传》中开始出现了关于戚城的记载，至鲁哀公十六年（前 479 年）止，在这一百多年中，《春秋左传》中关于戚城的记载凡 26 处，这应是戚城最繁盛的时代。据《水经 · 河水注》载，戚“为卫之河上邑。汉高帝十二年，封将军李必为侯国矣”，说明东周戚城的使用时间，自春秋历战国而至汉代，而其再次修筑，当在李必封侯之时，即西汉初期。① 汉代以后，戚城逐渐衰落。

三、结语

姬姓孙氏本是周文王第八子卫康叔之后，得姓始祖孙武仲，名乙，袭父职为卫国上聊，食采于戚，即今河南濮阳戚城。戚城是一座历史文化名城，考古发现该城址始筑于龙山时代中晚期，似与五帝之一的颛顼存在着某种关系。约于孙氏得姓前后，戚城在龙山城的基础上进行了重建。该城西濒河西，据中国之要枢，在 100 多年的时间里，《春秋左传》中关于戚城的记载凡 26 处，提及戚城城主孙氏的更有 60 多处。诸侯于此会盟达 7 次之多，戚城俨然成了春秋中期重要的国际外交舞台，孙氏家族在此舞台上扮演了重要角色，因而濮阳戚城实为孙姓祖根地。历经风雨剥

① 廖永民：《戚城遗址调查记》，《河南文博通讯》1978 年第 4 期。

蚀，而今戚城虽然仅存残垣，却能唤起人们的回忆，诉说着孙姓历史的辉煌。曾经风光无限、繁花似锦的濮阳戚城，应是海内外孙姓族人寻根谒祖的圣城。

（本文作者为河南省社会科学院历史与考古研究所研究员）

孙氏起源史料考证

⊙高友谦

一、《春秋》《左传》——原始文献

关于孙氏，《左传》记载的第一人为孙庄子。据《左传·哀公二十六年》记载："宁武子、孙庄子为宛濮之盟而君入。"《左传·僖公二十八年》则记载："宁武子与卫人盟于宛濮。"孙庄子参与的"宛濮之盟"，发生在鲁僖公二十八年，即公元前632年。

接下来，《左传》记载的第二位孙姓人，为孙昭子。据《左传》记载：鲁文公元年（前626年）五月，晋襄公派兵攻打卫国戚城。戚城是卫国上卿孙昭子的世袭领地。经过一个月的激战，晋军终于攻下戚城，俘虏了孙昭子。既然战败，就要割地赔偿。同年秋天，在晋襄公的主持下，晋、卫两国对戚城周围的土地疆界进行了重新划定。

接下来，《春秋》记载的孙姓人是孙免。据《春秋·宣公六年》记载："春，晋赵盾、卫孙免侵陈。"《左传》失载。刘文淇《春秋左氏传旧注疏证》说："孙免，杜无注。免，止见此年经，当是卫大夫。"鲁宣公六年即公元前603年。这里，孙免既然可以代表卫国，与晋国执政赵盾一起率军攻打陈国，可见其职务也应该是卫国执政，位居上卿。

从活动年代来看，《春秋》中的"孙免"，应是孙昭子的儿子、孙桓子的父亲。

在《左传》里，"孙子"一词，屡次出现。孙良夫和孙林父，均被称作"孙子”。对于这父子二人，《左传》有详细记载。而为今人所熟知的兵家孙子、孙武，在《左传》《国语》等春秋信史里，却不见踪迹。

与先辈一样，孙良夫（孙桓子）也是卫国的执政大臣，久居上卿之位。公元前602年，他奉卫成公之命，代表卫国和鲁国结盟，从此两国通好。

公元前589年春，齐国进攻鲁国北部边境。卫穆公派孙良夫率兵伐齐救鲁。鲁、卫、晋、曹四国联合攻打齐国。最后，齐国战败求和。次年，卫定公即位，又派孙良夫访问鲁国，重申两国之间的同盟关系。从卫成公到卫穆公，再到卫定公，孙良夫执政卫国长达18年。

卫定公三年（前586年），孙良夫去世，其子孙林父（孙文子）继承了他的爵位和采邑。两年后，孙林父和卫定公闹翻，流亡晋国。公元前577年夏，孙林父结束流亡生活，回到卫国。同年十月，卫定公病故，太子即位，这就是卫献公。公元前559年，孙林父发动政变，把卫献公驱逐出国，改立卫殇公。从卫定公到卫献公，再到卫殇公，孙林父把持卫国朝政长达30年，是春秋时期最为活跃、最为著名的孙姓人物。

《春秋》《左传》有关春秋卫国孙氏的记载，是最为原始的历史文献，属于第一手资料。因此，我们可以将它们作为衡量标准，对后世各种孙氏谱牒文献的真伪与可靠程度进行检验。

二、《世本》——先秦谱牒

早在汉代，王符《潜夫论·志氏姓》就说：“卫之公族，石氏、世叔氏、孙氏、宁氏……皆卫姬姓也。”

孔颖达《春秋左传正义·成公十四年》疏引《世本》说：“孙氏出于卫武公，至林父八世。”《世本》是我国首部系统的姓氏学专著，其中详细记载了战国以前列国诸侯、大夫的姓氏和世系等，是《史记》的一个取材来源。据陈梦家先生考证，《世本》作者应为战国时的赵国人，成书年代在秦始皇称帝前十余年。[①] 根据

① 陈梦家：《西周年代考/六国纪年》，上海人民出版社，1956年，第137页。

《世本》所言，孙姓起源于周代卫国，其始祖是康叔后人卫武公；自卫武公至孙林父，共有八世。

清人秦嘉谟《世本辑补·大夫谱》的卫成公三十一年（前604年）一栏，孙免和孔达并列为卫国执政；而此前19年，卫国执政一直只有孔达一人。[①]

其实，《春秋》所记只是孙免担任执政后所发动的侵陈战争这一大事。至于其出任执政的时间应该更早，可能是在孙昭子去世后不久。

根据《左传》《世本》与秦嘉谟《世本辑补·大夫谱》的记载，春秋卫国孙氏的活动年代大致如下：

孙级（孙庄子），公元前？—前632年，卫国执政。

孙炎（孙昭子），公元前630—前626年，卫国执政。

孙免，？—前603年，卫国执政。

孙良夫（孙桓子），公元前604—前586年，卫国执政。

孙林父（孙文子），公元前577—前547年，卫国执政。

孙林父之后，《左传》还记载了孙林父的三个儿子：孙蒯、孙嘉、孙襄。《左传·襄公二十六年》记载："孙文子在戚，孙嘉聘于齐，孙襄据守。二月庚寅，宁喜、右宰谷伐孙氏。"孙襄战死，国君被杀，孙林父叛卫归晋。政变时，孙嘉正出使齐国。政变后，他是否在齐国长期定居并传宗接代，从而带出齐国孙氏？对此，我们不好妄下结论。不过，《左传》的这条史料，为我们研究卫国孙氏与齐国孙氏的血统关系，的确提供了一条可靠线索。

三、《春秋释例》——杜预观点

杜预《春秋释例·世族谱》说："孙庄子级，武公三世孙；昭子炎，武公四世孙；孙良夫桓子；孙林父文子。"[②]

按照杜预所言，春秋卫国孙氏的世系是：

卫武公—○—○—孙庄子（级）—孙昭子（炎）—孙桓子（良夫）—孙文子

① 秦嘉谟等辑：《世本八种》，北京图书馆出版社，2008年，第228页。

② 吴静安撰：《春秋左氏传旧注疏证续》，东北师范大学出版社，2005年，第19页。

（林父）

从卫武公到孙文子，实际只有七世，其中漏掉了孙免这一世。如今，我们根据《左传》记载，在孙昭子和孙桓子之间，补上孙免这一世，就成了八世，与《世本》“孙氏出于卫武公，至林父八世”之说正相符合。经过修正后，自卫武公至孙文子，卫国孙氏的世系应该是：

卫武公—○—○—孙庄子（级）—孙昭子（炎）—孙免—孙桓子（良夫）—孙文子（林父）

按照这个世系关系，《世本》《左传》和《春秋释例》三者说法基本相符，相互可以印证。

四、《姓谱》——南朝结论

王俭（452—489 年），是南朝刘宋与萧齐时期的著名学者和政治家，琅琊临沂（今属山东）人，东晋名相王导的五世孙。王俭在目录学上很有贡献，任秘书丞时，领校国家藏书，撰成《宋元徽四年四部书目录》，收书 2020 帙，15074 卷。此后，又校勘古籍，依刘歆《七略》，撰成《七志》30 卷。其家富有藏书，据《南齐书》记载，齐武帝曾下诏“于俭宅开学士馆，悉以四部书充俭家”。王俭还撰有姓氏著作《姓谱》。此书与南朝刘宋何承天的《姓苑》并称名著，可惜，后来都亡佚了。

幸运的是，宋末元初，胡三省（1230—1302 年）在注释《资治通鉴》桂陵之战时，曾引用《姓谱》孙氏条为孙膑作注，从而为我们留下了一条宝贵佚文。《姓谱》：

> 周文王子康叔封于卫，至武公子惠孙曾耳，为卫上卿，因氏焉，后有孙武、孙膑，俱善兵。①

王俭生活于南朝宋、齐时代。其《姓谱》孙氏条，可以说既反映了江南本土“吴姓”富春孙氏的观点，也代表着那些南渡的“侨姓”孙氏（包括太原孙氏、乐安孙氏与东莞孙氏）的观点。

---

① 《资治通鉴》，中华书局，2013 年，第 41 页。

隋唐以后，王俭《姓谱》“孙氏”条的说法被《元和姓纂》之类姓氏著作及《广韵》等书继承，依然流行于世。例如唐代中期，许嵩所撰《建康实录》为东吴孙权立传时，就说：“太祖大皇帝姓孙氏，讳权，字仲谋，吴郡富春人也。其先出自周武王母弟卫康叔之后，武公子惠孙曾耳，为卫上卿，因以孙为氏。春秋时孙武为吴王阖闾将，因家于吴，帝乃孙武之后也。”① 关于孙氏姓源，《建康实录》与《姓谱》说法，如出一辙。

五、《元和姓纂》——唐人共识

《元和姓纂》是唐宪宗元和七年（812 年）由朝廷组织编纂的一部姓氏著作。此时，已进入晚唐。据该书卷四“二十三魂”“孙氏”条记载：

> 孙，周文王第八子卫康叔之后，至武公生惠孙。惠孙生耳，为卫上卿。耳生武仲，以王父字为氏。玄孙良夫，生林父。林父生嘉。又楚令尹孙叔敖及荀况并为孙氏。吴有孙武、孙膑，汉有孙会宗、孙宝。②

这里，“王父”指祖父。可见，直到唐代晚期，官方权威姓氏著作依然把卫国康叔及其后人卫武公、惠孙、武仲乙、孙良夫、孙林父等人，看作是中国孙姓的共同先祖。

按照《元和姓纂》的说法，卫武公的儿子是“惠孙”，“惠孙”的儿子是“耳”，“耳”的儿子是“武仲乙”。“武仲乙”由其祖父“惠孙”名字中单取一“孙”字，另立姓氏，从而有了孙氏这一姓别。换言之，最先以“孙”作为姓氏的中国人，是卫武公的曾孙武仲乙，又名孙武仲或孙乙。

根据《元和姓纂》的记载，自卫武公至孙文子，共计九世。其世系应该是：

卫武公—惠孙—耳—武仲—○—○—○—孙良夫—孙林父

《元和姓纂》是唐代带有总结性的姓氏文献。《元和姓纂》的记载表明：晚唐时，全国的孙氏郡望虽然有九支之多，但是，大家公认的孙氏姓源，却只有春秋卫

---

① ［唐］许嵩撰、张枕石点校：《建康实录》，中华书局，1986 年，第 3 页。友谦按：由于不明“曾耳”为曾孙与耳孙的合称，并非人名，又不明“惠孙”却是人名，张枕石先生误将“至武公子惠孙曾耳”一句，点断为“至武公子惠，孙曾耳”。据正。

② ［唐］林宝撰、岑仲勉校记：《元和姓纂》，中华书局，1994 年，第 460 页。

国孙氏这一条脉络。

六、《唐韵》《广韵》——价值重估

《切韵》是隋代陆法言撰写的一部音韵著作。原书依音系字，取便寻览，每字之下，仅具训释而已。唐天宝十载（751 年），陈州司马孙愐对《切韵》进行修订，并增字加注，改名《唐韵》。《唐韵·上平声·二十三魂》说："孙，又姓，有太原、东莞、吴郡、乐安四望。"《唐韵》虽是音韵著作，但是却兼有大型字典的性质。其中所保存的孙氏"有太原、东莞、吴郡、乐安四望"一说，引自南朝何承天的《姓苑》一书，很有价值。

北宋景德四年（1007 年），宋真宗命陈彭年等人对《唐韵》进行修订，四年后书成，更名《大宋重修广韵》，简称《广韵》。据《广韵》卷一"魂第二十三"韵部"孙"字条记载，孙姓是：

> 周文王子康叔，封于卫，至武公子惠孙曾耳，为卫上卿，因氏焉。后有孙武、孙膑，俱善兵法，各撰书。凡太原、东莞、吴郡、安乐四望。

别看《广韵》这条记载不足 50 字，但是却包含了以下重要信息：1. 孙氏起源于周代卫国，其始祖是康叔和卫武公。2. 孙武、孙膑是卫国孙氏的后人。

《广韵》成书于 1011 年，比《新唐书》早 49 年。作为辞典一类书籍，《广韵》不像《元和姓纂》这类专门的谱牒文献，易受各个时期、各个地方的名门望族的世俗利益影响。《广韵》有关孙姓起源和孙姓郡望的记载，更多地保留了《姓谱》《姓苑》和《唐韵》的有关内容。其中，孙氏有四望之说，继承了《唐韵》即《姓苑》的说法；而有关孙氏起源的文字，则来源于《姓谱》。所以，《广韵》虽然成书于北宋，但是其中却保留了南北朝至中唐时期古人对孙姓源流的基本看法。

在《元和姓纂四校记》"孙氏"条，岑仲勉说："《广韵》云：'至武公子惠孙曾耳，为卫上卿，因氏焉。'《姓解》一及《类稿》一四同。夫曰'以王父字为氏'，则'惠孙'是字，断不能截'孙'字为子孙之'孙'，可知《广韵》'惠孙'下应补'生'或'子'字。"而我认为，《广韵》《姓谱》等书所说的"惠孙曾耳"，应是指"惠孙"的曾孙和耳孙。这里，"耳"字应是"耳孙"的简称，并非名字。

据《辞海》"耳孙"条解释：耳孙，远代孙。《汉书·惠帝纪》："上造以上及内外公孙耳孙，有罪当刑，及当为城旦舂者，皆耐为鬼薪白粲。"按：各家解说不同，应劭以为是玄孙之子，李斐以为就是曾孙，晋灼以为是玄孙之曾孙。颜师古据《尔雅》"曾孙之子为玄孙，玄孙之子为来孙，来孙之子为昆孙，昆孙之子为仍孙"以为"仍""耳"声相近，耳孙即仍孙，是为八世孙，与晋灼同。

依据应劭、李斐所言，"耳孙"是指曾孙。依据《尔雅》与晋灼所言，"耳孙"是指"玄孙之曾孙"。这里，《广韵》既然"曾""耳"连言，可见其中"耳"字，应取《尔雅》、晋灼之解，是指"玄孙之曾孙"。

准此，则《广韵》（同时也是《姓谱》）所说的卫武公以下的卫国孙氏世系就是：

卫武公—惠孙—○—○—曾孙—○—○—○—耳孙

这个世系，与《元和姓纂》及《新唐书·宰相世系表》所记载的自卫武公至孙林父共有九世的说法相吻合。可见，《姓谱》和《广韵》所言"惠孙曾耳"，自有其内在义理，并无遗漏。因此，不需要如岑仲勉所说，在"惠孙"之下补出"生"字或"子"字。

在《元和姓纂四校记》"孙氏"条里，岑仲勉引《金石录》卷一七说："又按《姓苑》《姓纂》诸书皆云，孙氏，周文王子卫康叔之后。卫武公子耳为卫上卿，因氏焉。"对此，岑仲勉加按语说："按今《姓纂》，耳为武公孙，非武公子，《新表》七三下同，《金石录》殆讹也。"这里，由于岑仲勉将"耳"解作人名，因而认为《金石录》有误。但是，如果我们换个角度，将"耳"释为"耳孙"即远代孙，或在"耳"上补出"曾"字，则《金石录》也言之有理，并无讹误。

岑仲勉依据《元和姓纂》"惠孙生耳"，推论说《广韵》"惠孙曾耳"有误。那么，现在我们是否可以依据《姓谱》和《广韵》，反过来怀疑《元和姓纂》"惠孙生耳"是"惠孙曾耳"的误传呢？毕竟，孙耳这个人物，在《左传》《国语》等先秦史籍里，未见记载。

唐诗、宋词，是中国文化的两座高峰。赋诗填词，是生活在那个时代的文人学者必备的基本功。若要诗文押韵合辙，当时的文人学者恐怕大都需要在案头置备一套《唐韵》《广韵》之类的韵书。所以，就使用范围而言，作为工具书的《唐韵》《广韵》，应该比专门的姓氏著作如《元和姓纂》等流传更广，也更有影响，因而也更有文献价值。

七、《新唐书》——谬误渊薮

关于孙氏起源，与《元和姓纂》的姬姓一源说有所不同，《新唐书·宰相世系表》（以下简称《唐表》）提出了姬姓、芈姓和妫姓三源说，将全国孙氏一分为三：

> 孙氏出自姬姓。卫康叔八世孙武公和生公子惠孙，惠孙生耳，为卫上卿，食采于戚，生武仲乙，以王父字为氏。乙生昭子炎，炎生庄子纥，纥生宣子鳝，鳝生桓子良夫，良夫生文子林父，林父生嘉，世居汲郡。晋有孙登，即其裔也。又有出自芈姓。楚蚡冒生王子蒍章，字无钩，生蒍叔伯吕臣，孙蒍贾伯嬴生蒍艾猎，即令尹叔敖，亦为孙氏。又有出自妫姓。齐田完，字敬仲，四世孙桓子无宇，无宇二子：恒、书。书字子占，齐大夫，伐莒有功，景公赐姓孙氏，食采于乐安。生凭，字起宗，齐卿。凭生武，字长卿，以田、鲍四族谋为乱，奔吴，为将军。三子：驰、明、敌。明食采于富春，自是世为富春人。明生膑，膑生胜，字国辅，秦将。……①

下面，我们就分别对姬姓孙氏、芈姓孙氏和妫姓孙氏这三个孙氏姓源进行分析。

1. 姬姓孙氏系统

关于姬姓孙氏系统，《唐表》认为自卫武公到孙林父，卫国孙氏的世系是：

卫武公—惠孙—耳—武仲乙（以王父字为氏，创立孙氏）—孙昭子（炎）—孙庄子（纥）—孙宣子（鳝）—孙桓子（良夫）—孙文子（林父）

比起《元和姓纂》“孙氏”条来，《唐表》增加了孙昭子、孙庄子和孙宣子这

① 《新唐书》，中华书局，1975年，第2945页。

三代人，因而更加细密，更接近史实。其中，孙昭子与孙庄子，应是以《左传》记载为根据；孙宣子（孙鳝）这个人物，其辈分与《春秋》中的“孙免”也大致对应。

当然，《唐表》所记载的卫国姬姓孙氏世系，也存在着一些明显错误。

例如，《左传》关于孙昭子的记载发生在公元前626年，关于孙庄子的记载发生在公元前632年。既然孙庄子在前、孙昭子在后，那么，二人之间的关系就不应该像《唐表》所说的那样，是孙昭子生孙庄子，而是应该相反。

又如，杜预《春秋释例·世族谱》说：“孙庄子纥，武公三世孙。昭子炎，武公四世孙。”根据杜预所言，孙庄子名叫孙纥，而非孙纥；孙庄子应是孙昭子之父。“级”“纥”二字形近易混，《唐表》中的“孙纥”应是“孙级”之误。

大致而言，《唐表》中的姬姓孙氏世系，继承了《世本》《春秋释例》与《元和姓纂》的精华，并有所发展，从而更加翔实，更加完善。因此，在考证孙姓起源时，也更有参考价值。

2. 芈姓孙氏系统

《唐表》中的芈姓孙氏世系，则属于乌龙，子虚乌有。对此，南宋姓氏学家邓名世早就明确指出过了。

> 《唐宰相表》云：孙氏一出“楚蚡冒，生王子蔿章，字无钩。生蔿叔伯吕臣。孙蔿贾伯嬴生蔿艾猎，即令尹孙叔敖，亦为孙氏。”误矣！谨按：蔿敖字孙叔，一名艾猎，古人先字后名，故谓之孙叔敖。《传》曰：“蔿敖为宰，择楚国之令典”，是称其姓名。伍参曰：“若事之集，孙叔为无谋矣”，是称其字也。今驳正之，明其未尝为孙氏。①

邓名世的《古今姓氏书辩证》，也是研究孙氏起源的重要典籍。其中关于姬姓孙氏、妫姓孙氏源流的内容，和《唐表》大同小异，所以，本文对其不再专门考证。不过有一点值得注意，这就是它对芈姓孙氏起源说进行了辨伪，将孙氏起源由姬、芈、妫三姓，改为姬、妫二姓。这是邓名世的高明之处。

---

① ［宋］邓名世：《古今姓氏书辩证》，上海古籍出版社，1994年，第92页。

其实，对于孙叔敖的姓氏问题，清代孙姓名人孙星衍曾写有《孙叔敖名字考》一文，专门做过论述："蔿敖，字孙叔，古人名与字配，'孙'当读为'逊'，与'敖'相辅也。"①

可见，"孙叔敖"姓"蔿"，名"敖"，字"孙叔"。"孙叔敖"是字和名的合称。后人误以为"孙叔敖"也姓孙，这才演绎出了一个所谓的"芈姓"孙氏系统。

3. 妫姓孙氏系统

妫姓孙氏世系，追根溯源，出自唐代豪门孙逖家族。孙逖，唐代洛州巩县（今河南巩义）人，祖籍博州武水县。唐玄宗时，任起居舍人、吏部员外郎和中书舍人等职。晚年官至刑部侍郎，位居四品。唐末，孙逖家族势力空前强大。唐昭宗乾宁二年（895年），孙偓官拜宰相，所以，北宋欧阳修、吕夏卿编纂《新唐书·宰相世系表》时，便把其家族的谱牒资料编入唐史。由此，给后人留下了一篇真假参半、问题多多的谱牒文献，谬传千年。

《唐表》中的妫姓孙氏世系，其要点有三：（1）认为乐安孙氏出自妫姓，其先祖是春秋齐国大夫陈完（田完）。（2）认为"孙书"是乐安孙氏的始祖。"孙书"原名陈书（田书），因"伐莒有功，景公赐姓孙氏，食采于乐安"。（3）认为兵家孙武是"孙书"之孙。

笔者认为：这个所谓的妫姓孙氏世系，纯属唐人虚构，根本不能成立。论据主要如下：（1）据《左传》记载：鲁昭公十九年（前523年）"齐高发帅师伐莒，莒子奔纪障，使孙书伐之"。我认为，这里的"孙书"，应读作"孙/书"，其含义是指齐国大夫高发的孙子高书。换言之，"孙书"姓高不姓孙。（2）"孙书"是春秋人，《左传》在记载公元前523年的"伐莒"之战时，就有"孙书"的称呼了。而据《左传》记载：鲁哀公十一年（前484年）艾陵之战，"大败齐师。获国书、公孙夏、闾丘明、陈书、东郭书"。此时，"陈书"依然还叫"陈书"！可见，"陈书"因"伐莒有功"，而被"赐姓"孙氏的说法，纯属杜撰。（3）据宋人郑樵《通志·氏族略》"子占氏"条引《世本》记载："《世本》：陈桓子生书，字子占之后

① ［清］孙星衍：《问字堂集 岱南阁集》，中华书局，1996年，第107页。

也。”① 这说明“陈书”后人既不姓陈（田），也不姓孙，而是姓“子占”。

既然文献如此抵牾，缺乏史料支持，那么，这个以“孙书”“陈书”作为节点，进而对孙、陈（田）二姓进行链接的所谓妫姓孙氏世系，当然就不能成立了。

在《孙子揭秘》一书里，笔者为了弄清孙逖家族有关妫姓孙氏谱系的形成过程，曾对洛阳出土的该家族的十几方墓志进行研究。结果发现，该家族在论述先秦时期的祖先世系时相当随意。我们不妨以《孙简墓志》为例加以说明。孙简生于唐大历十一年（776 年），卒于唐大中十一年（857 年）。他是孙逖的曾孙。《孙简墓志》由姻亲、宰相令狐綯撰文，现藏洛阳古代艺术馆。其中写道：

> 公讳简，字枢中，其先有妫之后，齐太公田和其裔也。和孙书，为齐大夫，以伐乐安之功，遂封于乐安，因赐姓孙氏。吴将军武，书之孙也。子孙在吴□（者）称富春氏，吴主其后也。其不迁者为乐安氏。②

我们知道，“孙书”“陈书（田书）”都是春秋人。“齐太公田和”则是战国人。“孙书”“陈书（田书）”比“齐太公田和”要早一百多年。而这里，《孙简墓志》却说田书（孙书）是“齐太公田和”的孙子。

《新唐书·宰相世系表》说，孙氏姓源共有三个：一是姬姓，二是芈姓，三是妫姓。这其中的“妫姓”孙氏系统和“芈姓”孙氏系统，都是由于后人的误解和杜撰，二者皆非事实，难以成立。那么，孙氏姓源，剩下的就只有“姬姓”这一系统了。

八、《孙夫人碑》——释文可疑

《孙夫人碑》，全名叫《晋任城太守夫人孙氏之碑》，乾隆年间出土于山东新泰县，现藏泰安岱庙。孙夫人是晋代任城太守羊君的妻子，其父亲孙邕三国时曾担任过魏吏部尚书。对于孙姓起源问题，《孙夫人碑》曾经有所记载，如果保存完好，当然是一个铁证。可惜，此碑出土时，最为关键的若干文字却磨灭不见了。

---

① ［宋］郑樵：《通志略》，世界书局，1936 年，第 54 页。

② 刘连香：《唐孙简墓志考释》，赵振华主编《洛阳出土墓志研究文集》，朝华出版社，2002 年，第 374 页

在乾嘉诸老里，孙星衍堪称大家。其七世祖孙慎行（1565—1636 年），字闻斯，号淇澳。淇水是春秋卫国的主要河流。《史记·卫康叔世家》说：卫康叔“居河、淇间故商墟”，其都城在今河南淇县附近。从号“淇澳”来看，孙慎行显然将自己视作康叔后人。有意思的是，其七世孙孙星衍追认的却是所谓的妫姓孙氏一脉。在《孙子十家注·孙子兵法序》里，孙星衍说：“孙子盖陈书之后。陈书见《春秋传》，称孙书。《姓氏书》以为景公赐姓，言非无本。又泰山新出《孙夫人碑》，亦云与齐同姓。”在《平津馆文稿·魏吏部尚书孙邕传》里，他又写道：“《任城太守孙夫人碑》云：‘其□与齐同姓，别间族，遂以为氏。’”按照孙说，早在晋代，《孙夫人碑》就有孙氏与田齐同姓的记载了。孙星衍的这一说法流传很广，影响至今。

真是这样吗？

我们不妨看看清代其他学者到底如何记载《孙夫人碑》。

王昶（1725—1806 年），清代著名金石学家，上海青浦人，官至刑部右侍郎。此人原本姓孙，后随外祖父改姓王。他自称是孙武的“五十七世孙”，曾和孙星衍共同发起修建苏州孙子祠。王昶撰写的 160 卷《金石萃编》，是清代有名的考古著作，其中著录的《孙夫人碑》的释文记载：“夫人，济南孙氏之中女也，实曰□姬。其□与□同姓，别间族，遂以为氏。”① 其中并没有出现孙星衍所谓的“与齐同姓”的“齐”字。

再看桂馥如何记载《孙夫人碑》。桂馥（1736—1805 年），山东曲阜人，清代著名训诂专家，与王昶、孙星衍同时。据桂馥《晋孙夫人碑》释文记载：“夫人，济南孙氏之中女也。实曰□姬，其□□□□。姓□。别□族，遂以为氏。”② 从中，我们也找不出最为关键的“齐”字。

另据清人冯云鹏《金石索》考订，《晋孙夫人碑》的释文是：“夫人，济南孙氏之中女也，实曰□姬，其先与[魏]同姓，支别降族，遂以为氏。”③ “与”下一字

---

① 赵金炎编：《孙武故里史料集成》，齐鲁书社，2001 年，第 41 页。

② ［清］桂馥：《晋孙夫人碑》，中华书局，1992 年，第 342 页。

③ 张福林编：《历代碑碣图辑》，山西人民出版社，2002 年，第 196 页。

原文残泐，其中“魏”字，系冯云鹏所补。据《史记·魏世家》记载：“魏之先，毕公高之后也。毕公高与周同姓。”显然，魏氏属于姬姓。

冯云鹏、桂馥与王昶的释文表明，《孙夫人碑》出土时，碑文中“其先与□同姓”这句话的关键文字已经损毁。因此，孙星衍说该碑有“与齐同姓”的记载，即便不是故意欺世，至少也是一种不负责任的附会与臆测。至于冯云鹏将其补作“其先与魏同姓”，到底有何根据？尚待考证。

九、结论

考证至此，有个问题不容回避：自卫武公至孙林父，《世本》说是八世，《春秋释例》列出七世，《姓谱》《元和姓纂》《广韵》和《唐表》都作九世。那么，到底应是多少世？

要回答这个问题，首先必须对卫武公的活动年代进行重新定位。

卫武公做过或者说代行过周天子一事，从司马迁开始，便被忽略了。

据今本《竹书纪年》记载：周厉王“十二年，王亡奔彘。国人围王宫，执召穆公之子杀之”。“十三年，王在彘，共伯和摄行天子事”。“二十六年，大旱，王陟于彘。周定公、召穆公立太子靖为王。共伯和归其国，遂大雨”。

又据《史记·周本纪》索隐引《竹书纪年》记载：“共伯和干王位。”

《史记正义》引《鲁连子》也记载说：“卫州共城县，本周共伯之国也。共伯名和，好行仁义，诸侯贤之。周厉王无道，国人作难，王奔于彘，诸侯奉和以行天子事，号曰‘共和’元年。十四年，厉王死于彘，共伯使诸侯奉王子靖为宣王，而共伯复归国于卫也。”

“共和”元年为公元前841年，《史记·十二诸侯年表》即从“共和”元年开始纪年。“共和”十四年，为公元前828年。按照《竹书纪年》《史记索隐》与《正义》所言，卫武公即“共伯和”废黜周厉王后，做了14年的周天子，然后还政于周宣王。准此，则卫武公摄行周天子的时间应是公元前841—前828年。

而据《左传》记载，孙林父于公元前577—前547年任卫国执政。卫武公与孙林父，二人相距264—281年。取其中位数，大约270年。按每世30年推算，应有

9 代人。初看起来，好像《姓谱》《广韵》《元和姓纂》与《唐表》有关早期孙氏世系的记载还算可信。

其实不然，这几种史料文献都存在以下共同问题。

我们以《唐表》为例加以说明。因为卫武公活动于公元前 841—前 828 年，孙庄子（孙级）活动于？—前 632 年。从卫武公，经惠孙、耳、孙乙至孙庄子，共 5 辈人，相距 196 年（以退位时间为比较时点，下同），每辈平均岁差为 49 年。而孙文子活动于公元前 577—前 547 年。从孙庄子，经孙昭子、孙免、孙桓子至孙文子，也是 5 辈人，相距却只有 85 年，每辈平均岁差为 21.25 年。孙庄子前与孙庄子后，都是 4 辈人，前后两段相差竟达 111 年。每辈岁差若按 21 年计，从卫武公至孙庄子，其间应相隔 9 辈；每辈岁差若按 25 年计，其间应相隔近 8 辈。可见，自卫武公至孙林父，春秋卫国孙氏实际应有 13 至 14 代人，《唐表》至少遗漏了 4 代人。

《唐表》如此，《世本》《春秋释例》《姓谱》《元和姓纂》和《广韵》等也大致一样。这几种姓氏文献，都把孙姓起源追溯到春秋卫国孙氏那里，固然正确。但是，它们所提供的从卫武公至孙文子之间的孙氏世系（不管是《春秋释例》的 7 代说也好，还是《世本》的 8 代说也好，抑或《姓谱》《元和姓纂》《广韵》和《新唐书》的 9 代说也好），却都毫无例外地存在着误差，有欠准确，误差高达 4 到 7 代人。这些史料除非经过修正，否则难以完全采信。

细究起来，以上谱牒文献之所以发生误差，其根源可能都和《史记》一类正史对卫武公的错误记载有关。在《史记》里，卫武公被作为拥立周平王（？—前 720 年）东迁周室的主要功臣予以记载。

卫武公（共和）在位 14 年，接着为周宣王，在位 46 年；接着为周幽王，在位 11 年；然后才是平王东迁，开创东周。由于《史记》一类正史误将卫武公的活动年代下移了 70 多年，所以，以其为据的《姓谱》《元和姓纂》《广韵》《唐表》等次生文献，当然也就跟着错上加错了。

按照《尔雅》所言，古人关于子孙，有所谓“八叶”之说。超过“八叶”，则另起循环。因此，《世本》说“孙氏出于卫武公，至林父八世”，《姓谱》《广韵》说“至武公子惠孙曾耳”，或许都是虚泛之言。对于其中所涉及的孙氏世系原本到底如何，我们不必过于计较。这或许也是《世本》《姓谱》《广韵》等早期文献说法模糊的高明之处。相反，如果我们像后期文献（如《元和姓纂》《唐表》，以及内容大同小异的《古今姓氏书辨证》与《通志·氏族略》）那样，拘执成说，胶泥世数，将古人的虚泛之言强为坐实，削足适履，倒反而会左支右绌，难以周全。

（本文作者为濮阳市孙氏文化研究会荣誉会长）

孙姓“以字为氏”浅论

⊙石小生

孙姓，是中华民族最重要的姓氏之一，在宋版《百家姓》中排第3位，在2007年中国姓氏人口排行中排第12位。当代孙姓的人口已达2215万余人，占中国人口总数的1.38%。孙姓人口主要分布于山东、河南二省，大约占孙姓总人口的28%，其次分布于黑龙江、河北、江苏、辽宁、吉林、安徽六省，又集中了41%。山东为当代孙姓第一大省，居住了孙姓总人口的大约18%。以长江为分水岭，形成了孙姓北多南少的分布格局，华东沿海省份连接东北三省是孙姓分布较多地带。

“孫”字是由“子”和“系”两部分构成。“孙”字的本义是一种人与人之间的血缘关系，许慎《说文解字》曰：“孙，子之子曰孙。”《礼记·杂记》注曰：“孙谓祖后者。”而孙姓的起源恰恰又具体体现了“祖后者”的特征。

据记载，孙姓起源大致有四：

第一个渊源，姬姓。出自春秋初期卫武公之子惠孙，属于以先祖名字为氏。春秋初期，卫武公佐周伐西戎有功，被周平王赐为公爵。卫武公之子为公子惠孙，惠孙之子名耳，为卫上卿，食采于戚（今河南濮阳）。耳之子名乙，字武仲。依据周制，诸侯国国君的儿子称公子，孙子称公孙，玄孙（公孙之子）距公已远，不得上联于公，应以其王父（祖父）的字为氏，武仲即以王父惠孙的字为氏，就是孙氏，是为卫国姬姓孙氏之始。这支姬姓孙氏有2700多年的历史，是先秦时期孙氏来源的最主要一支。据《元和姓纂》记载：“周文王第八子卫康叔之后，至武公和生惠孙，惠孙生耳，耳生武仲，以王父字为氏。”《通志·氏族略》曰：“卫武公之后也。武公和生公子惠孙，惠孙生耳，为卫上卿，食邑于戚，生武仲，亦曰孙仲，以王父字为氏。”《路史》《姓氏寻源》等书，均持其说。

第二个渊源，芈姓。出自春秋初期楚庄王的令尹孙叔敖，也属于以先祖名字为氏。孙叔敖居于期思（今河南淮滨东南部），这支芈姓孙氏也有2600多年的历史。

第三个渊源，妫姓。出自春秋时期齐景公赐将军田书姓孙，属于以帝王赐姓为氏。

第四个渊源，子姓。出自殷商末期纣王叔父比干，属于以避乱改姓为氏。

这里边，前两个渊源都是“以字为氏”，尤其是孙姓第一个来源历来都为孙姓宗亲所认可，奉姬姓卫国卿大夫惠孙为中华孙姓的得姓始祖。

我们知道，春秋时期各诸侯国卿大夫得氏主要有两种形式：一是以王父（祖父）或者父亲的字为氏。郑樵在《通志·氏族略》中记载卫人以字命名的氏有孙氏、弥氏、石氏、子玉氏、公叔氏等15氏。这里边，孙姓得姓始祖惠孙和石姓得姓始祖石碏都是见于史书记载的人物。另一种则以封邑为氏。郑樵《通志·氏族略》记载卫人以邑为氏的有元氏、宁氏、常氏、聂氏、戚氏、商邱氏等13氏。其他还有以“名”“谥”为氏，这可以归类于“以字为氏”；还有以官职、地名为氏的，这也大致可以归类于“以邑为氏”。

毫无疑问，“以字为氏”和“以邑为氏”都是先秦时期诸侯国卿大夫得氏的主要形式，公族以及卿大夫可以“以字为氏”，也可以“以邑为氏”。这两种得姓方式在中华姓氏起源中占据了相当大的比例。尽管如此，卿大夫“以字为氏”和“以邑为氏”还是有一些区别的，了解这些历史知识，或许可以促进我们对孙姓等“以字为氏”姓氏的起源有更进一步的认识。

在历代姓氏书籍的记载中，“以字为氏”的姓氏大多只记载得姓始祖的字和官职，其封邑则大多忽略。而“以邑为氏”的封邑地望基本上都记载得比较清楚。不过，在这些史书中，孙姓虽然起源于“以字为氏”，但同时也明确记载他的封邑在“戚”，这样，就给我们研究“以邑为氏”和“以字为氏”的差别提供了一个很好的范例。

关于卿大夫得氏，《春秋左传·隐公八年》有一段著名论述：“无骇卒，羽父请谥与族。公问族于众仲，众仲对曰：‘天子建德，因生以赐姓，胙之土而命之氏。

诸侯以字为谥，因以为族。官有世功，则有官族，邑亦如之。’”以此言之，天子因诸侯先祖所生，赐之曰姓。杜预云：“若舜生妫汭，赐姓曰妫；封舜之后于陈，以所封之土，命为氏。舜后姓妫而氏曰陈，故郑（玄）《驳异义》云：‘炎帝姓姜，大皞之所赐也。黄帝姓姬，炎帝之所赐也。故尧赐伯夷姓曰姜，赐禹姓曰姒，赐契姓曰子，赐稷姓曰姬，著在《书传》。’如郑此言，是天子赐姓也。诸侯赐卿大夫以氏，若同姓，公之子曰公子，公子之子曰公孙。公孙之子，其亲已远，不得上连于公，故以王父字为氏，若嫡夫人之子，则以五十字伯仲为氏，若鲁之仲孙、季孙是也。若庶子妾子，则以二十字为氏，则展氏、臧氏是也。若男女，则以父祖官及所食之邑为氏，以官为氏者，则司马、司城是也；以邑为氏者，若韩、赵、魏是也。凡赐氏族者，此为卿乃赐。有大功德者，生赐以族，若叔孙得臣是也。虽公子之身，若有大功德，则以公子之字赐以为族，若‘仲遂’是也。其无功德，死后乃赐族，若无骇是也。若子孙不为卿，其君不赐族，子孙自以王父字为族也。氏、族对之为别，散则通也。故《左传》云‘问族于众仲’，下云‘公命以字为展氏’是也。其姓与氏，散亦得通，故《春秋》有姜氏、子氏，姜、子皆姓而云氏是也。”（见《礼记正义》）

从以上史料并综合其他史料来看，孙姓血缘始祖是卫康叔，姬姓，在卫国属于同姓赐氏。《诗·小雅·伐木》“兄弟无远”。唐孔颖达疏：“礼有同姓、异姓、庶姓。同姓，揔上王之同宗，是父之党也；异姓，王舅之亲；庶姓，与王无亲者。”惠孙是卫武公次子，名字的全称应该是“公子惠孙”。公子本来不是一个姓氏，而是当时社会地位和身份的象征，是先秦诸侯除嫡长子之外儿子的统称。春秋时期，各国诸侯不论爵位大小，多喜欢称公。按照周朝制度，国君一般由嫡长子继位，即位前称为太子，其他的儿子便称为公子，公子的儿子则称公孙。当时凡是不能继承王位，诸侯的王公子弟都称王子、王孙，公子、公孙。《广韵》中有记载：“古封公之后，皆自称公孙，故其姓多，非一族也。”又据《通志》记载：“公孙氏，春秋时诸侯之孙，亦以为氏者，曰公孙氏，皆贵族之称。”如史书有记载的：王子晋、王孙满、公子纠、公子小白，蔡国的公子燮、其弟公子履等等。这些人物在史书记载中有很多形式，如卫国的州吁，《左传》记载就有公子州吁、州吁、卫州吁三种形式。也有明确记载地位是公孙却没有称呼公孙的，如黄帝，《史记》记载其姓公孙，其名是轩辕，他的父亲叫少典。但史书没有记载黄帝为"公孙轩辕"，都是用部落酋长的称呼——"黄帝"。而绝大多数诸侯之子之孙在史书中也都没有用公子、公孙冠以其姓名，而是按当时的习俗，以"氏"或者"字"加"名"的方式称呼。例如重耳、无骇、孔父嘉、华父督，郑国子国（公子发）、子耳（公孙辄）、子产（公孙侨）等。也有生前只称呼名，死后才以字赐谥的，例如无骇，死后因功以字赐谥"展"。而孙姓始祖惠孙是卫武公的儿子，他当时的称呼就应该是公子惠孙，惠孙是字，其幼名是什么不得而知。《礼记正义 · 檀弓上第三》："幼名，冠字，五十以伯仲，死谥，周道也。""冠字"即"以二十字为氏"。孔颖达疏："始生三月而加名……年二十，有为人父之道，朋友等类不可复呼其名，故冠而加字。"二十岁"冠字"以后，人们的称呼皆"连言名与字者，皆先字后名"。例如卫国上卿石碏，"碏"是名。"碏"，彩石也，名字呼应，字"石"，先字后名，故称"石碏"。另外，还有很多只称"冠字"而省略其"幼名"的。例如郑国子产，名侨，郑穆公之孙，郑公子发（字子国）之子，故称公孙侨，字子产。史书中只称呼他的字"子产"，基本上不称呼他的名"侨"以及"公孙侨"。从这个角度来看，"惠"也不是幼名，如果是幼名，按"先字后名"的习俗，惠孙就应该是"孙惠"。"惠"字是聪明仁义的意思，不属于"伯仲叔季"的排行，所以惠孙应该是武公庶子。对于"庶子"，有些人有误解，根据后世的观念认为是低一等的，这是不正确的。周代实行"嫡长子继承制"，除嫡长子以外，其他庶子与嫡子并无尊卑之分，春秋时期绝大多数卿大夫都是庶子。而卫桓公、鲁隐公则是庶子继承君位的，这种情况在周代比比皆是。

需要说明一下，现在不少研究孙姓起源的书籍，都把一些卫国的姬姓人物按今天的姓名形式书写，例如将卫武公称为"姬和"，卫庄公称为"姬杨"，将惠孙称为"姬惠孙"，惠孙之子公孙耳称为"姬耳"，等等。还有把"孙"立氏作为脱离"姬姓"看待，这完全是不对的。

夏、商、周三代，姓的社会职能是代表有共同血缘关系的种族的称号，而氏则是从姓中派生出来的分支。《通志 · 氏族略》曰："三代（夏、商、周）以前，姓氏分而为二，男子称氏，妊人（女子）称姓。”《通鉴外纪》说：“姓者，统其祖考之所出；氏者，别其子孙之所自分。”吕思勉在《中国制度史·宗族》中讲：“人类即知有统系，必有所表之，时曰姓氏。姓所以表女系，氏所以表男系也。然及后来，男子之权既增，言统系者转以男为主，姓亦遂改而从男。特始祖之姓，则从其母耳。故姓所以别婚姻，氏所以别贵贱，贵者有氏，贱者有名无氏。氏同、姓不同者，婚姻可通；姓同、氏不同者，婚姻不可通。”“姓族是血属集团，而氏族是政治组织。”“氏族只是姓族中的分族，而且由于封建赐民的结果，氏族也并非必皆属同一姓族的族属。”例如春秋时代之晋、鲁、郑、蔡、吴等国，实际是氏族分封以后形成的邦国，而邦国人民却非同一族属，因为鲁、卫二国兼括殷民，而晋国之中实有怀姓。氏族只是一种政治集团，却不一定关系着族属的血缘关系。那么，也就是所谓晋、鲁、郑、蔡、吴等诸侯国实际上就是由分封制而形成的“氏族集团”，而其“国号”就是“氏族集团”的名号。原始的姓氏很少，大都是带女字旁的，姬、姜、妫、嬴之类，基本都是部族名，为贵族专有。后来通过宗法制度，一些庶子需要自立门户，用先人的封地、官职、谥号作“氏”，以示区别。女子出嫁只论姓不论氏，因为要确保同姓不婚。比如卫国国君娶鲁国国君的女儿就违礼了，他们都是姬姓。而娶齐国国君（姜姓）和陈国国君（妫姓）的女儿就符合同姓不婚的礼制。先秦时期，贵族男子只称氏与名，不称姓。例如，史书记载，武王，姬姓。同母兄弟十人。母曰太姒，即姒姓，文王正妃也。其长子曰伯邑考，次曰武王发，次曰管叔鲜，次曰周公旦，次曰蔡叔度，次曰曹叔振铎，次曰成叔武，次曰霍叔处，次曰康叔封，次曰冉季载。冉季载最少。我们从这个记载中可以看出，伯邑考因早亡，没有封地（氏），所以他的名字中只有排行老大的“伯”和名“邑考”，而没有前缀封地。武王发、周公旦在周王朝镐京执掌大权，也无所谓封地。而管叔鲜、蔡叔度、曹叔振铎、成叔武、霍叔处、康叔封、冉季载姓名中的第一个字管、蔡、曹、成、霍、康、冉都是封地（氏），他们都是这些姓氏的得姓始祖。第二个字“叔”“季”则是排行。最后一个字“鲜、度、振铎、武、处、封、载”则是他们的本名，也就是他们从出生到去世始终不变的本名。由此可以看出，这些人的姓名记载都有明确的称呼、记载规范。所有史书中均没有姬蔡叔度、姬管叔鲜的姓氏连用的所谓“复姓”记载。现在一些著述称周文王为“姬昌”是不符合史实的。“姬”是他的“姓”，即他所属部落的族姓，正确的称呼应该是姬姓，名昌。当时社会的习惯并不把这个“部落族姓”加在名字之前。周文王的历史记载就是西伯昌或者伯昌。而称姓的只能是女子，女子称国及姓。例如，称某姬的就是姬姓女，称某姜的就是姜姓女，称某子的就是子姓女。比如褒姒——褒是地名，姒是姓；蔡姬、夏姬——蔡国、夏国姬姓女子；葛嬴——葛国嬴姓女了；邓曼——邓国曼姓女子；宋华子——宋国华氏子姓女子，也叫华孟子（孟是排行，庶长子的意思）。

由此可见，先秦时期的姓、氏和我们今天理解的姓氏是有很大差别的，所以，我们不能生搬硬套远古时期的姓、氏习俗到今天的姓氏研究中来，而是应该根据历史本来的面目作区别对待。

回到孙姓的起源。从政治地位上来看，公子惠孙毫无疑问属于卫国势力很大的公族之一。《潜夫论·志氏姓》说：“卫之公族，石氏、世叔氏、孙氏、宁氏……皆卫姬姓也。”但史书没有记载惠孙生前的活动，所以他应该属于老实本分的人物。既然史书没有惠孙生前活动的记载，所以惠孙也不属于类似叔孙得臣那样“生赐以族”的“有大功德者”，以及“以公子之字赐以为族”的仲遂那样的人物。既然惠孙得氏的方式不是以上几种，那就是这最后一种方式，即“若子孙不为卿，其君不赐族，子孙自以王父字为族也”。惠孙儿子名“耳”，应该叫“公孙耳”，公孙耳是卫国上卿，地位很高。公孙耳之子名乙，字武仲，没有记载武仲担任什么官职，所以，依据周制，“公之子曰公子，公子之子曰公孙。公孙之子，其亲已远，不得上连于公，故以王父字为氏”。武仲即以王父（祖父）惠孙的字为姓（氏），就是孙氏，是为卫国姬姓孙之始。

顺便提一下，春秋时期“以字为氏”的多为“以王父字为氏”，但也不能绝对，当时除了以王父（祖父，即公子某）字为氏以外，以父亲（公孙某）的字为氏的也多有记载。《通志·氏族略》记载：“王父字为氏者，皆公子也，诸侯支庶之子为所始之宗，故以其字为氏。今弥牟者，公子郢之子，灵公之孙也。以此则知亦有以公孙之字为氏者。”杨伯峻对公孙之子常以父之字为氏也多有研究，他举例：“郑之公族，其父若是公孙，常以父之字为氏。子产父子国，此曰国氏。故子游之子称游楚，子然之子，称然丹，子罕之子子展称罕氏。”

另外，春秋时期卿大夫“以邑为氏”的也很多。《礼记正义》云：“若异姓，则以父祖官及所食之邑为氏。”郑樵《通志·氏族略》记载卫人以邑为氏的有元氏、宁氏、仪氏、常氏、裘氏、承氏、濮氏、聂氏、戚氏、汲氏、枣氏、商邱氏、五鹿氏等13氏。这里边，特意标出来“姬姓”的有宁、常、五鹿，其他的应该是“异姓”。由此可见，“以邑为氏”也不见得全是“异姓”。例如卫成公子季亹，姬姓，分封于宁邑（今河南修武县），后来他以邑为姓氏，其后裔世代相传姓宁，这便是宁姓的来源。

这样看来，“以字为氏”和“以邑为氏”似乎差不多，都是卿大夫得氏的主要形式，但应该还是有差别的。同姓“以字为氏”，异姓“以邑为氏”，但“以邑为氏”也有同姓。所以，其他的差别我认为还有“以字为氏”的前提是“有大功者”，而“以邑为氏”则是普通公族得氏最基本的权力。要以字为氏（包括以谥为氏、以名为氏），其先祖必须是有大功于国家的人物，必须得到国君的认可和赐封。例如，石姓“以字为氏”的前提就是石碏“有大功于卫，世为卫大夫”。他是值得骄傲、尊崇的名人，只有这样的人后世才会以他的字、名、谥为氏。同是卫国的孙氏，其祖是卫武公儿子，字惠孙，与石碏一样，是卫国世族，上卿，位高权重，食采于戚（今河南濮阳）。后人以其祖父惠孙的字为氏，就是孙氏。孙姓是明确记载有封邑但依然“以字为氏”的姓氏。由此可见，在先秦时期“以字为氏”和“以邑为氏”的选择中，“以字为氏”显然重于“以邑为氏”。按道理，石姓始祖石碏也应该有封邑，但石碏的封邑在石姓得氏的过程中没有什么作用和影响，所以史书不记载石碏的封邑也在情理之中。这一点我们可以从孙氏后裔戚氏的得氏看出一些端倪。据《姓谱》《万姓统谱》《世本·氏姓篇》《古今姓氏书辨证》《通志·氏族略》等文献记载，戚氏源于上边提到的孙氏，戚氏的始祖是卫国大夫孙林父，是惠孙的第七世孙，他在卫献公时期出任上卿。后来孙林父在卫国失宠，先后出奔到晋国和齐国，卫殇公姬秋执政时期归国，袭封于戚邑（今河南濮阳戚城）。孙林父的庶子孙恋居戚城，遂以封邑名称称戚氏，世代相传至今。比较一下孙姓始祖惠孙和戚姓始祖孙林父可以看出，惠孙在卫国位高权重，应该也是“有大功于卫”的人，所以后世“以字为氏”得孙姓。而他的七世孙孙林父在卫国的地位已经败落，血缘关系距离君王已经很远了，虽然依据公族的身份又承袭了先祖的封邑，其后世只能“以邑为氏”。而“戚”从“孙”氏中分离出来也证明先秦以前的“氏”并非我们今天理解的父姓子传、万世不变的姓氏，而是如同顾炎武所说“氏一传而可变”。另外，公族是否在封邑居住也可能是“以字为氏”和“以邑为氏”的区别之一。卿大夫的封邑不可能都在国都以及国都附近，一般均有一定的距离，所以，凡是位高权重、有大功者一般都在国都居住为卿，积极参与国家政事，封邑只是其俸禄来源，并不一定是其居住地。而普通公族如果在朝中无官职，则多在封邑居住，为区别他人则以居住地为氏。由此可见，有没有封邑并不是是否以邑为氏的关键，是否居住在封邑才是以邑为氏的主要原因。惠孙、石碏在卫国都城为卿，不管他有没有封邑，基本上都是以王父字为氏的，而以邑为氏的则多是后世子孙。

总之，孙姓“以王父（惠孙）字为氏”是没有异议的，了解和研究一些春秋时期卿大夫得氏的知识，对我们深入姓氏文化研究应该有一定的益处。

（本文作者为河南省姓氏文化研究会副会长）

关于妫姓孙氏说的形成

⊙孙国有

一、中华姓氏文化的源头

“赐姓胙土命氏”是西周分封诸侯制度中的一项重要内容，据《春秋左传·隐公八年》：“【经】冬，十有二月，无骇卒。【传】无骇卒，羽父请谥与族。公问族于众仲，众仲对曰：‘天子建德，因生以赐姓，胙之土而命之氏。诸侯以字为谥，因以为族。官有世功，则有官族，邑亦如之。’公命以字为展氏。”

“无骇”这个人名在《春秋左传》一共出现了 4 次，分别为经、传隐公二年，“无骇”“司空无骇”；经、传隐公八年，“无骇”。据今人杨伯峻《春秋左传注》：“无骇，鲁国之卿，公子展之孙，展禽（柳下惠）之父。”极，鲁附庸国。隐公二年（前 721 年），“【经】无骇帅师入极。【传】司空无骇入极，费庈（音琴）父胜之”。从此之后，极从史传中消失，无骇这次出师可能就是为了兼并极国，所以他是为鲁国立了功的。到隐公八年冬十二月，无骇去世了，羽父请求鲁隐公为无骇颁布谥号，为其后代赐族。鲁隐公就赐族的问题咨询众仲。

众仲说：天子选择有德行的人做诸侯，根据他的籍贯和从业情况赐姓，封予土地建立诸侯国，并让他和他的亲族成为新的一族，以独享天子的封赏。这新的一族有个称号，就叫某氏。典型的例子就是：舜的后代虞遏父为周武王担任陶正（管理陶器烧制的官员），在讨伐商纣的战争中立了功（陶器是那时从平民到军队普遍使用的炊事用具，直到汉代）。周武王又念他是先圣虞舜的后代，根据尧嫁二女与舜为妻，居于妫汭的传说，赐姓曰“妫”。将今天河南的一大片土地封予他的儿子满作封邑，建立诸侯国，并赐氏曰陈。又模仿帝尧把自己的女儿嫁给妫满，称为“太姬”。

诸侯能不能像周武王那样为臣下“赐姓胙土命氏”呢？晋杜预在《左传注》中说：“诸侯位卑，不得赐姓，故其臣因氏其王父字。”杜预认为，诸侯地位不能与天子相比，不能赐姓。他的臣下只能取其祖父的字为氏，一样也可以自为一族，世代享受国君（诸侯）赐予的封邑。唐孔颖达在《正义》中进一步说：“杜意‘诸侯以字’，言赐先人字为族也。‘为谥，因以为族。’赐族，虽以先人之字，或用先人所为之谥，因将为族。”按照杜预的意见，众仲说的“诸侯以字”指的是：诸侯将臣下先人的字作为氏赐予他的后代，而众仲话中的“为谥，因以为族”则是说：赐族，虽然可以用先人之字，也可以用国君根据先人的品德和功绩而赐予的谥作为氏。

公元前722年，历史已经进入春秋时期，但去西周尚不太远，西周的礼乐制度虽然已经遭到很大破坏，但对其规章条文还是有人了解的。鲁隐公向众仲咨询赐族的事，是作为一个正面的典型记入历史的。所以，众仲的话反映的是西周礼乐制度的正统规范。这时，人们违背礼乐制度，多是属于明知故犯，是为了私利而甘冒天下之大不韪。若不违背自己的私利，人们还是会顺从传统而行事的；为了攻讦对手，甚至还会拿对方的违礼行为说事。

二、唐以前不存在妫姓孙氏

孙氏起源于春秋时期，《春秋左传》记载了许多孙氏人物，他们均出自卫国的同一个家族，即出于卫武公的孙氏，现在称为“姬姓孙氏”。《春秋左传》还有其他人物，名字中带有“孙”字，但并不属于孙氏。

杜预在《左传注》中将孙书和陈书说成是同一个人，这可能是他百密之一疏，不过他也并没有说孙书属于孙氏，更没有说过齐景公赐姓陈书成孙氏，甚至他还明确说过“诸侯位卑不得赐姓”。

总之，后来出现的“芈姓孙氏”和“妫姓孙氏”，《春秋左传》中找不到任何可信的依据。芈姓孙氏出现于唐林宝的《元和姓纂》，妫姓孙氏出现于北宋欧阳修主编的《新唐书》。但是，《新唐书·宰相世系表》记载妫姓孙氏的文字，可以说与众仲的话是完全违背的，与孙书和陈书的有关记载也是方枘圆凿。众仲说："天子建德，因生赐姓。诸侯以字为谥，因以为族。"诸侯不能赐姓，《新唐书·宰相世系表》说齐景公赐姓孙氏。《左传》记载：孙书于公元前523年伐莒立功，陈书于前484年参加艾陵之战被俘。《新唐书·宰相世系表》说是陈书"伐莒有功"，并且，公元前512年见吴王的孙武是陈书的孙子，他早在公元前545年之前就因"田、鲍四族谋为乱"而奔吴。还说，陈乞的儿子陈恒（《史记》称田常）是陈书的兄弟。如此自相矛盾，不可采信。

在浩瀚的历史典籍中，宋以前的其他历史典籍没有一种记载妫姓孙氏。

孙星衍《魏吏部尚书孙邕传》在《晋任城太守夫人孙氏之碑》字迹漫漶处补"齐"字，意欲证明，妫姓孙氏古已有之。为了读者得到一个清晰的概念，将《孙夫人碑》碑文的姓源部分摘引如下："夫人，济南孙氏之中女也，实曰□姬，其□与□同姓，别间族，遂以为氏。"孙星衍在第三个模糊字迹处（□）加进一个"齐"字。其实，他的做法是很欠考虑的：陈书处在春秋时代，春秋时代齐国属于姜姓，即使孙夫人"其先与齐同姓"，那也是与姜同姓，而不是与陈同姓。玩弄历史，必然左支右绌。妫姓孙氏说的破绽不是将一篇碑文改一个字就能掩盖得了的。从另一个方面说，像他那样著名的清代学者，读书破万卷，搜天刮地，竟然找不到一件像样的文献来佐证妫姓孙氏说，出此下策，实属无奈。今人读书难以与他相比,在我们看来，他的例子可以令人相信，《新唐书》之前没有文献论及妫姓孙氏。

三、原始妫姓孙氏说的出现

如果还有人说，现有的历史典籍对妫姓孙氏的记载只是有些自相矛盾而已，历史文献中这种情况多得很，仅凭这些还不足以否定齐景公赐姓陈书得孙氏的历史真实性，那么，由于近代以来地下文献的发掘，现在有条件来看一看，妫姓孙氏说究竟是如何出现的。

唐因隋制，以三省长官为宰相，后来又以他官参议，而称号不一，皆临时而设，最后乃有同品、平章的名称，但权力和责任都相同。《新唐书·宰相表》中的孙氏宰相有三位：孙处约（664 年相唐高宗）、孙元亨（696 年相武则天）和孙偓（896 年相唐昭宗）。而《新唐书·宰相世系表》只列入了孙处约和孙偓，并把他们都归入乐安孙氏而详列其妫姓孙氏世系。

孙偓属于唐代孙逖家族，从孙嘉之大册万岁二年（696 年）进士入第，到孙偓于乾宁四年（897 年）自相位贬为衡州司马，这个家族在唐代绵延繁荣了 5 代（嘉之—遘—起—景商—偓—溥），历时整整 200 年，其中有三任知制诰（皇帝的秘书，负责起草皇帝的诰命等，孙逖、孙宿、孙简）和一人任宰相（孙偓），多人任其他官职，有兴趣的读者可以到《新唐书·宰相世系表》中数一数。这是一个真正的唐代豪门。这个豪门，除在《新唐书》《旧唐书》孙逖、孙偓传和孙氏宰相世系表中留下了对他们的记载外，还在地下留下了许多历史文献——墓志铭。

墓志铭的价值在于它们被埋在地下，免除了许多因素的破坏，如风雨剥蚀、水火吞噬、人和动物无意毁损、传写者笔下讹误、有心者故意毁灭、窜改或作伪等，一句话，地下文献具有保真性。仿佛是机缘巧合，恰恰是这个孙逖家族，有许多墓志在近代出土，它们的内容可以构成一个相当完整的孙逖家族世系图。

赵金炎先生编注的《孙武故里史料集成》收集了《新唐书》成书之前历代有关乐安孙氏的墓志铭 30 篇，其中有 16 篇涉及孙氏起源。这 16 篇中有 10 篇自称其姓氏来自春秋齐国陈书，属于妫姓孙氏。此外，每篇墓志铭都或多或少地叙述了墓主的先世、后代和近旁亲族，可以构造出一个以墓主为中心的世系图片段来。在 30 篇墓志铭中，有 14 篇的片段世系图可以彼此拼合，构成一个更大的世系图来。通过《新唐书·宰相世系表》可以发现，这 14 篇墓志铭的墓主都属于孙逖家族，并且，明白自称来自齐国陈书的 10 个墓主都可编进这个世系图，无一例外。后来，我们就称它为“孙逖家族墓志世系图”，见下图。

孙逖家族墓志世系图

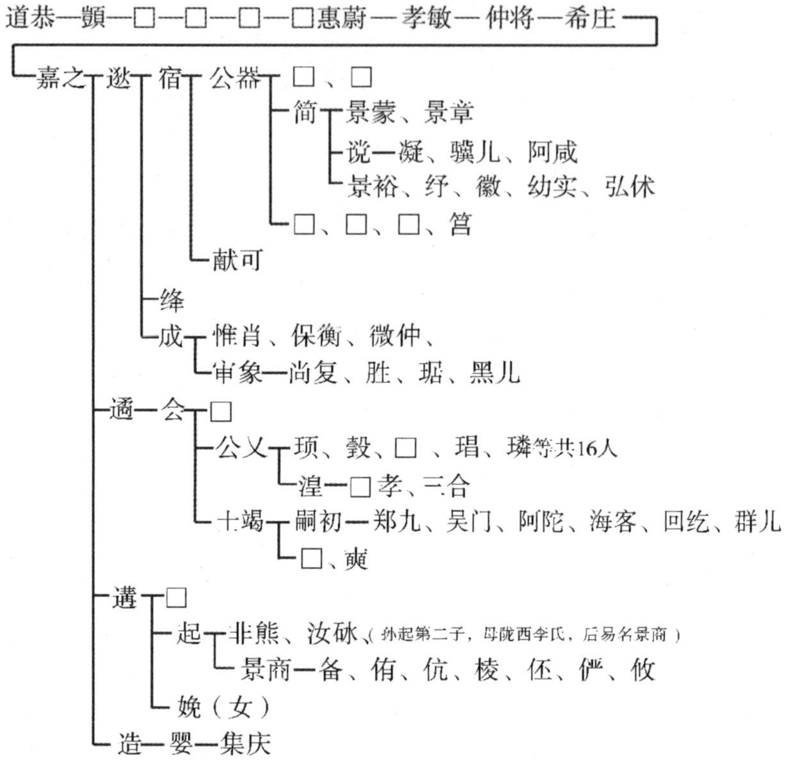

由于孙逖家族墓志世系图囊括了所有自称其先世来自陈书的墓主，故可以说，孙逖家族是最早提出并信奉妫姓孙氏说的家族。这个结论是从赵金炎《孙武故里史料集成》中的30篇墓志铭得出的，但在《新唐书》以前是普遍适用的，因为找不到一种《新唐书》以前的历史文献记载过妫姓孙氏。

其他16位墓主，有1位（东汉，孙根）自称来自子姓，祖先因避仇而由“子”改为“孙”；有3位自称来自姬姓，包括唐高宗朝宰相孙处约在内；其余未提姓源。故可以说，其他的孙氏家族都与妫姓说无关。同样，这个结论也可以推广到赵金炎的《孙武故里史料集成》的30篇墓志铭之外，因为除了孙逖家族，宋以前没有一个孙氏家族宣称是陈书的后代。

孙逖家族墓志世系图的完整性可以通过与《新唐书·宰相世系表》的对比来

证明。因为篇幅关系，本文不再详述孙氏宰相世系。作者曾做过《〈新唐书〉·孙氏世系图》。可以说，墓志世系图几乎可以完全重叠于宰相世系图孙嘉之一支的世系上。这表明，孙逖家族墓志的世系部分与《新唐书·宰相世系表》孙逖家族部分几乎完全一致。出土的14篇墓志铭竟然有这么强的概括力和完备性，可以说是一个奇迹。

另一方面，墓志铭的姓源部分可以让人们探测原始妫姓孙氏说在孙逖家族内部的形成过程。其实，这个原始的妫姓孙氏说有一个在孙逖家族内部逐步调整的过程，而且与《新唐书》的妫姓孙氏说也有很大的不同。将孙逖家族墓志的姓源部分按时间顺序排成一览表，可以更方便了解原始妫姓孙氏说的内容和形成过程，见表一。

表一　孙逖家族提出妫姓孙氏说过程一览表

墓主	卒年	墓志姓氏起源部分
孙嘉之	739	盖齐大夫书之后。（孙逖撰）
孙　成	789	孙氏之先，盖齐大夫书之后。（孙绛撰）
孙　婴	801	盖齐大夫书之后。（孙保衡撰）
孙　起	812	自齐大夫书始受邑于乐安。（孙保衡撰）
孙　简	841	其先有妫之后，齐太公田和□□□□□□□齐大夫，以伐乐安之功，遂封于乐安，因赐姓孙氏。（令狐绹撰）
孙　说	不详	孙氏得姓，始自虞帝，分枝续族，派于陈齐。齐大夫以伐乐安有功封乐安氏。（孙徽撰）
孙景商	856	其先陈大夫田完之后，完之玄孙曰书，为齐大夫，伐乐安有功，封乐安，赐姓孙氏。（蒋伸撰）
孙　筥	860	其先即孙武、孙书是也。后分为数派，居吴者为富春氏，居宋者为乐安氏。（孙纾撰）
孙嗣初	866	□□□□□□□□□□和之裔，和孙书实有功于齐，封于乐安，赐姓孙氏。（孙爽撰）
孙　湟	871	其先出于齐大夫书之后。（李都撰）

妫姓孙氏最早出现在《全唐文·宋州司马先府君墓志铭》中。这篇墓志是孙逖为其父孙嘉之（657—739 年）写的。孙逖，《新唐书》《旧唐书》有传，都说他幼而英俊，文思敏速。十五岁奉命作赋，援笔成篇，震动了地方长官。长期为官于玄、肃二朝，卒于 761 年，764 年诏赠尚书右仆射，谥曰“文”。

孙逖的《宋州司马先府君墓志铭》说：“府君讳嘉之，字某，魏郡武水人也，故属乐安，盖齐大夫书之后。”这是妫姓孙氏说在墓志中首次出现。在古汉语中，“盖”属于推原之辞，意为可能、大概。就是说，孙逖并未说得很肯定，而是留有余地的。此后 60 余年，孙逖家族基本上也还是采取这个说法。

到 812 年，孙保衡为孙起撰写墓志，态度明朗起来了：“自齐大夫书始受邑于乐安。”关于“齐大夫书”，《左传》仅记载了孙书伐莒、陈书被俘，而墓志增加了“受邑于乐安”的内容。然而，仍然没有指明“齐大夫书”是孙书还是陈书。《左传》记载陈书同时还提到国书、东郭书，他们未涉及孙氏起源公案，故置而不论。

又过了 30 多年，宰相令狐绹为孙简撰写墓志：“其先有妫之后，齐太公田和□□□□□□□齐大夫，以伐乐安之功，遂封于乐安，因赐姓孙氏。”指明“齐大夫书”就是陈书，因而必须增加“赐姓孙氏”的词语。同时还提出田书“以伐乐安之功，遂封于乐安”。“田书伐乐安”，史传无载，不知孙逖家族有何依据。以孙氏家族的地位和文化教育水平，不会不知道《左传》有“孙书伐莒”的记载而不愿意引述，似乎要与孙书作某种切割。更令人惊异的是，据《史记·田敬仲完世家》《左传》记载，齐太公田和是田常的曾孙，而田常是田书的侄儿；从时间上来说，据《史记·六国年表》：“齐康公十九年（前 386 年），田常曾孙田和始列为诸侯，迁康公海上，食一城。”田书（即陈书）艾陵被俘是在公元前 484 年。田书比田和早了整整一个世纪，但在这篇墓志铭文中，田书却成了田和的后人。堂堂宰相为官宦世家写墓志，为何会出这么大的差错，令人费解。

这可能与唐代的谀墓风气有关。唐代，富贵人家多以能请到当代名人为自己的先人撰写墓志或碑文而相互攀比、夸耀。有需要就有市场，很多名人也极尽虚夸吹捧之能事，帮着在志文中夸大死者的“盛德”和“伟绩”，称为谀墓。反正谁都知道这种文章不登大雅之堂，虚与委蛇，既免于伤和气，又有一笔丰厚的润笔费，迎合他们一下有何不可？令狐綯很可能也是根据孙逖家族的要求和叙述，胡编乱造，将姬姓孙氏出于卫武公姬和，扯成妫姓孙氏出于齐太公田和。那么，田书是田和的后代也就顺“理”成章了。所以，归根结底，还是孙逖家族有这个需要，甚至就是他们指定或授意要这么写的。否则，以他们的文化水准当场就能指出志文的错误，绝不至于刻进墓志，到今天再成为现世活宝。

此后，“田书以伐乐安之功，封于乐安，赐姓孙氏”成了孙逖家族坚持的共识，在历代墓志中屡有表述，很可能载入孙氏家谱了。而866年的孙嗣初墓志中再次出现了“和孙书实有功于齐，封于乐安，赐姓孙氏”，仍然把田书说成是田和的孙子。

871年，孙湟的墓志写成了“其先出于齐大夫书之后”，又回到从前的模糊态度，说明妫姓孙氏说可能多年来一直受人冷落甚至嘲弄，看来，鼓吹者已开始泄气了。

孙逖家族墓志对妫姓孙氏来源的叙述，很可能被写进了家族谱牒。

四、《新唐书》杂抄豪门私谱，妫姓说粉墨登台

可是，就是这样的一堆材料，却被《新唐书·宰相世系表》的编纂者当成了宝贝。这要从《新唐书·宰相世系表》的史料来源说起。

今人岑仲勉四校《元和姓纂》，厥功甚伟。岑氏认为：“余谓《新表》者，《元和姓纂》之嫡子也。”“《表》本《姓纂》者，其大部骨干也。”即《新唐书·宰相世系表》继承的是《元和姓纂》，而非像清赵绍祖说的那样“只取诸家谱牒杂抄之”。那么，《新唐书·宰相世系表》中的妫姓孙氏部分是否只取孙逖家族谱牒而杂抄之呢？

今本《元和姓纂》所载孙逖家族世系可用世系图表示如下：

《元和姓纂》乐安孙氏世系图

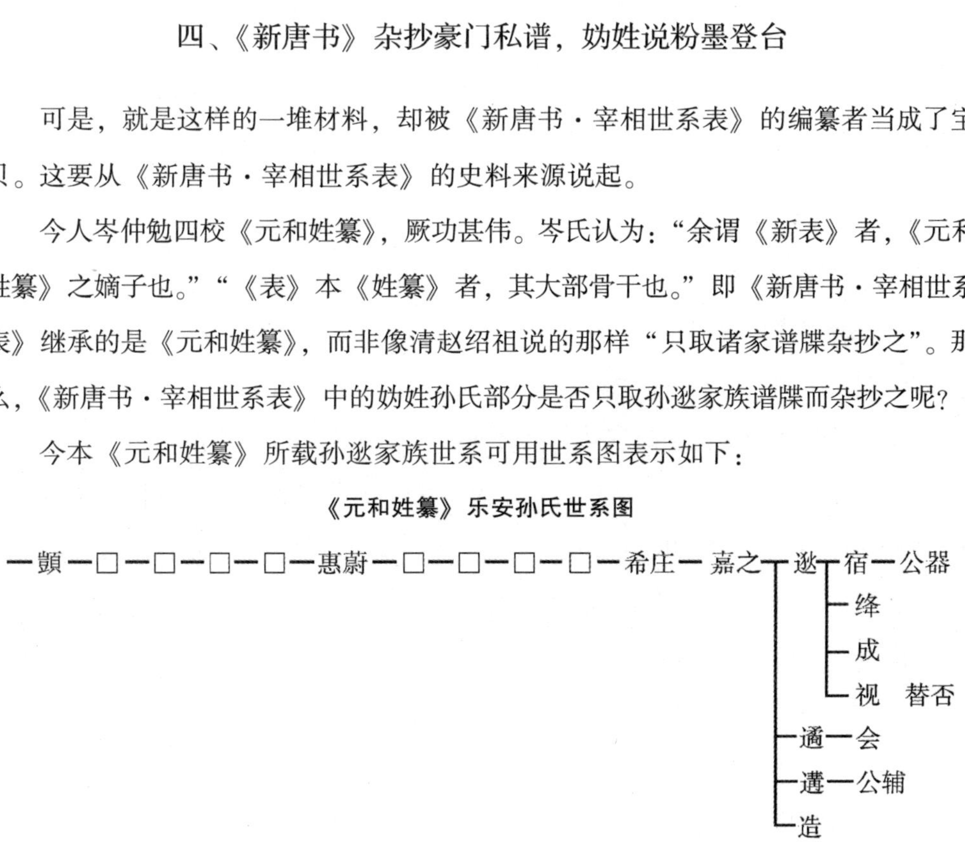

本文认为，只要把《元和姓纂》乐安孙氏世系与《新唐书·宰相世系表》的孙氏宰相世系对照一下，即可明白。二者之间的主要不同有：

1. 惠蔚—希庄之间，《元和姓纂》比《新唐书·宰相世系表》多一世。《新唐书·宰相世系表》为什么要将《元和姓纂》删去1世？原因是孙逖家族墓志世系中，惠蔚—希庄之间比《元和姓纂》要少2世，《新唐书·宰相世系表》已经为墓志增加了一世。《新唐书·宰相世系表》为什么不完全依照《元和姓纂》？

2. 嘉之之后，《新唐书·宰相世系表》比《元和姓纂》多了好几世，这是《元和姓纂》成书后孙逖家族新增的人口。《新唐书·宰相世系表》编纂者们是从哪里得到这些世系的？而孙逖家族墓志世系与《新唐书·宰相世系表》很接近，几乎完全覆盖。但宋代，这些墓志还安然躺在地下，《新唐书》的编纂者们是如何得知这地下的墓志世系的？

3. 惠蔚之后，《新唐书·宰相世系表》比《元和姓纂》多了方嗣、元琥、广烈三大支系。他们均非《元和姓纂》所载，《新唐书·宰相世系表》的这三系又是从何而来的？

4.《新唐书·宰相世系表》孙氏宰相世系除了孙逖家族，还把另一宰相孙处约也纳入妫姓孙氏。而《元和姓纂》中孙处约一支郡望为清河，并不与孙逖为一族，《新唐书·宰相世系表》有何依据将孙处约并入乐安系？《元和姓纂》记载孙处约有四子，《新唐书·宰相世系表》中则有五子。《新唐书·宰相世系表》凭什么增加1子？

5.《元和姓纂》完全没有提妫姓孙氏，《新唐书·宰相世系表》却把妫姓孙氏说当作主调，这能说是继承《元和姓纂》吗？

这些问号足以表明，《新唐书·宰相世系表》孙氏部分并不像岑氏所说的那样"《表》本《元和姓纂》"，而是另有所本。可以说，《新唐书·宰相世系表》依据的只能是唐代豪门孙逖家族的私谱。试想一下，如果《新唐书·宰相世系表》的编纂者面前放有一套孙逖家族私谱，这些疑问是不是可以瞬间消解。

在宋代，只有孙逖家族私谱才有完整的家族世系，所以编纂者有了孙逖家族谱牒就用不着去发掘墓志了。方嗣、元琥、广烈三大支系的世系也会在豪门私谱中出现，供编纂者抄录。孙处约家族是被孙逖家族吸收入谱的，以壮大妫姓孙氏声威。《新唐书·宰相世系表》另一宰相孙元亨就没有被吸收，那是因为他做了八个月的宰相就被武则天诛杀了，这样的人避之犹恐不及，哪里还能拉来助声威？所以，《新唐书·宰相世系表》跟着孙逖家族私谱亦步亦趋，一个照录，一个拒绝。在中晚唐，孙逖家族能获得孙处约家谱并不奇怪，所以，在流传到宋代的孙逖家谱中孙处约有五子，《新唐书·宰相世系表》编纂者恭录不误，也不管《元和姓纂》怎么说了。这些构成了《新唐书·宰相世系表》编纂者处处杂抄孙逖家族谱牒的铁证。

对于妫姓孙氏姓源部分，《新唐书·宰相世系表》编者更是把《元和姓纂》以及当时所有的历史典籍都置之不顾，只顾埋头杂抄孙逖家族谱牒了。毕竟是饱学老儒，自幼浸淫于经典之中，这些先生抄到“田书伐乐安”“（田）和（之）孙（田）书”时，可能心里也有些不舒服了，顺手挥笔将“伐乐安”改成了“伐莒”（这是《左传》有记载的），又将“和孙书”抹去。可是，这样改，孙逖及其族人会满意吗？反正他们在地下，满不满意，没人知道。《新唐书·宰相世系表》编纂者吕夏卿大概也没有问过自己这个问题。

这样，原始的妫姓孙氏说就改头换面，成了新妫姓孙氏说了。《新唐书》问世后，妫姓孙氏说更是非比从前，成了国家正式典籍的一部分。一千多年来，凭着国家典籍的身份和主编欧阳修的名头，以及大唐豪门的吸引力，妫姓孙氏说诱导了多少孙氏族人投到陈书门下。

五、余音

地下文献的发现，让孙逖家族有机会现身今世披露妫姓孙氏说的形成过程，也让他们这些被历史作伪者欺蒙的人有机会述说事实真相。《新唐书·宰相世系表》将唐朝的另一位孙氏宰相孙处约也编列在妫姓孙氏世系中。《旧唐书·孙处约传》只是说：“孙处约者，汝州郏城人也。”《新唐书·孙处约传》说：“孙处约，始名茂道，汝州郏城人。”千百年来，人们只能从《新唐书·宰相世系表》的一面之词，以为他与孙逖家族一样也取妫姓说。但是，1943 年在河南孟津发现了《唐故司成孙公墓志铭》，墓志文说：“公讳处约，字茂道，本千乘乐安人也。自分岐岳，绪派淇川，康叔以□弟匡国，孙惠以宗卿辅卫，姓因王父，既著于左言，庆籍公门，实彰于右记。”掷地有声地宣布，孙处约，乃至整个乐安孙氏，都是卫康叔之后，孙氏取自王父之字。用现代的一句话说，就是他和乐安孙氏都属于姬姓孙氏。

附录　《新唐书·宰相世系表》妫姓孙氏世系图

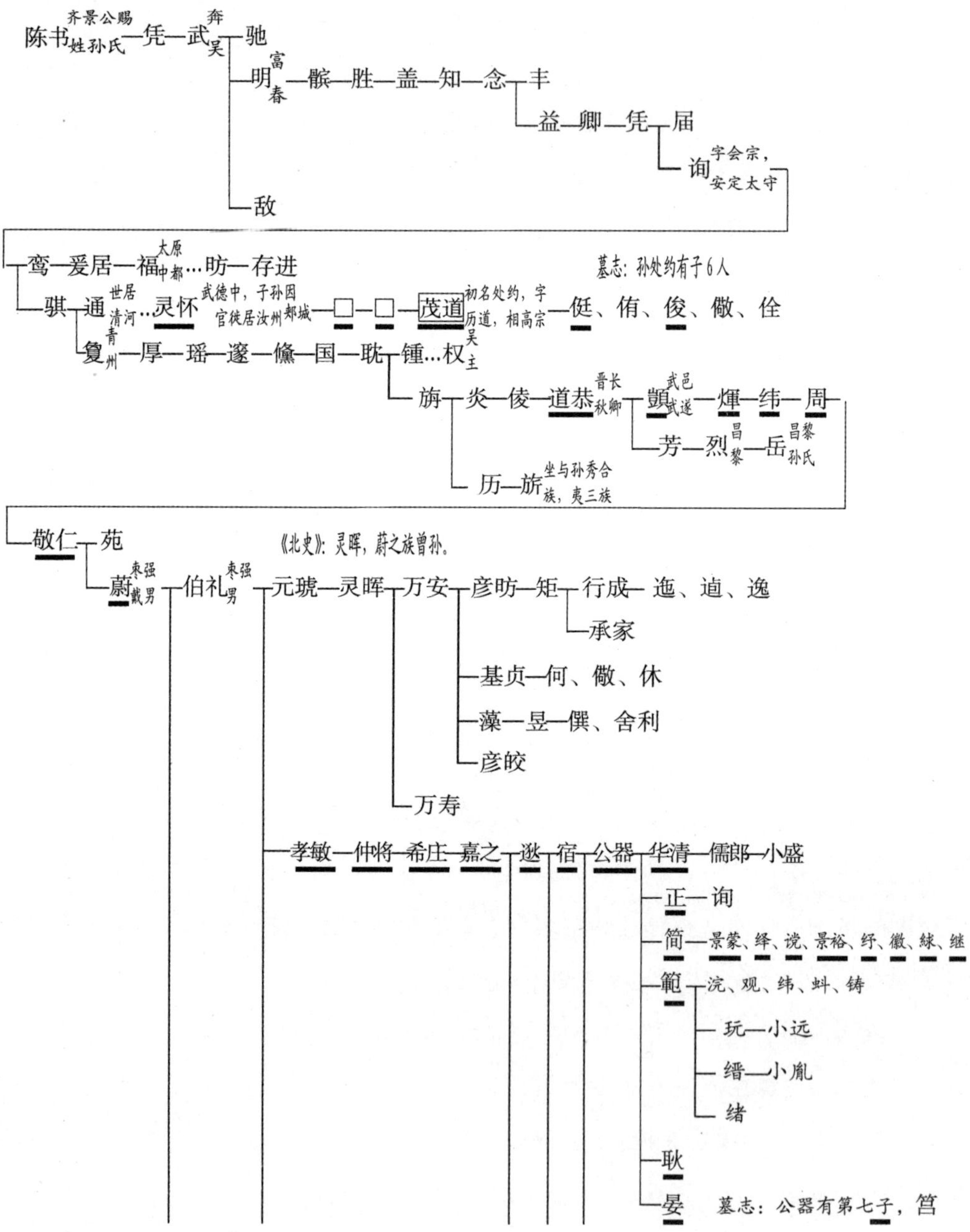

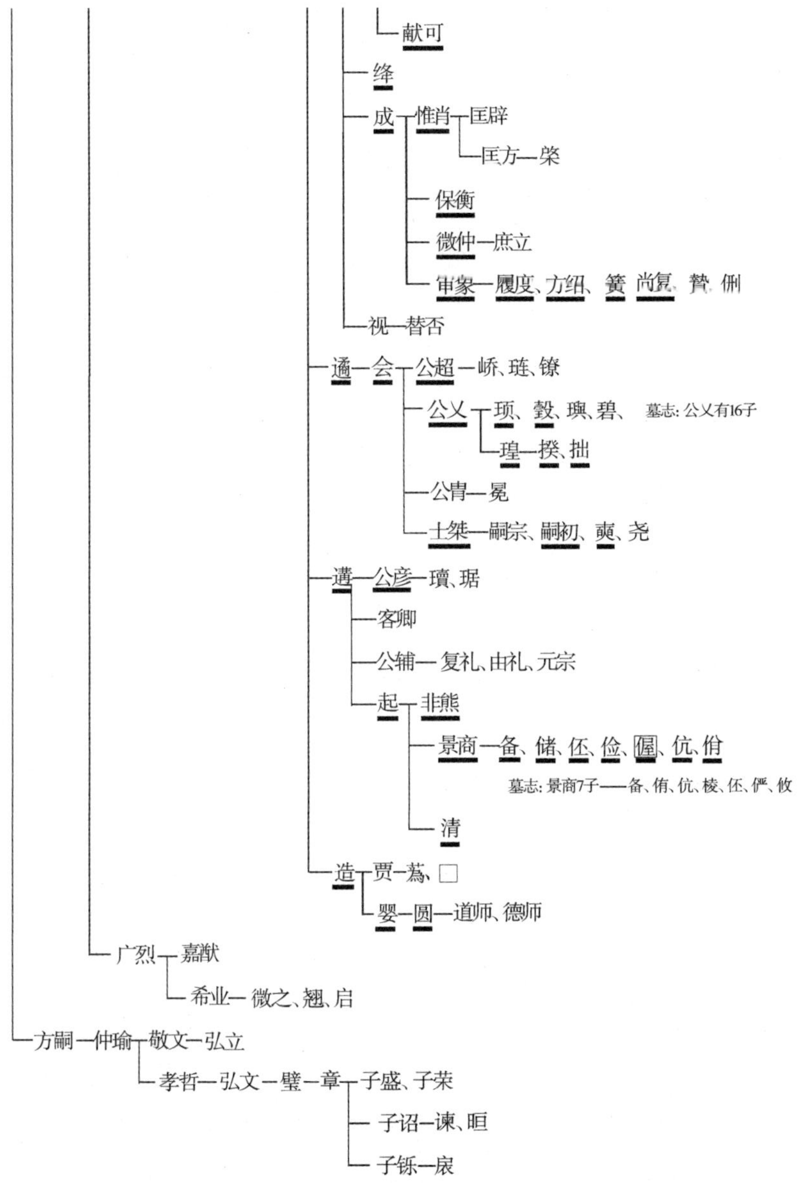

说明：①孙氏宰相二人，清河有茂道，武邑有偓；

②篑、奭、复礼、元宗、储、偓、□等，《新唐书·宰相世系表》皆载有子，限于篇幅，此处从略；

③本图将孙处约和孙逖家族墓志中记载的亲属人名用粗横线标在人名之下，例如：景商。

中华孙姓的起源与历史播迁

⊙孙立国

一

据《中华姓氏大典》记载，我国汉族姓氏 4820 个，起源于河南的姓氏就有 1834 个，占汉族姓氏的 38.04%。据王利红编辑的《排名前 100 大姓中 78 个源自河南（图）》报道："中国姓氏排名前 100 个大姓中，有 78 个姓氏源自河南。南方'八大姓'全部源自河南。"笔者姓孙，因此特别关注中华孙氏的源流世系。借助诸多同人们的考据，我认为，我国姓氏排名第 12 位的中华孙姓的始祖地也应该在河南，即河南濮阳的"戚邑"。因为：

1.《左传·隐公四年》记载："四年春，卫州吁弑桓公而立。"但是，也就在同年"陈人执之而请莅于卫。九月，卫人使右宰丑莅杀州吁于濮，石碏使其宰獳羊肩莅杀石厚（石碏之子）于陈"。也就是说，卫庄公的庶生子"州吁"以臣弑君，以弟杀兄，谋朝篡位的罪恶行径仅仅嚣张了半年。

州吁的这种"以臣弑君，以弟杀兄，谋朝篡位"的罪恶行径必然是不得人心的。"州吁未能和其民，厚（州吁的同党石厚）问定君（之策）于石子（石碏，即石厚的父亲）。石子曰：'王觐为可。'……厚从州吁如陈"（《左传·隐公四年》），导致"陈人执之"。这就是"大义灭亲"一词的来历。

在举国上下对州吁的一片诅咒声中，当时食采于戚邑的卫国王族，州吁的叔侄，姬耳之子，姬惠孙之孙，名姬乙（字武仲）者，因不愿与州吁同流合污，便愤然以其爷爷名字中的“孙”字为氏，另立门户，改名曰“孙乙（孙武仲）”。

杨师群撰写的《中华姓氏谱·孙》一书考证：“（孙）乙生昭子炎，炎生庄子纥，纥生宣子鳅……从孙鳅之子桓子良夫开始，《左传》记事渐详。”

经过三十余年根亲文化的研讨，中华孙氏的起源有三说（“姬姓孙”“芈姓孙”“妫姓孙”）、五说（前三种，另加“赐姓孙”和“改姓孙”）之多。但是，细考后四种说法的立姓始祖，即“芈姓孙”之说的始祖孙叔敖，“妫姓孙”之说的始祖陈书，“赐姓孙”之说的始祖俞何，“改姓孙”之说的始祖荀况，他们见于史书中的“出道”时间，都在孙乙出道的时间之后。因此，上述卫国戚邑之“孙乙立姓”之说，是当今有据可查的，唯一的时间、地点、人物、事件过程、原因、结果等六大要素俱全的，能够涵盖所有孙姓姓源的一种说法。这样，我们完全有理由把“隐公四年”（前719年）认定为中华孙姓的立姓之年，把河南濮阳的“戚邑”认定为中华孙姓的立姓之地，把“孙乙”认定为中华孙姓的立姓始祖。

2. 据《庄子》和《左传》记载：“伯乐，姓孙名阳，善驭。”公元前632年，城濮之战前夕，卫成公曾派孙炎到楚国向楚成王求救：《左传·文公元年》（前626年）：“晋师围戚。六月戊戌，取之，获孙昭子（孙炎）”。《左传·宣公十二年》（前597年）：“令尹孙叔敖弗欲……孙叔为无谋矣……孙叔曰：‘进之，宁我薄人，无人薄我……’”。《左传·成公二年》（前589年）：“新筑人仲叔于奚救孙桓子，桓子是以免。”《左传·成公三年》（前588年）：“晋郤克、卫孙良夫伐唐咎如，讨赤狄之余焉。”《左传·成公七年》（前584年）：“卫成公恶孙林父。孙林父出奔晋。”《左传·襄公十年》（前563年）：“卫人追之，孙蒯（随其父出征）获郑皇耳于犬丘。”《左传·襄公二十六年》（前547年）：“孙文子（林父）在戚，孙嘉聘于齐，孙襄居守。”

上述举例，既向我们证实了“从孙鳅之子桓子良夫开始，《左传》记事渐详”的实况，也向我们证实了卫国戚邑孙氏的传承关系，即：孙乙→孙炎→孙纥→孙鳅→孙良夫→孙林父→孙蒯（孙嘉、孙襄）。同时，它更向我们证实了卫国戚邑孙氏多代人物的出道时间都要早于“芈姓孙”“妫姓孙”“赐姓孙”和“改姓孙”之始祖的出道时间。由此也可以佐证我们将“孙乙”认定为中华孙氏立姓始祖的正确性。

3. 从地缘关系上说，被中国古都学会命名为“中华帝都”，有“颛顼遗都”“帝舜故里”之称的濮阳戚城，叠压着仰韶、龙山以及夏、商、周等多代文化层；出土了“中华第一龙”、孙林父簋盖等文物；有颛顼乘龙游四海、仓颉造字、相土造车、晋文公退避三舍、柳下惠坐怀不乱的典故；现存有春秋列国诸侯会盟的“会盟台”、晋楚“城濮之战”、齐魏“马陵之战”、宋辽“澶渊之盟”等历史遗迹；产生兵家之祖吴起、一代名相商鞅、天文大师僧一行、治黄名师高超等历史名人。从目前出土的文物看，“孙林父簋”完全可以称得上是我国首开自制“私人用品”之先河，它既证明了卫国戚邑孙氏的远有端绪，又证明了卫国戚邑当时的科技水平和繁荣景象。所以，将卫国戚邑认定为“中华孙氏的始祖地”，也是近两千万中华孙氏的骄傲。

再说，将濮阳戚邑确立为中华孙氏的始祖地，也是名正言顺、无可厚非的。我们了解，有追认濮阳戚邑为始祖地意向的其他几个姓氏，他们追认的要件（时间、地点、人物、事件过程、原因、结果）都不够充分。因此，只有我们中华孙氏来追认濮阳戚邑为始祖地，才是铁证如山、不容置疑的！

二

从上述的卫国戚邑孙氏的传承关系，我们可以看出，自孙乙至孙蒯、孙嘉、孙襄的七代人中，唯有孙林父显示出“三子”的代传关系。但是，大家应该想到，像他们这样的贵族之家，在当时一夫多妻、自然生育的条件下，孙林父的上辈人，不可能都是 1∶1 的单传。也就是说，自孙乙立姓到公元前 535 年，由于晋国将戚邑交还给卫国，孙乙家族因失去采邑而不得不分溃离析时，该家族自然会经历了一个分门别户、迁徙播撒的过程。再说，就是在此之前，也会有一些胸怀大志、浪迹天涯的仁人志士和一些在家族内不得志的“后生子”“庶生子”“不孝子”，自愿、被逼而出奔、出逃到异国他乡，另谋发展。同时，在春秋战国“氏、姓”初分（此前是“氏以别贵贱”“姓以别婚姻”）的情况下，许多人还有“从母姓”“随主姓”的习俗。因此，孙乙家族的部分家兵、佣人也会有“随主姓”者，该家族的出嫁女，其子孙也会有“从母姓”者。这样，孙乙家族的分迁播撒自然会有一个原子裂变般的扩散过程。

下面请允许我依据现有资料，对孙乙立姓后的家族迁徙播撒做一个简要勾勒。

（一）孙乙（字武仲，改姓前为“姬乙、姬武仲”），约生于公元前 751 年，姬耳之子，姬惠孙之孙，卫武公姬和之曾（重）孙。

公元前 719 年，卫庄公的庶生子州吁，阴谋刺杀了其同父异母的哥哥、卫庄公的嫡长子、当时的卫国国君卫桓公，并自立为国君。州吁的这种离经叛道的行径，在卫国的民众中引起了极大的愤慨。作为州吁堂侄的姬仲乙，在国人对州吁的一片咒骂声中，更是引以为耻，无颜面对，便产生了脱离“公室”、另立姓氏的念头。

依据周制，诸侯国国君的儿子称“公子”，孙子称“公孙”。公孙之子，因为离其“大宗”较为疏远，可以以其祖父的字为“氏”，另外立姓。于是，姬武仲便以其爷爷“姬惠孙”中的“孙”字为姓，愤然改名为“孙乙，孙武仲”（后世学者简称为“孙乙”）。也就是说，是“孙乙”以其傲然临世的态度，将“中华孙氏”植根于中华姓氏的百花园中。因此，卫国戚邑孙氏是当今中华孙姓中立姓时间最早、地点最明确、方式最正统、原因最清楚、前后世系最分明的一支，距今已有 2730 多年的历史。

（二）孙炎，生于公元前 723±14 年，孙乙之子，字昭子，卫国大夫。

公元前 632 年，晋文公伐卫时，卫成公派孙炎向楚国求救（晋国的重耳逃亡时，路过卫国，卫成公拒不接待。因此，当他回国主政后，便借机攻伐卫国。卫成公不得不出奔于襄牛之野）。卫成公出奔襄牛之野时，又派他回朝当信使，让自己（卫成公）的弟弟叔武代其位而赴晋文公的践土之盟。（《左传·僖公二十八年》）

公元前 626 年，“五月辛酉朔，晋师围戚。六月戊戌，取之，获孙昭子”。当时的孙炎已经是年届七十的人了，并且当时还有“刑不上大夫”之说，所以，他的被俘也就不足为奇了。（《左传·文公元年》）

（三）孙阳，约公元前 690 年—前 610 年，春秋中期郜国（今山东成武县）人。因其精于鉴别马匹的优劣和他在兽医学上的成就，被人们称为伯乐。

孙阳少有大志，历经多个国家，最后西出潼关，到达秦国，成为秦穆公之臣，在秦国的富国强兵中，立下汗马功劳，得到秦穆公的信任，被封为“伯乐将军”，并以“监军少宰”之职随军征战南北。

春秋时期，随着生产力的发展和军事的需要，马的作用已十分重要。当时人们已经将马分为六类，即种马（繁殖用）、戎马（军用）、齐马（仪仗用）、道马（驿站用）、田马（狩猎用）、驽马（杂役用）。养马、相马遂成为一门重要学问。在这样的历史条件下，孙阳选择了相马作为自己终生不渝的事业。《吕氏春秋·精通》说：“孙阳学相马，所见无非马者，诚乎马也。”经过多年的实践、长期的潜心研究，他取得了丰富的相马经验。他搜求资料，反复推敲，并对资料进行了系统的总结整理，终于写成了我国历史上第一部相马学著作《伯乐相马经》。

1973年11月到1974年初，在湖南长沙马王堆第二、三号汉墓，出土了一部失传已久的《相马经》帛书。《相马经》帛书上共七十六行、五千二百字，其中残缺五百字。其第一篇写道“伯乐所相，君子之马”，并且多次沿用相马“法曰”和“吾请言其解”的措辞，说明这部《相马经》即使不是《伯乐相马经》的原文，也是传承、吸收和发挥了《伯乐相马经》的成就写成的。此《相马经》内容包括经、传、训诂三部分。经文部分，用韵文写成，形象生动，言简意赅。帛书《相马经》的出土，展现了《伯乐相马经》的丰富内涵，也证明了《伯乐相马经》作为我国最早的一部相马专著在中国养马学、相马学等领域的重要地位。伯乐在相马事业上孜孜探索，在研究医治马病方面也不懈追求，成为春秋时期著名的畜牧兽医。有《伯乐针经》《伯乐疗马经》《疗马方》《伯乐治马杂病经》等传世，在后世兽医学术的发展中产生了较大的影响。《伯乐针经》的出现，标志着家畜针灸学的形成。

《太平寰宇记·济阴县》记载：“伯乐冢，秦人善相马者葬于此。”由于宋代的济阴县靠近现在山东的成武县。所以，今天山东成武县“伯乐集镇”的“孙阳墓”极有可能就是孙阳的归宿。

《列子》中记载：“秦穆公谓伯乐曰：‘子之年长矣，子姓有可使求马者乎？’伯乐对曰：‘……有九方皋，此其于马，非臣之下也，请见之。’”

作为秦穆公随军南征北战的“监军少宰”“伯乐将军”，为什么会葬于山东成武县的“伯乐集镇”呢？上述《列子》中记载的“秦穆公谓伯乐曰：‘子之年长矣，子姓有可使求马者乎？’”一语，使我们悟出点答案。即：

1. 孙阳可能是“客居于秦”的为官者。要不然，秦穆公就不会发出“子姓有可使求马者乎”的问话。他的这句问话说明，他对孙阳的家族情况是不甚了解的。此外，在有关孙阳的传说中，也有孙阳为楚王索求良马的故事。

2. 孙阳的年龄可能要长于秦穆公。要不然，秦穆公就不会发出“子之年长矣”的感叹。他的这一感叹告诉我们，由于孙阳的年长，他担心再也没有人为他寻找良马了。

这样，孙阳在为秦穆公推荐了九方皋后，便去国返乡，荣归故里。然而，此时他的子侄们，已经分迁到被宋国灭亡、形成权力真空的“郜国”（今山东成武县境内）。于是，孙阳便落籍于成武，颐养天年，以至入土为安了。

伯乐去世后，葬于故里。墓地就在今山东成武县伯乐集镇驻地伯乐村前。20世纪50年代，这里还有明嘉靖时期重修的孙阳伯乐墓，虽饱经风雨和磨难，今墓址仍存。20世纪70年代，曾于伯乐墓前挖掘出伯乐残碑，上有篆书“孙阳”。

（秦穆公，公元前659年—前621年在位，是秦德公的第三子。因此，他可能生于公元前687年，而略长于他的孙阳，可能出生于公元前695年。这与孙炎的理论生年相差不多。所以，孙阳极有可能是孙炎的堂兄弟，甚至是亲兄弟。因为，二人不仅出生时间、署名合矩，都有“出使楚国”的经历，并且，孙阳如果不是出生于孙乙那样的官宦之家，他也不可能“历经多个国家”，接触各国政要。参见《孙阳伯乐》《郜国》以及拙作《中华孙氏源流考证与辨析》）

如果上述的蠡测属实，那就说明孙乙家族在公元前650年前后就已经播撒到后来的阿泽、鄄，即现在的菏泽，乃至成武一带。难怪此后的卫献公“出奔齐，孙氏追之，败公徒于阿泽，鄄人执之”了。即卫献公被孙林父逼宫，被迫向齐国逃去。孙林父的庶长子孙蒯，长子孙嘉带人在后面追赶。在阿泽地段打败了卫献公的随从。鄄城地段的民众，抓获了不少卫献公的随从。（《左传·襄公十四年》）

这是孙乙家族播撒到阿、鄄，乃至成武的有据可查的佐证。

（四）孙叔敖，约生于公元前630年。名敖，字孙叔。楚国荆州沙市人，出生于郢都（今湖北荆州纪南城）北海子湖边白土里。

《淮南子·人间训》：孙叔敖在出任令尹前，“决期思之水（今河南固始县境的史河），而灌云雩之野”。这项水利工程，就是中国古代历史上著名的“期思陂”。据记载，他还曾主持修建了芍陂（今安徽寿县安丰塘），在今湖北江陵一带也兴修过水利，有力地促进了楚国的农业发展。因此，孟子曾讲到“孙叔敖举于海”。就是说孙叔敖是从民间被推举为楚国令尹的，以贤能闻名于世。

公元前601年，孙叔敖出任楚国令尹（宰相）。为相期间，编修了《仆区》（楚国刑书），使楚国法制大振，又“秋冬则劝民山采，春夏以水，各得其所便，民皆乐其生”。

庄王十六年（前598年），时任楚国令尹的孙叔敖率领楚军在沂地（今河南正阳一带）修筑城池，由于勘测精确、组织得力，30天就完成了任务。次年，他辅助庄王，机智灵活地指挥了历史上著名的“邲之战”，一举大败晋军，为楚国奠定了霸主地位。

由于行政、治军有功，楚庄王多次重额封赏，孙叔敖坚辞不受。为官多年，家中却没有积蓄，临终时连棺椁也没有。去世后，归葬于江陵白土里。

司马迁在《史记·循吏列传》中，把孙叔敖列为第一循吏，称他“三为楚相，施教导民，上下和合，世俗盛美，政缓禁止，吏无奸邪，盗贼不起”。

后人为了纪念他，在安丰塘北堤建有孙公祠，在湖北沙市公园建有孙叔敖衣冠冢；公元160年，时任“期思长”的段光，在河南息县的期思集立有《楚相孙叔敖碑》；清乾隆二十二年（1757年）立有“楚令尹孙叔敖墓”石碑。

1957年，毛泽东路过信阳时，称赞孙叔敖是水利专家。

史称，孙叔敖为芈姓孙氏的始祖。据冯梦龙在《东周列国志》中叙述，孙叔敖有三子。近年访得，鄂豫皖地区有部分孙氏，自称是孙叔敖之后。其立姓的背景和后代世系，尚有待认真考察。

《楚相孙叔敖碑》文曰：“楚相孙君讳饶，字叔敖，本是县人也……延熹三年，岁在□□，中夏之节，政在封表。期思长光，视事一纪，访问国中耆年旧齿，素闻孙君，楚时良辅，本起此邦，垂名于后。博求遗苗，曾玄孙子，考龟吉辰，五月辛卯，宜以存废，可立碑祀……”其碑阴还部分地记述了孙叔敖后裔、东汉初任渤海太守的孙武伯以下的家族世系，共涉及孙叔敖后人二十多位。孙叔敖碑也可称得上一部石刻的家谱。遗憾的是，这部石刻家谱未能留存于今，仅能从当时的史书中略见一二。

另外，据“中国简帛学国际论坛”中刊登的田成方、来龙国、尹弘兵的文章，孙叔敖，原本是“世为列姬，国地朝廷”。孙叔敖的父亲蒍贾，曾经是楚国的“司马”，孙叔敖的爷爷蒍吕臣，曾经是接替子文（斗谷玉兔）职位的楚国“令尹”。孙叔敖之所以会屈居民间，乃是由于楚国贵族在争权夺利、明争暗斗的过程中，斗越椒突然发起叛乱，杀害了其父蒍贾，造成了蒍氏家族的陡然中衰。

从田成方等人的文章以及《楚国历史大事记》中可以看出，孙叔敖所在的“蒍氏家族”在楚国的权势，自其太爷蒍章开始，才有所提升。原因是“齐，王舅也，晋及鲁、卫，王母弟也”，且楚成王又“始得曹，又新婚于卫”，也就是说，楚成王之父娶了卫国王室的姑娘。按照当时的礼法，同姓的姑娘出嫁，其族人是要“助媵”（另选女童或男童陪嫁）的。这样，作为卫国王室的戚邑孙氏，或有“女童”以“媵”的方式进入楚国后，又嫁到“蒍氏家族”。于是，楚成王与“蒍氏家族”便构成亲上加亲的关系，自然会对其家族有所“信任”了。所以，笔者认为，卫国戚邑的孙氏家族与楚国的蒍氏家族必然有一定的内在联系。

关于孙叔敖的名字与身世，古往今来的考据者说法多多，莫衷一是。然而，笔者认为，就其身世来说，田成方等人的考证不仅有《史记》《左传》等古籍为凭，更有多处出土文物为据，是较为客观的。就其名字而言，笔者的管见是“姓‘孙’，行‘叔’，谥‘敖’”。我的理由是：

1. 由于楚国王室内部的争权夺利，明争暗斗，孙叔敖的爷爷蒍吕臣、父亲蒍贾可能会提前将其家眷迁至其封地期思。当时的孙叔敖年龄尚幼，无以名讳。待到斗越椒突发叛乱，杀了蒍贾及其长子蒍艾猎后，为安全起见，孙叔敖的奶奶或母亲便让其从了自己的“孙”姓。

2. 由于孙叔敖上有哥哥蒍艾猎，待其年龄稍长及弱冠后，因其有义杀两头蛇、修建“期思陂”的美德，便被乡邻们称为“孙叔”。

3. 后来，经虞邱推荐，这位被人们称为“孙叔”的贤者，当上了楚国的令尹，恢复了其王族身份。由于楚国的王族，历来有谥“敖”的习俗，所以，当其谢世后，自然被称为“孙叔敖”了。

4. 据田成方等人的考证，孙叔敖的从子蔿子冯，死后依然归葬于蔿氏墓地（有淅川等地的出土文物作证）。这足以说明孙叔敖确实以“养父”或“继父”的名义养育过蔿子冯，并将其推荐给楚庄王（这也彰显出孙叔敖的人品），承袭了蔿氏家族的贵族爵位。

5. 许多姓氏学专著都认为在汉代之前，人们多有“从母姓”的习俗，直到现在，许多地方（农村）都有“嫂就（嫁）小叔”的习俗。再说，孙叔敖本身又有“期思之鄙人也，突秃长左，轩较之下”（秃头、短发、左臂长、右臂短，身子还没有轩车的横木高）的缺憾。因此，我的上述假说可谓合情合理，佐证多多。

这样，孙叔敖的奶奶有可能就是孙炎的姊妹，孙叔敖的母亲有可能就是孙炎的侄女。按照孙炎与孙叔敖爷爷蔿吕臣的出道时间推算，这些人的生卒时间基本上是吻合的。这样，孙乙家族在公元前690年—前630年，便以“随母姓”的方式播撒到当时的楚国了。

（五）孙林父，约生于公元前611年，孙乙的玄孙，孙良夫之子，字文子。历经卫定公、卫献公、卫殇公、卫襄公四朝。《左传·成公七年》（前584年）：“卫定公恶孙林父。冬，孙林父出奔晋。”《左传·成公十四年》（前577年）：“十四年春，卫侯如晋……孙文子自是不敢舍其重器于卫，尽置诸戚，而甚善晋大夫。”《左传·襄公五年》（前568年）：“故孟献子，孙文子会吴于善道。”《左传·襄公七年》（前566年）：“卫孙文子来聘……而寻孙桓子之盟。”《左传·襄公十一年》（前562年）：“卫孙林父侵其北鄙。”公元前559年，他与宁殖联合驱逐卫献公，卫献公奔齐，迎立卫殇公，因此，而受封于宿（今山东东平市东），为孙家另辟一处采邑。公元前554年，与晋国的栾魴联合攻齐。公元前547年，当逃亡齐国的卫献公联合宁殖之子宁喜围攻帝丘中的孙氏，他又借晋兵反击宁喜，并俘获卫献公及宁喜等人。后来，在齐国、宋国和郑国的调解下，卫献公又划卫国西部懿氏的60邑归孙氏，晋国才释放了卫献公。

孙林父于当时社会是叱咤风云的人物，于戚邑孙氏是赫赫有名的人物，也是该家族记载中的唯一一个育有三子的人物。

其庶长子孙蒯，约生于公元前583年。或许因为孙林父因迎立卫殇公再次获得了“宿”的封地，自公元前559年始，作为孙林父庶长子的孙蒯，可能较多地居住于“宿”地。这就是公元前547年，宁喜、右宰谷包围帝丘中的孙氏时，孙蒯不在现场的原因。这样，孙乙家族在公元前559年就已经播撒到山东东平一代。

其嫡长子孙嘉，约生于公元前581年。《左传·襄公二十六年》（前547年）载，因其“聘于齐”，躲过了宁喜、右宰谷血洗帝丘孙氏的一劫。即使他的妻小们全部遇害（或许不可能），年仅34岁的他，也有可能续娶再生子女。因为，在此之后，其父和孙林父马上又借晋兵反击宁喜，并俘获卫献公及宁喜等人。后来，在齐国、宋国和郑国的调解下，卫献公又划卫国西部懿氏的60邑归孙氏，再一次为孙姓扩充了采邑。到公元前535年，由于晋国将戚邑交还给卫国，孙乙家族因失去采邑而不得不分溃离析。据杨师群在《中华姓氏谱·孙》中考证：“不久，孙林父次子（实为嫡长子）孙嘉带领部分孙氏家族迁徙到戚邑西南方向近百公里外的汲郡（今河南汲县、辉县一带）。《新唐书·宰相世系表》载，这支孙氏族人“世居汲郡。晋有孙登，即其裔也”，也就是说，自公元前535年始，孙乙家族就已经播撒到河南汲县、辉县一带。

其嫡次子孙襄，约生于公元前579年。《左传·襄公二十六年》（前547年）载，在宁喜、右宰谷血洗帝丘中的孙氏时不幸遇害。若按其理论生年计算，他应该已有32岁且儿女绕膝了。他的妻小们若能幸免于难，也会随孙嘉一起迁往河南汲县、辉县一带。即使是孙嘉不带他们，他们也完全可以在其妻娘家的帮助下另有别图。据杨师群在《中华姓氏谱·孙》中考证：“不久，孙林父次子（实为嫡长子）孙嘉”只是“带领部分孙氏家族迁徙到戚邑西南方向近百公里外的汲郡（今河南汲县、辉县一带）”。也就是说，（戚邑）孙氏家族的另一部分人或者如杨师群所说“有部分孙氏家族有可能向东面迁徙，来到几十公里外的阿邑（今山东阳谷县东北）和鄄邑（今山东鄄城县正北）之间定居下来，而战国时代的军事家孙膑便是在这里出生”。这与前面提到的孙阳家族的播撒又有着一定的内在联系。

（六）孙书，约生于公元前555年，孙蒯之子。晋国放弃对戚邑孙氏的保护后，已经脱离祖居地（戚邑）24 年的孙蒯家族，同样也会受到牵连，甚至会被卫王收回采邑。落难后的孙蒯家族可能会以其原有的积蓄，暂时避居于其邻国齐国某一地块。这时其子孙书已年届弱冠。受军事世家的熏陶，再加上青年人的外向型性格，孙书很可能会以平民的身份投身于军旅。

寄人篱下的生活，毕竟不是长久之计。三五年后，孙蒯完全可以借助孙林父在世时与吴国（贵族）的多次交往（《左传·襄公五年》，即公元前 568 年“故孟献子、孙文子会吴于善道”。《史记·卫康叔世家》：献公后元三年，即公元前 544 年，“吴延陵季子……过宿（孙蒯的驻地），孙林父为击磬，曰：‘不乐，音大悲，使卫乱乃此矣。’”），再迁到现在的“宿迁”。

孙林父为延陵季子击磬的事，也见诸《史记·吴太伯世家》。它说明孙林父家族与吴国王族有着非同一般的关系。该年孙蒯应该是 39 岁了，自然可以随其父亲一起会见延陵季子及其随从，从而与他们建立起一定的联系。

春秋时，“莒”的坐标是东经 118°87′，北纬 35°58′；纪鄣的坐标是东经119°32′，北纬 35°08′；据查，“宿迁”的坐标是东经 117°56′—119°10′，北纬 33°8′—34°25′。可见三地之间的距离并不是太远。这样，到公元前 523 年，孙书随高发伐莒，因“莒子奔纪鄣”而被高发“使孙书伐之”。孙书则因为熟悉当地的风土人情和地形地貌，便借助那位“嫠妇”的帮助，一举拿下纪障，就自然而然了。

《左传·昭公十九年》（前 523 年）齐师伐莒的史书记载、方志补缺以及家谱佐证，可以说既“汗牛充栋”，又“莫衷一是”，只能靠“可遇而不可求”的出土文物去一锤定音了。然而，孙林父因逐献公，立殇公而受封于“宿”，是《史记·卫康叔世家》记录在案的史实，“宿迁”又是至今依然存在，且尚无人说明其属名原因的真实，纪鄣的旖旎风光又是千载传咏、不可置疑的事实！如果像某些资料表述的那样，当孙书因伐莒有功而受封于当地为“郯公”后，这一濒海地区，自然就成为众人眼中的“安乐国”了。

关于《左传·昭公十九年》记载的“秋，齐高发帅师伐莒，莒子奔纪鄣，使孙书伐之”一语，是“姬姓孙”与“妫姓孙”，乃至高友谦反复拉锯争夺的阵地。原因是：

1. “使孙书伐之。”高友谦认为，这里的“使孙书伐之”，是高发让他的一位名叫“书”的孙子带兵出伐“纪鄣”。

2. “妫姓孙”之谓者认为，既然杜预将“子占”注释为“陈书”，这里的“使孙书伐之”，当然就是“陈书”了。偏偏在《左传·哀公十一年》（前484年）的记载中，确有“陈喜子谓其弟书‘尔死，我必得志”的记载。这让“妫姓孙”之谓者可以“言之有据”了。

3. “姬姓孙”之谓者认为，“使孙书伐之”就是让一位名叫“孙书”的人带兵出伐“纪鄣”。

三者之谓，似乎各有道理。然而，如果结合《史记》《左传》等史籍，我们就可以看到：

高友谦之谓者，即是其一家之言，并且遍查《史记》《左传》等史籍，除了该文的记述，再无高发及其后裔的记载。

“妫姓孙”之谓者的论调，既不符合齐景公时代齐莒之战的史实（《左传》所载的齐景公时的两次齐莒之战，其主帅既不是高发，又未获全胜），又不符合孙武乃孙书之孙的逻辑（作为孙子的孙武能在公元前506年的伐楚之战中五战五捷，破楚入郢，而作为爷爷的陈书，却在公元前484年的“艾陵之战”中做了吴鲁联军的俘虏）。

再说，该篇记述的孙书所用之“奸”计，若不是熟悉当地的风土人情（与那一“嫠妇”有一定的内在联系）和地形地貌，再加上其本身有一定的军事素养，也不可能有如此得心应手的巧合。

众所周知，春秋时的吴国自寿梦（前585—前561年在位）继位后，才日益强大。到公元前535年，其疆域或许已经扩充到“宿迁”一带。这样，孙蒯经吴国王族的同意，落籍于“宿迁”也是不无可能的事。

所以，关于《左传·昭公十九年》记载的“秋，齐高发帅师伐莒，莒子奔纪鄣，使孙书伐之”一语，只有遵照“孙书乃孙蒯之子，随孙蒯家族南迁至‘宿迁’后，因熟悉‘纪鄣’的地形地貌，并且又有可靠的‘内奸’协助，方能取得全胜”的解释去加以理解。

这样，自公元前535年—前523年，孙乙家族就已经播撒到当时的“纪鄣”，即怀仁县东北75里赣榆县柘汪镇东近海，以及“宿迁”一带。

作为孙书之子的孙武，也完全可以随其家族南迁，自然而然地随着历史的行政区划归于吴国，成为“吴孙子”了。他在爷爷孙蒯原书的基础上，充实、加工、整理出献于阖闾的《孙子兵法》（并不是后来流行于世的《孙子兵法》），自然也成为齐文化与吴文化的珠联璧合了。

（七）孙武，约生于公元前535年，孙书之子。字长卿，齐国人，被后人尊为“孙子”“孙武子”或“吴孙子”。春秋末期的著名军事家，被誉为“兵圣”。

孙武曾以《兵法》十三篇觐见于吴王阖闾，受任为将，先后带领吴军攻占过楚国的“巢”“六”等地。公元前506年，他率领吴军，与伍子胥一起，五战五捷，一举攻破楚国都城郢，创造了“有提三万之众，而天下莫当者，谁？曰武子也”的辉煌战绩。他所著的《孙子兵法》，是我国最早的兵法，被誉为“兵学圣典”，置于《武经七书》之首。当今，《孙子兵法》已被译为英文、法文、德文、日文、西班牙文等17种文字，成为世界上最著名的兵学典范之书，并被摆在多国政要的书柜上。

对于孙武的身世、世系及其兵法的研究，上自战国时的尉缭子，下至当前的《孙子兵法》研究会，已有两千多年的历史了。大家各执其词，自成一说。笔者根据自己的研讨，提出如下见解，向各位方家讨教。

按照人类父、子之差的代际系数（28±1）的推定：孙武应生于公元前527年。但是，其实际生年当在公元前535年，即卫国戚邑孙氏被剥夺采邑，居住于“宿”的孙蒯家族也同样惨遭厄运的当年。到他出生时，其家族可能已经避居于齐国，因此，孙武才有“齐国人”之说。

到公元前517年，他已18岁，正值成婚的年龄。可能因为入赘，或者是从媵，或者是先从媵而后入赘，更或者是由于行政区划而自然归依到吴国。如是因入赘而进入吴国，则由于人生地疏，语言有碍，开始难免有些苦闷无聊的感觉。于是，闲暇无事，便以其爷爷（孙蒯）的兵书（个人日记式的军事活动的感悟）为伴，以此作为咏读、书写的模本。而或到他成婚之后，又因新婚燕尔，疏于社交，因此才

有“善为兵法，辟隐深居，世人莫知其能”之说。(参见《吴越春秋》)

公元前512年，他当为23岁。经过5年的适应和努力，他已成为当地小有名气的“军事家”了。再经伍子胥的推举，遂献兵书于吴王阖闾，并即时拜为将军。

到公元前508年，他当为27岁，即与伍子胥一起，率领吴军打败了楚将囊瓦，俘获了楚国的公子繁。(参见《史记》)

到公元前506年，他当为29岁，即受命于阖闾，率领吴军，大肆伐楚，并五战皆捷，占领了楚国的都城郢。(参见《东周列国志》)

然而，当他看到吴军在郢地的暴行，看到吴王阖闾与其弟夫概为争权夺利而互相倾轧之后，在其“不轻仕进”本性的基础上，随萌生归隐之心。所以，当吴王阖闾论功行赏的时候，他却坚持不就，而请归山林。(关于孙武献兵书、拜将军、练宫女、破西楚的详情参见拙作《细说〈孙子兵法〉的成书与扬名》)

综上所述，截止到公元前506年的吴楚之战，卫国戚邑孙氏见诸《史记》《左传》等相关资料记载的裔孙，播撒至当时的卫、齐、吴、楚等地，相当于今天的大半个中国。尤其是当时的齐国，即现在的山东，先后有孙阳之裔孙、孙蒯之裔孙、孙书之裔孙落籍。所以，直至明清，今日之山东、河南，一直是中华孙氏密集的地方。

三

值得一提的是，从网上查得，有数十位专家、学者以及新河县官网，都对“现藏于中国历史博物馆内，长7. 9厘米、高2. 5厘米，虎作伏状，平头，翘尾。符左右皆具，锈胶固，不能剖分”的《西汉堂阳侯错银铜虎符》作了报道、考释。

据《史记·高祖功臣侯年表》载：堂阳哀侯孙赤，“以中涓从起沛，以郎入汉，以将军击（项）籍，为惠侯。坐守荥阳降楚，免。后复来，以郎击籍，为上党守，击（陈）豨，侯，八百户”。因此，高祖十一年（前196年）正月，封功臣孙赤为“堂阳哀侯”。

上述的考释，向我们展示了三条信息，即：

1. 出生于江苏沛县的孙赤因被封为“堂阳哀侯”（堂阳，相当于现在的河北新河县)，其家族必然会因此而落户于该地。笔者愚见，这是当今有籍可查的江南孙氏北迁的可靠证据，也是当今有籍可查的因“仕”而别居他乡的可靠证据。

2. 孙赤之子孙德嗣位后，于高后元年（前187年）被封为堂阳侯。后孝景中元六年（前144年），孙德因罪而国除（即夺爵）。此后“堂阳侯国”被改为“堂阳县”，隶属冀州钜鹿郡。

不过，这里说的是“国除”，而不是诛灭。也就是说，孙德家族，可能还会生活于当地，即冀州钜鹿郡地块，其子孙应该分布于当地。

东汉建武元年（25年），恢复信都郡县名。领信都、阜城、扶柳、南宫、经、武邑、观津、堂阳、武遂、下博、饶阳、安平、深泽十三个县。仍属于冀州。

永平十五年（72年），汉明帝封自己的六儿子刘党为乐成王，改信都郡为乐成国。

延光元年（122年），汉安帝封章帝之孙刘得为安平王，改乐成国为安平国，仍属于冀州。延光年间，冀州的下辖区域没有变化。

中平元年（184年），安帝将安平国改为安平郡，仍属冀州。安平郡治所仍在信都（今冀州市旧城）。

这里的“领信都、阜城、扶柳、南宫、经、武邑、观津、堂阳、武遂、下博、饶阳、安平、深泽十三个县”，其中既有堂阳，又有武邑、武遂，还有安平。那么：

1. 作为孙赤封地的“堂阳国”改作堂阳县后，生活在这里而没有被诛灭的孙赤后裔们，会不会向外扩散、迁徙？答案应该是肯定的。

2. 这里的“武邑、武遂”与《魏书·孙惠蔚传》中的“武邑武遂”是不是同一个地方？如果不是，谁能指出《魏书·孙惠蔚传》中的“武邑武遂”在什么地方？如果是，那就说明，孙惠蔚的族源应该归属于孙赤家族，而不是《新唐书·宰相世系表》记载的：“（孙）旃字之子，太原太守。二子：炎、历。炎字叔然，魏秘书监。生倰，字仲觚，太官令。生道恭，字雅逊，晋长秋卿。二子：颢、芳。颢字士若。芳，中书令。子烈，避赵王伦之难，徙居昌黎。生岳，前燕侍中，子孙称昌黎孙氏，历幽州刺史、右将军。生旂，字伯旗，平南将军，坐于孙秀合谋，夷三族。避地河朔，居武邑武遂。”

其实，单就上述的这段记载，其本身就已经自相矛盾了。因为：

1. 它前面说“芳，中书令。子烈，避赵王伦之难，徙居昌黎”，后面又说“生旂，字伯旗，平南将军，坐于孙秀合谋，夷三族。避地河朔，居武邑武遂”。

大家知道，赵王伦之难，本身就是赵王司马伦与孙秀合谋的一件事，而在这段记载中却被分解为数代人。

2. “生岳，前燕侍中，子孙称昌黎孙氏，历幽州刺史、右将军”一语，是说“孙岳历幽州刺史、右将军”呢，还是说“孙岳的子孙历幽州刺史、右将军”呢？如果是前者，这段记载就把赵王司马伦与孙秀合谋的一件事分解为数代人。如果是后者，这段记载就把同一件事分解为若干代人的经历了。

3. 这里的“安平国”与《隶释》卷十所载的“孙根碑”中提到的“安平相”有没有联系？如果没有，谁能指出孙根任职的“安平相”，其“国”在哪里？如果有，那就说明，孙根的族源即使不属于孙赤家族，也应该归属于先期进入齐地的孙阳家族或孙蒯家族，绝不是所谓的“厥先出自有殷，玄商之系，子汤之苗”。因为：

这里所说的“玄商之系，子汤之苗”即比干之后裔。查比干乃“商朝贵族商王太丁之子，幼年聪慧，勤奋好学，20岁就以太师高位辅佐帝乙，又受托孤之重辅佐帝辛（纣王）。比干从政40多年，主张减轻税役，发展农牧生产，提倡冶炼铸造，富国强兵”。后因到“摘星楼强谏（纣王）三日不去。纣问：‘何以自恃？’比干曰：‘恃善行仁义。’纣王怒曰：‘吾闻圣人心有七窍，信有诸乎？’遂杀比干剖视其心。比干终年64岁”。

周武王灭商后，得知比干遗腹子生于长林，乃赐于林姓，改名为坚，并封“比干垄”，尊为国神。其后，魏孝文帝为比干立庙；唐太宗下诏封谥“忠烈公”“太师”；宋仁宗为《林氏家谱》题诗；元仁宗为比干立碑塑像；清高宗祭文题诗；清宣宗修复了比干庙正殿。

比干庙位于中国河南省卫辉市城北七公里处，始建于北魏太和十八年（494年），因墓立庙。现在，该地已经成为天下游客和林姓儿女祭谒的圣地。因此，其他姓氏要想与林姓争夺“比干后裔”权，就有些滑天下之大稽了。

再说，即使比干真有些“庶长子”们因比干被杀而远走他乡，也不至于陡然间就会逃到距“商都朝歌”千里之遥的“高密地块”吧。自纣王“遂杀比干剖视其心”，到武王定周，仅是三五年间的事情。这些比干的“庶长子”们不至于狡如脱兔吧。

所以，《孙根碑》所记“厥先出自有殷，玄商之系，子汤之苗”之语（包括《孙仲隐墓志》的相关记载），的确是很值得商讨的。原因是两碑的出土地点，距汉高密县城的方向、里程均相一致，很可能是同一家族的墓地。这样，他们在认祖的见解上自然是统一的。

《孙根碑》记载的这一嬗变或因于“孙德因罪而国除”。从时差上说，这一嬗变经历了西、东两汉的三百余年。

3. 元康四年（前62年），“上令有司求高祖功臣子孙失侯者，得槐里公乘周广汉等百三十六人，皆赐黄金二十斤，复其家，令奉祭祀，世世勿绝”。

也就是说，汉宣帝为追褒高祖功臣子孙失侯者，命令“有司”寻求这些人，查得一百三十六人，“皆赐黄金二十斤，复其家，令奉祭祀，世世勿绝”。由是，孙赤之曾孙孙明，得以“诏复家”，并注籍于关中霸陵（今陕西西安市东北灞桥区）。这就说明，江苏沛县孙赤家族在西汉宣帝时，就已经播撒到陕西。

以上三点，既有《史记》《汉书》为凭，又有出土文物为据，更有各地的方志佐证，应该是不容置疑的。这样可以得出以下两点看法：

（一）从历史的角度看，人类的发展、繁衍和迁徙确实有一个此长彼消、螺旋上升的态势。这也正照映着“人挪活，树挪死”的那句古话。毛泽东说：“穷则思变，要干，要革命。”历史上“愚公移山”的例子等都能说明这一点。在现实生活中，那些通过“迁徙”而成就事业者更是不胜枚举。因此，对于我们孙氏家族来说，也就先后出现了戚邑、乐安、富春、富阳、东宛、清河、太原、洛阳、河东、青州等许多让孙氏难以释怀的郡望。从现在的人口普查得知，当今黑、吉、辽三省孙氏人口的发展速度，要远远高于关内各个省市。据此，笔者依据诸多史料记载，按照人类生息、繁衍、迁徙的自然规律，对卫国戚邑孙氏的历史播撒所做的上述蠡测，是否属实，请读者自断。

（二）据孙国有在《孙氏探源》一书中的考证，所谓“青州乐安”，实为西汉之后才出现的名词。并且，在其后的岁月中，“乐安”作为一个“休令”之名用于汉族多个姓氏的郡望和堂号，遍及全国的多个地方。所谓的郡望和堂号，又都是后人追记的，因时而变、随事而制的雅称，因此，如果呆板地按照某一郡望和堂号去探索族源，划分亲疏，必将会走进“寻根问祖”的死胡同。尤为重要的是，这也完全背离了司马迁作《史记》的初衷，也与国家三部委发文倡导收集、整理家谱的宗旨格格不入。

（本文作者为鄂豫皖孙氏文化研究会秘书长、信阳中学高级教师）

孙氏郡望考述

⊙李　乔

郡望，又称姓望或地望，是“郡”与“望”的合称。郡是中国古代行政区划，望是指望族世家，郡望连用，即表示在某一地域范围内的同姓家族，族人仕宦显赫，为当地名门望族，其姓就是当地的著姓，此地就是该姓的郡望。

郡望始于魏晋时期，由于门阀制度的盛行，各个州郡都形成了一批公认的高门大姓，当时称为“士族”“右姓”等。为标榜自己是某地的望族，他们特意在姓的前面标出自己家族所在的地域，显示贵族身份，显示与同姓其他人的区别，正如清钱大昕在《十驾斋养新录·郡望》中所说：“自魏晋以门第取士，单寒之家，屏弃不齿，而士大夫始以郡望自矜。”①

在门阀制度下，不仅士庶界限十分严格，而且不同姓氏也有高低贵贱之分，甚至在同一姓氏的士族集团中不同郡望的宗族也有贵贱、尊卑之分。隋唐时期实行开科取士，任官选吏不全论出身，世家大族失去了政治特权，但却产生了一大批新的宗室亲贵和功臣元勋，即新的士族集团。到宋代，郡的行政区划被取消，但由于长期形成的以姓氏、郡望标明出身门第贵贱和社会地位的影响，以郡望标注姓氏的习俗，仍然十分盛行。清代王士祯在《池北偶谈》中云：“唐人好称族望，如王则太原，郑则荥阳，李则陇西、赞皇，杜则京兆，梁则安定，张则河东、清河，崔则博

---

① ［清］钱大昕：《嘉定钱大昕全集·十驾斋养新录附余录》，江苏古籍出版社，1997 年，第 313 页。

陵之类，虽传志之文亦然，迄今考之，竟不知为何郡县人。”①

孙氏是中华民族大家庭中一个历史悠久、人口众多、名人辈出的姓氏，魏晋隋唐时期在全国形成多个郡望。敦煌地区出土的《〈唐贞观八年条举氏族事件〉残卷》《姓氏录》和《新集天下姓望氏族谱》三件文书，记载有唐代不同时期的孙氏郡望。据《〈唐贞观八年条举氏族事件〉残卷》记载，唐太宗贞观年间，孙氏有乐安郡、高平郡两个郡望，其中孙氏在乐安郡的七个姓氏望族中居于首位，“乐安郡七姓（青州）：孙、任、高、元、薛、门、蒋”；高平郡五个姓氏望族有孙氏，“高平郡五姓（兖州）：郄（郗）、檀、徐、曹、孙”②。敦煌遗书 B. 8418 号《姓氏录》也记载孙氏有乐安郡、高平郡两个郡望，“乐安郡七姓。青州：孙、任、商、元、薛、门、蒋”“高平郡五姓。兖州：郄（郗）、檀、徐、曹、孙”③。敦煌遗书 S. 2052 号《新集天下姓望氏族谱》记载，孙氏在乐安郡 12 个望族中居于首位，“青州乐安郡，出十二姓：孙、任、陶、国、长孙、薛、蒋、种、公孙、供、阎、房、贺、曹”④；在太原郡 27 个姓氏望族中有孙氏，“并州太原郡，出二十七姓：弘、王、郭、郝、温、尉迟、祁、令狐、武、阎、宫、郧、孙、伏、昝、霍、问、弓、师、义、柖、西、廖、易、龙、韶、光”⑤。

唐代姓氏学专著《元和姓纂》记载，晚唐元和年间，孙氏有太原中都、乐安、东莞、吴郡富春、富阳、清河、河东、华原、洛阳等 9 个郡望。⑥ 宋代地理书《太平寰宇记》所载孙氏有乐安郡和高平郡两个郡望，其中孙氏居乐安郡 9 个望族之首，“乐安郡九姓：孙、任、高、薛、阎、仲、蒋、房、亢”⑦；高平郡五个姓氏望族有孙氏，“□□（高平）郡五姓：胡、周、羊、曹、孙”⑧。宋代韵书《广韵》记

① ［清］王士祯著，文益人校点：《池北偶谈》，齐鲁书社，2007 年，第 442 页。

② 王仲荦：《〈唐贞观八年条举氏族事件〉残卷考释》，《文史》第九辑，1980 年，第 101 页。

③ 郑炳林校注：《敦煌地理文书汇辑校注》，甘肃教育出版社，1989 年，第 345 页。“商”，《〈唐贞观八年条举氏族事件〉残卷》《太平寰宇记》均作“高”。

④ 郑炳林校注：《敦煌地理文书汇辑校注》，甘肃教育出版社，1989 年，第 327 页。

⑤ 郑炳林校注：《敦煌地理文书汇辑校注》，甘肃教育出版社，1989 年，第 324 页。

⑥ ［唐］林宝撰：《元和姓纂附四校记》，中华书局，1994 年，第 460—469 页。

⑦ ［宋］乐史撰：《太平寰宇记》卷十八，《河南道·青州》，中华书局，2007 年，第 351 页。

⑧ ［宋］乐史撰：《太平寰宇记》卷二十一，《河南道·兖州》，中华书局，2007 年，第 433 页。

载，孙氏有太原、东莞、吴郡、乐安4个郡望："孙，姓，周文王子康叔封于卫，至武公子惠孙曾耳为卫上卿，因氏焉。后有孙武、孙膑，俱善兵法，各撰书。凡太原、东莞、吴郡、乐安四望。"① 元代时期姓氏书《氏族大全》认为孙氏郡望为乐安郡："孙，商音，乐安。周文王第八子封于卫，至武公子惠孙为卫上卿，因氏焉。"② 明代陈士元的《姓觿》、凌迪知的《万姓统谱》、廖用贤的《尚友录》等姓氏史籍记载孙氏郡望有乐安、太原。《姓觿》引《千家姓》云，孙氏，太原族；又引《元和姓纂》云，孙氏，乐平（安）族。③《万姓统谱》云："孙，乐安。宫音。周文王第八子康叔封于卫，至武公生惠孙，惠孙生耳，为卫上卿，以字为氏。又望出太原。"④《尚友录》记载与《万姓统谱》同。

综合上述文献，孙氏共有乐安、吴郡富春（富阳）、太原中都（或太原）、清河、东莞、河东、华原、洛阳、高平等9个郡望。

一、乐安郡

按照一般的说法，乐安郡成为孙氏重要郡望，与孙书封于此地有关。《新唐书·宰相世系表》载："齐田完，字敬仲，四世孙桓子无宇，无宇二子：恒、书。书字子占，齐大夫，伐莒有功，景公赐姓孙氏，食采于乐安。"⑤ 《古今姓氏书辩证》曰："齐田完，字敬仲，四世孙无宇，二子：常、书。书字子占，齐大夫，伐莒有功，景公赐姓孙氏，食采于乐安。"⑥《孙说墓志铭》云："孙氏得姓，始自虞帝，分枝绪族，派于陈齐。齐大夫书以伐乐安有功，封乐安氏。"⑦ 魏晋隋唐时期，孙书后裔留在乐安当地发展，并繁衍成为当地望族，就是乐安孙氏。《孙简墓志铭》曰："公讳简，字枢中，其先有妫之后，齐太公田和其裔也。和孙书为齐大夫，以

① ［宋］陈彭年等撰：《广韵》卷一，文渊阁《四库全书》本。

② ［元］佚人撰：《氏族大全》卷五，《二十二元·孙》，文渊阁《四库全书》本。

③ ［明］陈士元撰：《姓觿》卷二，《十三元·孙》，明万历自刻《归云别集》本。

④ ［明］凌迪知撰：《万姓统谱》卷二十一，《十三元·孙》，文渊阁《四库全书》本。

⑤ ［宋］欧阳修、宋祁等撰：《新唐书》卷七十三下，《宰相世系三下·孙氏》，中华书局，1975年，第2945页。

⑥ ［宋］邓名世撰，王力平点校：《古今姓氏书辩证》，江西人民出版社，2006年，第110页。

⑦ 周绍良主编：《唐代墓志汇编》，上海古籍出版社，1992年，第2548页。

伐乐安之功，遂封于乐安，因赐姓孙氏，吴将军武，书之孙也。子孙在吴者称富春氏，吴主其后也。其不迁者为乐安氏。”① 《孙筥墓志铭》亦曰：“府君讳筥，字秘典，其先即吴大夫孙武、孙书是也。尔后分为数派，居吴者为富春氏，居宋者为乐安氏。”②

实际上，乐安作为地名使用最早是在东汉开始的。东汉和帝永元七年（95年），改千乘国置乐安国，不久改称乐安郡，治所在临济（今山东高青县高苑镇西北），辖千乘、博昌、蓼城、临济、乐安、高宛、利、益、寿光9县，其地大致相当于今山东高青、博兴、广饶、寿光一带。三国时移治高苑（今山东博兴西南）。西晋时复改为国，南朝宋又改为郡，并移治千乘县（今山东广饶北）。隋置棣州。唐天宝、至德时再改棣州为乐安郡。可见，说孙书食采于乐安还是存在不少疑问的，但乐安作为孙氏最有影响的郡望地是没有任何异议的。

魏晋南北朝以至隋唐，乐安孙氏长盛不衰，名人辈出，世代出仕为官者众多。三国时魏国著名经学家、训诂学家孙炎，是著名训诂学家郑玄的弟子，被当时人称为“东州大儒”，著有《周易春秋例》《尔雅音义》等。北魏时孙惠蔚家族，累代以儒学传家，孙惠蔚历官三朝，累官济州刺史加光禄大夫。《元和姓纂》记载了乐安孙氏家族世系：“乐安孙武之后，汉有宾、硕，魏有清河太守孙焕，晋有孙颢，避地于魏，故属乐安，因家焉。五代孙惠蔚，魏光禄大夫。五代孙希庄，唐韩王典签，始居上党涉县。生嘉之，襄邑令，宋州司马致仕。生逖、遹、遘、造。逖，中书舍人、刑部侍郎，生宿、绛、成、视。宿，中书舍人、华州刺史，生公器，邕州经略使；绛，检校郎中、成桂府观察兼中丞；视生替否。遹，生会，常州刺史。遘，右补阙、河内司马，生公辅，诚大理评事。”③ 唐代墓志对乐安孙氏世系多有记载，如《孙成墓志铭》载：“晋有长秋卿道恭生颢，避地于魏之武水。武水故属乐安，后世居焉。颢五代孙惠蔚仕魏为光禄大夫，以儒学风鉴称，君即光禄玄孙之玄孙也。五代祖孝敏，隋大业中并州晋阳令，故聊摄之人称所居为晋阳里。高祖仲

① 周绍良主编：《唐代墓志汇编续集》，上海古籍出版社，2001年，第1110页。
② 周绍良主编：《唐代墓志汇编》，上海古籍出版社，1992年，第2378页。
③ ［唐］林宝撰：《元和姓纂附四校记》，中华书局，1994年，第461—466页。

将，皇朝郓州寿张丞；曾祖讳希庄，皇朝韩王府典签；祖讳嘉之，皇朝朝散大夫、宋州司马，赠秘书监，迈迹全德，懿文积学，万石之训，德行为门，长岑之才，铭銤行代。烈考刑部侍郎，赠右仆射，文公讳逖，才应贤期，望归人杰，文工天下，名赫宇内，道图于王佐，位蹶于亚卿。"① 《唐孙景商墓志》亦载："及晋，有长秋卿曰颢，颢五代孙惠蔚，后魏光禄大夫。兆名蔚，以儒学文帝恒召讲论，增名之惠。六代祖讳孝敏，隋为晋阳令、兵部尚书，以忠正翼时，唐追封晋阳公。曾王父讳嘉之，天册中，升进士拔萃二科，有大名于天下，而官止宋州司马。王父讳遘，年未弱冠，两登制策殊等，至左补阙。父讳起，有才不展，终滑州白马县令。故称孙氏为学家。"②

随着乐安孙氏的外迁，孙氏族人已经播迁到了浙江、山西、河北、河南、辽宁等地，但他们仍称自己是乐安孙氏，乐安因此成为孙氏最为重要的郡望，乐安堂也成为孙氏最为重要的堂号。

二、富春（富阳）

富春孙氏的鼻祖是孙武之子孙明。孙明因孙武之功得封富春为食邑，并在此定居下来，此后逐渐繁衍成为望族。《元和姓纂》载："吴郡富春，吴孙武子世居富春。坚、策、权。权为吴帝，生亮、休，休子皓。唐尚书左丞孙彦高，广陵，云权后。"③ 《新唐书·宰相世系表》将富春孙氏的开基始祖确定为孙武次子孙明："（孙）凭生武，字长卿，以田、鲍四族谋为乱，奔吴，为将军。三子：驰、明、敌。明食采于富春，自是世为富春人。"④ 《通志·氏族略》⑤ 《古今姓氏书辩证》⑥有与《新唐书》相同的记载。由此可见，富春孙氏与乐安孙氏是一脉相承的。在一些唐代孙氏族人墓志以及孙氏谱序中更直接说明了两者之间的关系。《孙筥墓志

① 周绍良主编：《唐代墓志汇编》，上海古籍出版社，1992年，第1855页。

② 周绍良主编：《唐代墓志汇编》，上海古籍出版社，1992年，第2344页。

③ ［唐］林宝撰：《元和姓纂附四校记》，中华书局，1994年，第466页。

④ ［宋］欧阳修、宋祁等撰：《新唐书》卷七十三下，《宰相世系三下·孙氏》，中华书局，1975年，第2945页。

⑤ ［宋］郑樵撰，王树民点校：《通志二十略》，中华书局，1995年，第110页。

⑥ ［宋］邓名世撰，王力平点校：《古今姓氏书辩证》，江西人民出版社，2006年，第110页。

铭》载："府君讳筥，字秘典，其先即吴大夫孙武、孙书是也。尔后分为数派，居吴者为富春氏，居宋者为乐安氏。"① 《孙简墓志铭》亦曰："公讳简，字枢中，其先有妫之后。齐太公田和其裔也。和孙书为齐大夫，以伐乐安之功，遂封于乐安，因赐姓孙氏，吴将军武书之孙也。子孙在吴者称富春氏，吴主其后也。其不迁者为乐安氏。"② 后唐孙勖所作《富春孙氏谱序》云："（孙书）生凭，亦为齐卿。凭生武，……（武）生二子：曰驰，曰明，曰敌。明，后食采富春，子孙因家焉。至今孙氏称乐安者，凭之后；称富春者，皆明之后也。"③

《元和姓纂》在富春孙氏之外，另立有富阳孙氏："富阳，孙武之后，世居富阳。裔孙远，宋宁远将军。元孙玚，陈祠部尚书、定襄侯。弟昕曾孙瑛，唐云州刺史、义兴公。又齐有孙瑀明，临川王常侍；曾孙，唐淅州刺史也。"④ 实际上，富春、富阳不过是同一地区不同时期的两个称呼，富春、富阳孙氏就是同一望族的不同称呼。富春县，秦置县，治所在今浙江富阳，属会稽郡。东汉时属吴郡，秦汉时期辖境包括今桐庐、富阳、建德等地。东晋咸安二年（372 年），因避郑太后名讳，改为富阳。在唐代孙氏族人墓志中，既有称吴郡富春人者，也有称吴郡富阳人者。如，《唐故虢州阌乡县丞孙君（恭）墓志》载："君讳恭，字怀信，吴郡富春人也。昔都吴建国，疏源崇鼎峙之基；周晋播迁，茅土享封侯之祚。"⑤ 《隋故处士孙公（信）墓志铭》曰："君讳信，字公亮，吴郡富春人也。"⑥ 《大唐故朝散大夫尹君（达）墓志铭》云："夫人孙氏，吴郡富春人也。"⑦ 而《大唐上柱国孙君（通）墓志》则称："君讳通，字德宝，吴郡富阳人也。"⑧ 《大周故处士达节先生孙府君（澄）墓志铭》亦曰："先生讳澄，字符规，吴郡富阳人也。"⑨

富春（富阳）孙氏经历秦、两汉的发展，到三国东吴时期，孙权建立东吴政

---

① 周绍良主编：《唐代墓志汇编》，上海古籍出版社，1992 年，第 2378 页。
② 周绍良主编：《唐代墓志汇编续集》，上海古籍出版社，2001 年，第 1110 页。
③ 赵金炎编注：《孙武故里史料集成》，齐鲁书社，2001 年，第 27—28 页。
④ ［唐］林宝撰：《元和姓纂附四校记》，中华书局，1994 年，第 467 页。
⑤ 周绍良主编：《唐代墓志汇编》，上海古籍出版社，1992 年，第 476 页。
⑥ 周绍良主编：《唐代墓志汇编续集》，上海古籍出版社，2001 年，第 204 页。
⑦ 周绍良主编：《唐代墓志汇编》，上海古籍出版社，1992 年，第 549 页。
⑧ 周绍良主编：《唐代墓志汇编》，上海古籍出版社，1992 年，第 717 页。
⑨ 周绍良主编：《唐代墓志汇编》，上海古籍出版社，1992 年，第 794 页。

权，富春孙氏达到了巅峰。随着东吴孙氏政权统治空间的扩展，富春孙氏族人几乎遍及浙江、江苏、安徽、江西、湖北等省，并进一步向北方延伸。富春（富阳）也因此成为孙氏郡望，富春（富阳）堂也逐渐成为孙氏的重要堂号。因富春（富阳）属于吴郡，也说吴郡为孙氏郡望。

三、太原中都

太原中都孙氏的开基始祖为东汉人孙福。他官居太原太守，为避东汉末年的赤眉起义军，移居中都，并在此地逐渐发展成为望族。《元和姓纂》曰："太原中都，汉西河太守会宗十一代孙资，生南阳太守宏。宏生晋冯翊太守楚，生纂；生绰、统。从父弟盛，晋尚书右侍。会宗裔子福，为太原太守，遇赤眉难，遂家焉。"①中都县，西汉置，治所在今山西平遥西南。北魏移治今榆次县东。北齐移治今榆次县。

在太原中都孙氏的族姓问题上，《元和姓纂》没有明确说明，而《新唐书·宰相世系表》《古今姓氏书辩证》认为太原中都孙氏为妫姓孙氏，为孙武之后，其开基始祖孙福为孙武十一世孙、安定太守孙询之子，与乐安孙氏、富春孙氏同源。《新唐书·宰相世系表》曰："又有出自妫姓。齐田完，字敬仲，四世孙桓子无宇，无宇二子：恒、书。书字子占，齐大夫，伐莒有功，景公赐姓孙氏，食采于乐安。生凭，字起宗，齐卿。凭生武，字长卿，以田、鲍四族谋为乱，奔吴，为将军。三子：驰、明、敌。明食采于富春，自是世为富春人。明生髌，髌生胜，字国辅，秦将。胜生盖，字光道，汉中守。生知，字万方，封武信君。知生念，字甚然，二子：丰、益。益字玄器，生卿，字伯高，汉侍中。生凭，字景纯，将军。二子：届、询。询字会宗，安定太守。二子：鸾、骐。鸾生爰居，爰居生福，为太原太守，遇赤眉之难，遂居太原中都。"②《古今姓氏书辩证》有与《新唐书·宰相世系表》大致相同的记载。③杨师群认为"将太原孙氏作为孙武后代的世系肯定是不可

---

① ［唐］林宝撰：《元和姓纂附四校记》，中华书局，1994年，第461页。

② ［宋］欧阳修、宋祁等撰：《新唐书》卷七十三下，《宰相世系三下·孙氏》，中华书局，1975年，第2945—2946页。

③ ［宋］邓名世撰，王力平点校：《古今姓氏书辩证》，江西人民出版社，2006年，第110页。

信的”，他曾引墓志和族谱文献做过辩证。[①]

魏晋北朝时期，太原中都孙氏族人人丁兴旺，代有族人出仕为官。曹魏时期，孙资掌机要30年，位至光禄大夫。孙资之子孙宏官南阳太守。孙宏之子孙楚，才藻卓绝，爽迈不群，累官至西晋冯翊太守。孙楚次子孙恂，官颍川太守，其子孙盛博学，善于清谈，官至给事中、秘书监；孙楚的小儿子孙纂之子孙统，官余姚令，统弟绰以文才著称，是玄言诗的代表作家，亦能赋，作有《遂初赋》及《游天台山赋》，累官至廷尉卿。孙盛长子孙潜，官豫章太守；次子孙放，官长沙相。孙统子孙腾，亦以博学著称，官至廷尉。孙登喜好名理之学，官尚书郎。由于中都县隶属太原郡，因此也说太原郡为孙氏郡望。

四、清河

清河孙氏始祖为孙武十三世孙孙通。《新唐书·宰相世系表》曰：“询次子骐，字士龙，安邑令。二子：通、复。通子孙世居清河。”[②]《古今姓氏书辩证》的记载与《新唐书》同。[③] 不过，清河孙氏的崛起与北魏清河太守孙灵怀这一关键人物有关，名气最大的人物是唐朝宰相孙处约。《元和姓纂》载：“清河，孙武之后，魏清河太守灵怀，曾孙处约，唐中书侍郎，生侹、俊、儆、佺。侹，延州刺史、富春男；俊，荆府长史、乐安子；儆，济州刺史；佺，幽州都督、会稽公。又户部侍郎孙伏伽，清河人；孙履中，恒州刺史，生匪骄。”[④]《新唐书·宰相世系表》云：“后魏有清河太守灵怀。武德中，子孙因官徙汝州郏城。灵怀曾孙茂道。茂道，初名处约，字历道，相高宗，五子：侹、侑、俊、儆、佺。”[⑤]

在清河孙氏的族属问题上也很混乱，《唐故司成孙公（处约）墓志铭》曰：

---

① 杨师群著：《中华姓氏谱·孙姓卷》，华艺出版社，2000年，第99—100页。

② ［宋］欧阳修、宋祁等撰：《新唐书》卷七十三下，《宰相世系三下·孙氏》，中华书局，1975年，第2946页。

③ ［宋］邓名世撰，王力平点校：《古今姓氏书辩证》，江西人民出版社，2006年，第110页。

④ ［唐］林宝撰：《元和姓纂附四校记》，中华书局，1994年，第467页。

⑤ ［宋］欧阳修、宋祁等撰：《新唐书》卷七十三下，《宰相世系三下·孙氏》，中华书局，1975年，第2946页。

“公讳处约，字茂道，本千乘乐安人也。自支分岐岳，绪派淇川。康叔以□弟匡周，孙惠以宗卿辅卫。姓因王父，既著于左言；庆籍公门，实彰于右记。岩岩崇构，拟日观以齐峰；淼淼长源，方天池而等浚矣。曾祖灵怀，后魏直阁将军，平原内史，安康、清河二郡太守，子孙遂居清河之鄃县。”① 在这篇墓志中，既说孙氏为康叔之后，又说孙处约本为乐安人，一个人不可能既出于姬姓，又属于妫姓，明显不能让人信服。杨师群也认为《新唐书·宰相世系表》将清河孙氏追溯至孙武之后的孙询，实在是有些牵强。②

孙处约墓志所说的鄃县自西汉开始置县，当时的治所在今山东平原西南，属清河郡。东汉属清河国，三国魏时属清河郡，西晋又属清河国。北齐时废。魏晋以至隋唐，清河孙氏名人辈出，最有影响者当属唐朝宰相孙处约家族。从孙处约的墓志可知，其祖父孙士磔曾任北齐河间王开府行参军、武邑太守，以及隋陈州司马等职；父亲孙子起，先后在隋唐两朝任职，官至轻车都尉。处约五子中除孙侑无官爵外，其他皆出仕为官。

五、东莞

东莞孙氏为孙膑之后。《元和姓纂》：“东莞，孙膑之后。汉有孙扬，魏有孙耽，晋有孙牧，宋有孙奉伯，梁有孙谦。”③ 东莞郡最初设置于东汉建安年间，治所在今山东沂水县东北，西晋元康年间移至莒县（今属山东）。辖境相当于今山东诸城、临朐、沂水、蒙阴、沂源等地。北齐时，郡废。魏晋南北朝时，东莞孙氏名人辈出，盛极一时。其中声望最高的当属仕官三朝，清正廉洁的孙谦。宋明帝时，孙谦为巴东、建平二郡太守，谦至以恩惠感化，使蛮夷边境得以安定。齐时，为钱塘令，在任从不接受官员百姓的礼物，离任时，百姓赠送的礼物，他都坚辞不受。入梁，升任零陵太守。史称“谦为郡县，常勤劝课农桑，务尽地利，收入常多于邻境”。

---

① 周绍良主编：《唐代墓志汇编》，上海古籍出版社，1992 年，第 557 页。
② 杨师群著：《中华姓氏谱·孙姓卷》，华艺出版社，2000 年，第 109 页。
③ ［唐］林宝撰：《元和姓纂附四校记》，中华书局，1994 年，第 466 页。

六、河东

河东郡成为孙氏郡望与唐时宰相孙元亨和户部员外郎孙尚客有关。《元和姓纂》："河东，夏官侍郎、平章事孙元亨，虞乡人。户部员外郎孙尚客，桑泉人。"①唐武则天当政时期，孙元亨以检校夏官侍郎同凤阁鸾台平章事，官居宰相。后因綦连耀谋反一案被诬，获罪被杀。户部员外郎孙尚客家族也很兴旺，曾祖孙达为北周兖州金乡县令，祖父孙威为隋汉王杨谅侍读，父亲孙度为唐河州司马。

孙元亨的家乡虞乡县和孙尚客的家乡桑泉县，隋唐时期均属河东郡。虞乡县是北周保定元年（561 年）由绥化县改名而来，治所在今山西永济东北，属河东郡。隋大业九年（613 年），移治今运城西南解州。唐武德元年（618 年）别置虞乡县，属蒲州。桑泉县是隋开皇十六年（596 年）时设置的，属河东郡，治所在今山西临猗县临晋镇。唐天宝十二载（753 年）改为临晋县。

七、华原

华原成为孙氏郡望与唐代医药学家孙思邈有关。《元和姓纂》载："华原，唐处士孙思邈；生行，中书舍人；子济，左司郎中、润州刺史。"② 孙思邈，精于天文、医学、诗赋。曾多次拒绝隋、唐皇帝授官，潜心医学，医德高尚，对贫富贵贱，一律看待。他总结临床经验和医学理论，著有《千金方》与《千金翼方》，集唐以前药方、针灸、营养等方面内容于大成，首倡将脏病、腹病、妇科、儿科分类，被后世尊为"药王"。其子孙行，曾任中书舍人；其孙孙济，历任左司郎中、润州刺史等职。华原县是隋开皇六年（586 年）由泥阳县改名而来，治所在今陕西铜川市耀州区。唐垂拱二年（686 年）改名永安县，神龙二年（706 年）再次改回华原县，直到元至元初年被废。

---

① ［唐］林宝撰：《元和姓纂附四校记》，中华书局，1994 年，第 468 页。

② ［唐］林宝撰：《元和姓纂附四校记》，中华书局，1994 年，第 469 页。

八、洛阳

洛阳孙氏的代表人物是唐御史中丞孙景。《元和姓纂》："洛阳，御史中丞孙景，状云武之后。"① 孙景生平事迹不详。《册府元龟》有监察御史孙景丞，不知两人是否为同一人。实际上，唐代洛阳孙氏比较兴旺的家族有很多，《大唐故骠骑将军孙君（孙迁）墓志》曰："君讳迁，河南洛阳人也。暨青盖入洛，裔胤于是家焉。"孙迁的曾祖孙甑，为北周熊州刺史，祖父孙训为北齐襄州刺史，父亲孙建为隋定州长史，孙迁官至骠骑将军。②《大唐故孙夫人墓志》载："夫人洛州洛阳县人□。若夫导灵源于姬水，分□因于洛邑。"其祖父孙龙，为齐国子监丞；父亲孙叉，官洛州州都。③《大唐上柱国孙君（通）墓志》："君讳通，字德宝，吴郡富阳人也，因徙居洛阳，故今为县人焉。"其祖父孙玄，为元州录事，父亲孙善，为莱州司户，孙通官至上柱国。④

九、高平

虽然敦煌出土文献和《太平寰宇记》记载有孙氏的高平郡望，但上述文献对于该支望族的情况却没有记载，其他文献也无记载，今人已无法了解该支孙氏的情况，着实有些遗憾。高平郡初名高平国，西晋泰始元年（265 年）改山阳郡始置，治所在今山东巨野南，属兖州，辖境相当于今山东巨野、嘉祥、金乡、鱼台、邹城、兖州等市、县地。十六国后赵改为郡。南朝宋移治今山东邹城西南。北齐天保七年（556 年），移治今山东济宁市。隋开皇三年（583 年）废。

上述 9 个郡望是孙氏族人发展繁衍过程中家族兴旺的证明，也是孙氏族人引以为豪的荣耀。孙氏族人在编修家谱时，还会将郡望冠于谱名之上，并将郡望堂号刻于族谱之上。在上海图书馆所藏 228 部孙氏族谱中，谱名中冠有"乐安"的有 7 部，堂号为乐安堂的有 20 个；谱名中冠有"富春"的有 6 部，堂号为富春堂的有

① ［唐］林宝撰：《元和姓纂附四校记》，中华书局，1994 年，第 469 页。
② 周绍良主编：《唐代墓志汇编》，上海古籍出版社，1992 年，第 149 页。
③ 周绍良主编：《唐代墓志汇编》，上海古籍出版社，1992 年，第 169 页。
④ 周绍良主编：《唐代墓志汇编》，上海古籍出版社，1992 年，第 717 页。

11个，足见郡望的影响之深。时至今日，传统宗法社会基础已经不复存在，但作为姓氏发祥地徽记的郡望，在敦宗睦族，弘扬孝道，启迪后人，催人向上，维护家庭、宗族和整个社会的稳定，以及方便海外寻根问祖等方面仍具有一定的影响，尤其在海外华人群体中影响更甚，加强对包括孙氏在内的姓氏郡望研究仍然具有十分重要的意义。

（本文作者为河南省社会科学院河洛文化研究中心副主任、研究员）

论濮阳市戚城故城为中华孙氏等姓氏的寻根圣地

⊙张新斌

濮阳市戚城遗址为全国重点文物保护单位，现在已正式开辟为园林式景区，堪称河南省大遗址保护的典范。濮阳戚城故城具有重要的历史内涵，是春秋时期卫国孙氏家族的重要封邑，我在《戚城与卫国孙氏研究》（载《中原文物》2002年5期）已有专门研究。值得注意的是，戚城故城为中华孙氏、戚氏与文氏的发祥地。认真研究戚城故城的寻根文物价值，对于丰富河南的寻根文物资源，对于发挥文物的社会效益，对于河南省及濮阳市经济文化的发展，均具有重要的价值和意义。

一、戚姓根在戚城

戚姓根在戚城为姓氏典籍所公认。如《元和姓纂》卷十载："卫大夫食采于戚，因氏焉。先贤戚子著书。汉高祖戚夫人，生赵王如意。《功臣表》临坚侯戚鳃，传封八代。"《世本·氏姓篇》："戚氏，卫大夫孙文子，食采于戚，因氏焉。"《路史·后纪》：戚氏"因采者也，武公孙耳采于戚，后为孙氏，一作戚"。又见该书《国名纪》："戚，傶也，卫附庸。世家以为宿，河流北过之城，而戚在河外，故阳虎从晋伐戚，曰右河而南必至焉，今在卫县之南。"《通志·氏族略》：戚氏"卫大夫食采于戚，因氏焉。其地在卫州顿丘。望出齐郡，宋建隆登科有戚维"。《古今姓氏书辩证》：戚氏"出自卫大夫孙林父食采于戚，其支庶以为氏"。《汉书·功臣表》："临辕坚侯戚鳃，生夷侯触龙，触龙生共侯中，中生贤。"《姓觿》：戚氏"《姓考》云：卫大夫采邑，因氏。《路史》卫公族之后。《千家姓》云：东海族。

《南史》有戚衮、戚平。《宋史》有戚同文、戚方、戚维、戚纶、戚继。”《姓氏寻源》：“《姓谱》云：出自卫大夫孙林父，食采于戚，其支庶以为氏，其地在卫州顿丘。澍按：汉戚伯著碑云，胄周别封，是为亻戍邑，而为氏焉。亻戍即戚字。《左传》注，相之临阿东戚城。《世家》以为宿，如宿于宿，左皆作戚。是戚与宿字通也。”从历代姓氏典籍所言，戚姓的姓源只有一个，即孙氏的戚邑。因此，濮阳戚城为戚姓起源地，是没有任何争议的。

二、孙姓主根在戚城

戚城是孙姓的主要起源地。《世本·氏姓篇》：“孙氏，出于卫武公，至林父八世。”《元和姓纂》《新唐书·宰相世系表》均载，在孙姓的数个源头中，有一支出于姬姓，即卫武公之子惠孙，后裔以其字为姓。《通志·氏族略》：“卫武公之后也。武公和生公子惠孙，惠孙生耳，为卫上卿，食邑于戚，生武仲，亦曰孙仲，以王父字为氏。”《路史》《姓氏寻源》等，均持其说。《古今姓氏书辩证》更认为，“姬姓孙氏”世居汲郡（治今河南卫辉），晋代隐士孙登即其后裔。因此，姬姓孙氏根在河南濮阳的戚城，也是没有问题的。

孙姓的源头，还有二支：一是“芈姓孙氏”，即《新唐书·宰相世系表》所云楚蚡冒生王子蒍章，字无钩，生蒍叔伯吕臣，孙蒍贾伯嬴生蒍艾猎，即令尹叔敖，亦为孙氏。”叔敖的封邑是期思（今河南淮滨），其为芈姓孙氏，名实叔敖，字孙叔，其后裔以其字为姓。二是“妫姓孙氏”，即《新唐书·宰相世系表》所言：“齐田完，字敬仲，四世孙桓子无宇，无宇二子桓、书。书字子占，齐大夫，伐莒有功，景公赐姓孙氏，食采于乐安。”关于“妫姓孙氏”学术界一般认为：“妫姓孙氏自田书被齐景公赐姓孙氏后，徙居乐安，两代单传至孙武。”

关于孙武与孙膑，谱书认为：田书单传二代至孙武，孙武生驰、明、敌三子，其中孙明生服、膑，也就是说孙膑为孙武之孙。但据最新的民间调查，在山东甄城县红船镇孙老家村，发现有清光绪年间修撰的《孙氏家谱》，后又发现万历年间的《孙膑传影》以及顺治年间的《孙氏族谱》。其后又在郓城县发现有《孙氏族谱》，有康熙本和1951年新本，尤其是1951年本为甄、郓十数个孙氏村庄的合谱，并认为孙膑故里在郓城的孙林、孙楼一带。《史记·孙子吴起列传》认为孙子故里在阿、甄之间，而这两个地点，基本上属于这个范围。据《左传》和《史记》的有关史料研究，战国初期，这里属卫。孙子时代，这里也归属过齐、赵。因此，该地区与“东戚”相距不足百里，很有可能为孙文子后裔在孙氏失权后隐居的地点。如果是这样的话，“妫姓孙氏”中的重要支系孙子后裔的祖根也在濮阳戚城，我们认为孙姓祖根主要在濮阳戚城，也是没有问题的。

三、文姓的一支根在戚城

关于文姓之源，《风俗通义》“佚文”篇：“文氏，周文王支孙，以谥为氏。越大夫文种。”《元和姓纂》卷三云：“文，《风俗通》云，周文王支孙以谥为姓。”但《世本·氏姓篇》（秦嘉谟辑补本）云：“文氏，卫灵公生昭子郢，郢生文子木，文子生简子瑕，瑕生卫将军文氏。”《姓氏寻源》卷十一：“文氏，《风俗通》云：‘文氏出文王支庶，以谥为氏。’《路史》云：‘太岳后有文氏。’澍按：文氏当为卫将军文子之后，南蛮有文氏，文僧明是也。”也就是说，文姓有周文王之后，许文叔之后，还有卫将军文子之后，“孙文子的后代有的以祖字为氏，也姓文，此即清人张澍《姓氏寻源》所云‘出卫将军文子之后’者”。因此，濮阳戚城也应为文姓起源地之一。

四、关于开发戚城寻根文物资源的建议

据著名遗传与姓氏研究专家袁义达先生研究，孙姓是中国第12大姓，占当代总人口的1.5%，总人口数在1800余万，在黄淮海地区和东北地区分布密集，在海外也有广泛的分布。文姓为中国第100大姓，占当代总人口的0.17%，总人口数约在200万。在长江以南的海南、广东、湖南、江西、湖北和四川有密集分布。戚姓也为中华重要姓氏之一。濮阳戚城故城作为中华三大姓氏起源地的确立，对于增强中华文化的凝聚力，促进濮阳的对外开放将起到特殊的作用。

1. 加紧收集资料，组织专家对故戚城寻根资源开发进行论证，尽快在学术界取得共识，为开发奠定坚实的学术基础。

2. 在戚城景区现有建设的基础上，对戚城孙氏的资料进行整理，开辟相关的场所，为海内外华人寻根祭祖提供方便。

3. 加大宣传力度，利用现代媒体广泛宣传戚城寻根旅游资源的价值，尽快将戚城列为国家级精品旅游线路“寻根朝敬之旅”的重要景点，充分发挥戚城的社会效益和经济效益。

4. 单独或参与省有关部门到海外的联合活动，与海内外有关宗亲组织建立联系，每年举办一次重要的寻根节庆即“中国濮阳戚城寻根节”，吸引海内外华人来戚城寻根、观光和投资。

（本文作者为河南省社会科学院历史与考古研究所所长、研究员）

孙氏姓氏渊源与族人迁徙初探

⊙孙永旭　孙树梅

孙氏族史久远，族人兴旺，在历史上人才辈出，不乏在中华民族发展中驾驭风云者，在军事、政治、医学、经济、文学、艺术、科学技术诸多领域流芳百代的名家。

孙氏望族中代表人物有中华孙氏五大圣人：彪炳史册，韬略兵圣——兵圣孙武；流芳千古，兵圣相承——兵圣孙膑；名扬天下，建业豪雄——东吴大帝孙权；医圣宗师，心怀黎民——药王孙思邈；天下为公，永载中华——国父孙中山。

孙氏族人迁徙由北而南，由东向西，遍布神州大地，对中华传统文化做出了巨大贡献。

一、中华孙氏渊源

第一个渊源：源于姬姓。出自春秋初期卫武公之子惠孙，属于以先祖的字为氏。公元前1046年周武王灭商，封其同母弟姬封于康，侯爵，史称康叔。周武王去世后，周成王年幼，三监联合殷王武庚叛乱，为周武王四弟周公旦所平定。康叔因出兵平武庚之乱有功，封为怀侯。周成王以康叔为司寇，赐卫之宝祭器，欲移康叔于卫国。

康叔去世后，周成王正式封康叔之孙考伯于卫，侯爵，古城在今河南北部淇县西南朝歌城（据当地有关人士讲在今河南淇县北阳镇境内），故史称康叔为卫康叔，乃追称之名。春秋初期，卫武公佐周伐西戎有功，被周平王赐为公爵。卫武公之子公子惠孙，惠孙之孙武仲乙，武仲家族以祖父之字为氏。这支姬姓孙氏至少有二千七百多年的历史。这是先秦时期孙氏来源的最主要一支。

姬姓孙氏同样也是黄帝后裔：少典→轩辕→玄嚣→蛟极→帝喾→后稷（周始祖）→不窋→子鞠→公刘→庆节→皇仆→差弗→毁隃→公非→高圉→亚圉→公叔祖类→古公亶父→季历→周文王姬昌→卫康叔→康伯→孝伯→嗣伯→伯→靖伯→贞伯→顷侯→侯→武公和→公子惠孙→耳→武仲，以祖父字惠孙为氏，遂创姬姓孙氏。

第二个渊源：源于芈姓。出自春秋初期楚国楚庄王的令尹孙叔敖，属于以先祖的字为氏。春秋初期，楚王蚡冒之孙蔿贾，蔿贾之子蔿艾腊，也称孙叔敖，孙叔为其字，出任楚庄王的令尹，其子孙以其字为氏。孙叔敖居于期思（今河南淮滨东南部），这支芈姓孙氏也有二千六百多年的历史。孙叔敖任楚国令尹时，为官清廉，政绩卓著，为一代名相。其后人为了纪念他，就以他的字中“孙”为姓氏，使孙叔敖成为这支孙氏的始祖。芈姓孙氏也是黄帝后裔：少典→黄帝→昌意→高阳→称→卷章→吴回→陆终→（芈）季连→附沮→穴熊→鬻熊→熊丽→熊狂→熊绎→熊艾→熊黮→熊杨→熊渠→熊红→熊严→季徇（熊徇）→熊鄂→熊仪→熊坎→熊眴→王子蔿章（眴）→叔伯吕臣→？→蔿贾（字伯嬴）→蔿敖（字孙叔，名敖）。其后世子孙为纪念他的功绩，便以他的字为氏，遂创芈姓孙氏。

芈姓为先周时期南方楚国的国姓。《说文解字》中说：“芈，羊鸣也，从羊象声。”据后人考证，芈姓族人应与北方牧羊民族有关系，楚民族是中原华夏族的一支南迁后与周围土著居民不断融合而成。颛顼是黄帝之孙，根据历史传说，其后裔的一支称祝融氏，临江水与蛮族杂居。祝融后代陆终娶鬼方之女，该女怀胎十一年而不分娩，于是剖腹产，从其左右肋中各生出三人，其中第六子叫季连，其分支为芈姓，乃楚人孙氏的先祖。

第三个渊源：源于妫姓。出自春秋时期齐景公赐将军田书姓孙，属于以赐姓为氏。少典→皇帝→昌意→帝颛顼→穷蝉→敬康→句望→桥牛→瞽叟→舜→商均→？→遂→满→申公犀侯→突→慎公圉戎→幽公宁→釐公孝→武公灵→平公燮→文公圉→桓公鲍→敬仲完→穉孟夷→湣孟庄→文子须无→桓子无宇→孙书。孙书字子占，齐大夫，伐莒有功，赐姓孙氏，食采于乐安，遂创妫姓孙氏。

春秋时期，周武王灭商后所封的妫姓国陈国君主陈厉公的儿子陈完，在任陈国大夫时同太子御寇很要好，御寇被杀后，他怕受株连而逃到齐国。到齐国后，陈完不愿再用原来的国名为姓，就改成田姓（古时田和陈读音相同）。田完的四世孙田桓子无宇有二子，小儿子田书，字子占，在齐国为大夫，因为伐莒（周代诸侯国）有功，齐景公把他封在乐安（今山东广饶），并赐他孙氏。孙书就成为“乐安孙氏”始祖。

第四个渊源：源于子姓。出自殷商末期纣王叔父比干，属于以避乱改姓为氏。比干是殷商末期纣王叔父，官至少师。商朝末期朝纲混乱，纣王淫虐无度，国势危殆，却不听劝谏，他冒着被杀头的危险，连续三天进宫劝说纣王，希望他能改过自新。纣王恼羞成怒，下令如若有人敢再犯颜直谏者，一律斩首。可比干把自己的生死置之度外，继续劝说纣王。纣王暴跳如雷，让人当庭剖开比干的胸取心。比干被纣王杀害后，其子孙纷纷避难隐姓，有的以本为王族子孙之故，改为孙氏。这支子姓孙氏也已有三千多年的历史。

第五个渊源：源于改姓。属于以帝王赐姓为氏。孙氏在两汉以后，还有其他姓氏因多种因素不断地加入到孙氏行列之中。三国时期东吴将领俞河因功而被赐姓孙，因称孙河。孙河家族兴旺，是为南方孙氏的一大支派。孙河，官拜东吴威寇中郎将，领庐江太守，镇守皖城（今安徽潜山）。孙河本姓俞，字伯海，和东吴孙氏同乡，也是吴郡人。俞河年少时即随孙坚征讨沙场，典领亲兵，常为前驱，孙坚视他作心腹。后又随孙策平定江东，多立战功，孙策十分喜爱他，便赐姓予他为孙，因而改姓。孙河有四子：长子孙助，在东吴官任曲阿长；次子孙谊，官海盐长；第三子孙桓，任安东中郎将，曾与大将陆逊共拒刘备，后以功拜建武将军，封丹徒侯；少子孙俊，为定武中郎将。孙子辈还有孙建、孙慎等，也都为将军。曾孙辈有孙丞，官黄门侍郎，略有文采，著有《萤火赋》传世。孙河之侄孙韶，亦少年从军，为广陵（今江苏扬州）太守。其子孙也较多，且官位显赫。

第六个渊源：源于变姓。出自春秋战国荀子后裔在西汉为避汉宣帝名讳改为孙氏，属于因谥改姓为氏。战国时期的大思想家荀子，姓荀名况，又称荀卿，是荀姓家族的骄傲。但到汉朝时，因汉皇室成员刘询当了皇帝，即汉宣帝，为了要避

"询"音之讳，他下令荀姓子孙不得再姓荀，一律改为孙氏，并将战国时代的荀卿都改为孙卿。由是荀姓也成为汉朝"孙"姓支脉的一个源头。《战国策》《韩非子》《汉书·儒林传》及刘向《孙卿新书叙录》《韩诗外传》等书篇中均称荀子为"孙卿""孙子"，荀卿自己的著作《荀子》中的《儒效》《议兵》《强兵》《尧问》等篇中也多见"孙卿子"。

第七个渊源：源于冒姓。因故改姓为孙氏。

第八个渊源：源于各民族变姓。汉化改姓为孙氏。

在古今少数民族中也有不少孙氏，其中有些孙氏是汉族融入者，有些是各族中自行改姓者。这些少数民族与汉族长期混居后多数被同化成汉族孙氏。如唐朝安禄山的部将孙孝哲，官至大将军，安禄山僭位后拜殿中少监，就是契丹族人。明朝初年，朱元璋禁止臣民使用胡姓，胡姓多为复姓，像公孙、叔孙、长孙、士孙、王孙之类的复姓也在被禁之例，这类含"孙"字的复姓不得不省字而改孙氏。这些家族于是成为孙氏的又一庞大来源。除以上带孙的复姓改为孙氏外，另外还有孟孙、仲孙、季孙、室孙、宫孙、大孙、唐孙、县孙、颛孙、臧孙、扬孙诸姓氏，在明朝初期省文改姓的过程中，亦大都改为单字"孙"姓。

二、孙氏族人迁徙

迁徙动因主要有移民、流民、履责、戍边、发展等，移民是按执政者意思的迁徙；流民是因战乱、灾荒求生存的迁徙；履责是由官员、商人、犯人的工作、经营、流放等迁徙；还有军事戍边的迁徙；发展是寻求生产条件较好，提高生活水平的迁徙，其中最主要的是移民和流民两种迁徙。如孙思邈后裔主要是履责和发展两种迁徙。

据孙氏宗谱研究，孙氏的发源地主要有两支，一为河南濮阳，二为山东博兴。

1. 秦汉以前时期。孙氏自商末周初立姓之后，一直活跃在河南和山东一带。春秋战国初期，姬姓孙氏一直世袭卫国的上卿，权倾一国。孙氏在河南地区发展很快。春秋末期，孙氏在卫国失宠，开始北迁晋国。发源在山东的妫姓孙氏发展得蓬蓬勃勃，尤其在战国时期出了一位赫赫有名的军事家孙武，其子孙明因父功而封富春侯，封地在今浙江省杭州市的富阳市，形成了孙氏的南方著名郡望吴郡。姬姓孙氏在秦汉以前的几百年间主要是繁衍播迁于河南省境，其后则主要繁衍于今东南沿海地区。妫姓的孙氏早期则主要集中于山东境内繁衍，这一支孙氏之所以显赫，主要是得力于兵家之圣的孙武，故后来孙氏人家便以“乐安”为堂号，后因齐国内乱，孙氏子孙便首次南迁于江苏、浙江一带。这一支繁衍于乐安的孙氏，后成为孙氏主要播撒于我国北方各地及南方浙江、江苏一带的主要来源。秦汉之际，已有孙氏不断在山西、浙江繁衍，以至山西太原一带的孙氏繁衍最为繁荣，形成了孙氏历史上最大的望族。此时江南的浙江富春（今浙江富阳）一带的孙氏也已形成当地望族。他们都是孙武之后。

2. 两汉至魏晋南北朝时期。秦汉以后，妫姓孙氏成了孙氏的主力，由山东向四周拓展，西进山西太原，南达浙江南部，向西南达到湖北。三国时期，孙坚父子在江南建立了吴国，孙氏的势力得到极大发展。在魏晋南北朝时，北方、中原和江南的孙氏都得到了迅速发展，出现一批孙氏名家大族。因北方连年战乱，孙氏族人第一次大举南迁，使孙氏的分布更加广泛。

孙氏的第一次南迁：东汉末年，由于北方战乱，中原一带的世族和民众纷纷举家南迁，孙吴凌家组织流民屯田开荒，江南世族也纳流民于自己的庄园内，孙氏氏族跟富春孙氏是同宗，自然会随着南迁的民众南下，寻找安身之地。

孙氏的第二次南迁始于永嘉年间。西晋末年，持续十六年之久的“八王之乱”尚未完全止息，内迁各少数民族的上层统治集团，也乘机起兵建立割据政权，相互之间展开了争夺地盘的血腥厮杀，北方陷入空前的灾难，即“永嘉之乱”。大批北民被迫离开故土逃亡异乡，形成历史上空前的移民浪潮。很多孙氏族人也随着南迁的大军渡江南下避乱，如中都孙氏举家移居江左，至孙盛时定居会稽（今浙江绍兴），东莞孙谦侨居历阳（今安徽和县）。

3. 隋唐至宋元明清时期。

四川

唐朝后期，黄巢起义，中原百姓四处逃难，孙氏家族有不少迁入四川，如唐朝大散文家孙樵。孙樵，字可之，一作隐之，关东人。唐大中九年（855 年）进士，官中书舍人，广明元年（880年），诏赴岐陇行在，迁职方郎中、上柱国，赐绯鱼袋。后因唐末战乱而举家避住四川遂州。

广西

广西孙氏多尊宋朝的孙沔为先祖。孙沔，世籍山东青州府乐安郡白马县人，官至湖南、江西按抚史，曾随狄青入广西平侬智高叛乱，爱其山水，遂定居广西，子孙繁衍，遂成广西大姓之一。

上海

《娄邑枫泾乐安孙氏支谱》尊明朝孙太和为本支始祖。孙太和为新安休宁始祖孙万登之后裔，明万历年间，由新安休宁（今安徽休宁）迁娄邑（今上海松江），遂为娄邑孙氏始祖。子孙主要散布在松江及上海市区。上海一带，嘉定、青浦、松江等地在历史上出现的孙氏名人较多。五代有孙汉英家族，明朝有孙元化家族。孙汉英为吴越国昆山镇防遏使，家居练祁（今浙江嘉定），儿子孙称为通议大夫，孙子孙载为北宋朝议大夫，孙临为大理寺评事。大中祥符二年（1009年）中进士的孙岳，是当地孙氏最早的进士及第者。据史籍记载，孙载一生曾举荐百余人为官，其侄、子却大多为布衣、小吏。元朝有孙道明，号清隐居士，博学好古，书房称映雪斋，藏书万卷。明朝嘉定有孙元化家族，孙元化为一代儒将，其祖父孙抬是明给事中孙浚的后裔，居江东高桥镇（今上海浦东），有子三人。父亲孙继统，致力于诗作，不愿为官，后迁居嘉定。孙元化累官登莱巡抚，于辽东镇守有功，后因兵变而被枉杀。有三子：孙和鼎、孙和斗、孙和京。孙和斗，屡次谢绝父亲部属的举荐，不愿为官，潜心整理父亲的文稿，编成《水一方人集》。孙和京，牺牲在嘉定抗清的战役中。孙子孙致弥，清康熙年间任出使朝鲜副使，后为大型类书《佩文韵府》总纂。后裔孙思曾，著有《杖左堂自怡草》，其子孙宝仁，著《杖左堂自娱集》等，后自嘉定迁居月浦。

山西

《解梁孙氏族谱》中说其支派始祖由宋朝时迁居于解梁（今山西临猗）。《代州孙氏家乘》记载的支派始祖是明洪武初年迁居山西的，其始迁祖孙成受在洪武年间命为振武卫百户，由河南光山祖籍地迁居山西代州，后遂安家于此，自后子孙繁衍，被尊为迁代始祖。

海南

宋元时迁移而来，其来源地主要是从东南沿海的福建，广东等地区。《崖县孙氏族谱》记载，其祖籍是福建莆田，在南宋淳熙十四年（1187 年）因先祖任官琼山而来海南定居，经历元朝、明朝，后裔繁衍为四支，分迁岛内各地，其中一支即迁居今三亚的崖县。海南孙氏主要聚居于黄流、梅东诸地。

台湾

早在三国时期孙吴黄龙二年（230 年），孙权曾命将军卫温、诸葛直率领甲士万人，浮海远航至夷洲（今台湾省），这是大陆人民首次大规模到达台湾省。

（本文作者分别为孙思邈后裔联络会会长、高级工程师）

孙姓历史名人研究

孙武世系管窥

⊙陈东辉

孙武（约公元前545年—前470年），字长卿，生活在春秋末年，是我国历史上著名的军事家。孙武著有《孙子兵法》一书，对后世影响极大。但是，先秦时期关于孙武生平的著述却比较少。所以，他留给后人的形象较为模糊。根据现在可查的资料，我们发现先秦时期关于孙武的记载多是只言片语型的。

比如，《荀子·议兵》上说："兵之所贵者，势利也；所行者，变诈也。善用兵者，感忽悠暗，莫知其所以出。孙（武）、吴（起）用之，无敌于天下。"《吕氏春秋·上德》中说："阖闾之教，孙、吴之兵，不能当矣。"《尉缭子·制谈》中说："有提七万之众而天下莫当者，谁？曰吴起也；有提三万之众而天下莫当者，谁？曰武子也。"这里的"武子"指的是孙武。在上述三部著作里，提到孙武时仅仅是说其用兵，至于孙武身世生平却只字未提。在这里，笔者根据有限的史料，以及当代研究者相关研究成果，对孙武世系进行粗浅的探讨。由于水平所限，错谬之处敬请方家不吝指正。

综合现有的史料分析，孙武的远祖可以追溯到黄帝，或者更早的华胥氏。在孙武的世系谱中有几个关键人物，由近及远包括孙书、田完、陈胡公、舜、黄帝、华胥氏等。

《新唐书·宰相世系表》对孙武的世系有所记载，该书云"齐田完，字敬仲，四世孙桓子无宇，无宇二子恒、书。书字子占，齐大夫，伐莒有功，景公赐姓孙氏，食采于乐安。生凭，字起宗，齐卿。凭生武，字长卿，以田鲍四族谋为乱，奔吴，为将军。"而《史记·田敬仲完世家》说"无宇卒，生武子开与釐（僖）子乞”。由此可见，《史记》中没有说无宇生书。《左传·昭公十九年》记载：“秋，齐高发帅师伐莒。莒子奔纪鄣。使孙书伐之。”西晋时期的著名学者杜预为《左传》作注时说“孙书，陈无宇之子子占也；高发，系齐国大夫。”这里和《新唐书·宰相世系表》中“书字子占，齐大夫，伐莒有功，景公赐姓孙氏”可以互为佐证。此外，《左传·哀公十一年》中也有“陈僖子谓其弟书：‘尔死，我必得志。’”从这一记载可以看出，陈僖子还有一个弟弟书。综上可以得出这样的结论，无宇实际上生育三个儿子，长子开、次子乞、三子书。由于书被赐姓孙氏，太史公所以没有记载。

无宇 ┬ 开
　　 ├ 乞
　　 └ 书（孙书）—孙凭—孙武

《史记·田敬仲完世家》记载：“陈完者，陈厉公佗之子也。”由此可知，陈完是陈国的贵族。“厉公者，陈文公少子也，其母蔡女。文公卒，厉公兄鲍立，是为桓公。桓公与佗异母。及桓公病，蔡人为佗杀桓公鲍及太子免而立佗，为厉公。厉公既立，娶蔡女。蔡女淫于蔡人，数归，厉公亦数如蔡。桓公之少子林怨厉公杀其父与兄，乃令蔡人诱厉公而杀之。林自立，是为庄公。故陈完不得立，为陈大夫。厉公之杀，以淫出国，故《春秋》曰‘蔡人杀陈佗’，罪之也。”从《史记》中的这一段记载可以看出，陈厉公是陈文公的小儿子，陈桓公的异母弟。陈桓公之后，是陈厉公。陈厉公又被陈桓公的儿子林所杀，林就是陈庄公。

“庄公卒，立弟杵臼，是为宣公。宣公二十一年，杀其太子御寇。御寇与完相爱，恐祸及己，完故奔齐。齐桓公欲使为卿，辞曰：‘羁旅之臣幸得免负担，君之惠也，不敢当高位。’桓公使为工正。齐懿仲欲妻完，卜之，占曰：‘是谓凤凰于蜚，和鸣锵锵。有妫之后，将育于姜。五世其昌，并于正卿。八世之后，莫之与京。’卒妻完。完之奔齐，齐桓公立十四年矣。完卒，谥为敬仲。仲生稺孟夷。敬仲之如齐，以陈字为田氏。”

以上的文字不仅记载了陈完因国内政治斗争，出走齐国的过程，而且提到了陈国那个时期的几个重要人物。经过细细梳理，我们发现这里提到的几个人物之间的关系应该是这样的：陈完是陈厉公之子，陈文公之孙，同陈庄公、陈宣公是堂兄弟，和陈宣公的儿子御寇关系密切。陈完到齐国后生孟夷。《正义》中说：“敬仲既奔齐，不欲称本国故号，故改陈字为田氏。”由此可知，陈完到齐国后，以田为姓，后称为田完。但是，也有人对《史记》中的说法提出质疑。比如，清朝学者梁玉绳所著的《史记志疑》认为，陈氏改为田氏是春秋以后的事，不是陈完奔齐之后立即改为田氏。但这个质疑只是对时间上的质疑，没有否定陈完及其后人改姓田氏的共识。

《史记》中还说：“田穉孟夷生湣孟庄，田湣孟庄生文子须无。田文子事齐庄公。晋之大夫栾逞作乱于晋，来奔齐，齐庄公厚客之。晏婴与田文子谏，庄公弗听。文子卒，生桓子无宇。田桓子无宇有力，事齐庄公，甚有宠。无宇卒，生武子开与釐子乞。田釐子乞事齐景公为大夫，其收赋税于民以小斗受之，其（粟）（禀）予民以大斗，行阴德于民，而景公弗禁。由此田氏得齐众心，宗族益强，民思田氏。晏子数谏景公，景公弗听。已而使于晋，与叔向私语曰：‘齐国之政其卒归于田氏矣。’”从这段记载可以看出，孟夷生孟庄，孟庄生文子，文子生无宇。至此为止，我们可以将孙武的先祖追溯至田完。

田完（陈完）→ 孟夷 → 孟庄→ 文子 → 无宇→孙书（田书）→ 孙凭→ 孙武

前面已经将田完（陈完）的祖先推至其祖父陈文公。

据《史记·陈杞世家》记载，陈胡公满，是虞帝舜的后代。当初舜还是一个平民时，尧把自己的两个女儿嫁给了他，住在妫、汭。妫水，在今山西省永济市南，源出历山，西流入黄河。郦道元在《水经注·河水四》中说：“（河东）郡南有历山，谓之历观，舜所耕处也，有舜井，妫、汭二水出焉。南曰妫水，北曰汭水……异源同归，浑流西注，入于河。”舜的后代就借此地名当姓氏，姓了妫氏。舜死后，把天下传给禹，舜的儿子商均是一个诸侯。夏代时，舜后人的侯位时断时续。周武王战胜殷纣以后，又寻找舜的后人，找到妫满，把他封在陈国，来供奉帝舜的岁时祭祀，就是胡公。

胡公死，其子申公犀侯继位。申公死，其弟相公皋羊继位。相公死，又立申公之子突为君，就是孝公。孝公死，其子慎公圉戎继位。慎公时正当周厉王时。慎公死，其子幽公宁继位。幽公死，其子釐公孝继位。釐公死，其子武公灵继位。武公死，其子夷公说继位。夷公死，其弟平公燮继位。平公死，其子文公圉继位。文公元年，娶了蔡国之女为妇，生下儿子佗。十年，文公死，其长子桓公鲍继位。桓公三十八年正月甲戌己丑，桓公鲍死。其弟佗之母是蔡国之女，因此蔡人为佗杀死五父和桓公太子免而立佗为国君，就是厉公。

厉公二年，生下儿子敬仲完。正值周太史经过陈国，陈厉公让他用《周易》为儿子算卦，得到的卦象是《观卦》变《否卦》，周太史说："这叫作能看到国家的荣光，利于做天子之宾。他大概会取代陈国而自己据有国家吧。不是在陈国，大概是在别的国家吧。这事不会发生在他本人之世，大概是发生在他子孙之时吧。如发生在别国，一定是在姜姓国家。因为姜姓是太岳的后代。事物不能在两个方面都充分发展，大概要等到陈国衰亡，他的后代就要昌盛了吧。"

从《史记·陈杞世家》的记载看，陈完的父亲是陈厉公，陈厉公的父亲是陈文公，陈文公的父亲是陈平公，陈平公的父亲是陈武公，陈武公的父亲是陈釐公，陈釐公的父亲是陈幽公，陈幽公的父亲是陈慎公，陈慎公的父亲是陈孝公，陈孝公的父亲是陈申公，陈申公的父亲是陈胡公（妫满）。

陈胡公，本妫姓，名满，字少汤，系舜帝之子商均的三十三世孙。妫姓为上古时期原始姓氏之一，得姓始祖是瞽叟（舜的父亲）。舜帝由于出生于姚墟，则以姚为姓。后舜帝随父亲后母迁居妫水，舜的父亲就以妫为姓。之后，舜帝部分后代也以妫为姓。商朝末年，舜帝的三十二世孙虞阏父（妫阏）投奔周国。虞阏父，即遏父，他制陶的技艺极为精湛，很受周文王喜爱，到周国后担任陶正一职。

在商均与虞阏父之间的三十多代，据现有的资料还不能考证出来。作为舜的儿子，商均在大禹执政时被封到了虞地，也就是现在的河南商丘虞城。至今还有商均墓遗址。商均的后人，有一个叫虞遂的，生活在商朝初年，曾经被商汤王封于陈。

现在可以将孙武的世系向前追溯到舜帝。

舜帝→ 商均 → …… → 虞阏父（妫阏）→ 陈胡公（妫满）→陈申公→ 陈孝公→ 陈慎公 → 陈幽公→陈釐公→ 陈武公→ 陈平公→陈文公→陈厉公→田完（陈完）→孟夷 →孟庄 → 文子→无宇→孙书（田书）→ 孙凭 → 孙武

据《史记·五帝本纪》记载："虞舜者，名曰重华。重华父曰瞽叟，瞽叟父曰桥牛，桥牛父曰句望，句望父曰敬康，敬康父曰穷蝉，穷蝉父曰颛顼，颛顼父曰昌意：以至舜七世矣。自穷蝉以至帝舜，皆微为庶人。"由此可知，舜的父亲是瞽叟，瞽叟的父亲是桥牛，桥牛的父亲是句望，句望的父亲是敬康，敬康的父亲是穷蝉，穷蝉的父亲是颛顼，颛顼的父亲是昌意。

昌意是黄帝的儿子。《史记·五帝本纪》中说："黄帝者，少典之子，姓公孙，名曰轩辕。生而神灵，弱而能言，幼而徇齐，长而敦敏，成而聪明。"关于"少典"的解释，有两种不同的说法。一说是人名，一说是诸侯国号。司马迁的《史记》、皇甫谧的《帝王世纪》等都认为是人名。《国语·晋语四》也认为少典是人名，书中说"少典娶于有蟜氏的两个女儿，分别生黄帝、炎帝（神农氏），曾祖母华胥氏。"从唐代的司马贞《索隐》开始，有了另一种说法。《索隐》中说："少典者，诸侯国号，非人名也。"我们认为，《史记》的说法更可靠一些。

《史记·五帝本纪》中还说，黄帝居轩辕之丘，而娶于西陵之女，是为嫘祖。嫘祖为黄帝正妃，生二子，其后皆有天下：其一曰玄嚣，是为青阳，青阳降居江水；其二曰昌意，降居若水。昌意娶蜀山氏女，曰昌仆，生高阳，高阳有圣德焉。黄帝崩，葬桥山。其孙昌意之子高阳立，是为帝颛顼也。帝颛顼以帝丘（今河南濮阳）为都城，以句芒为木正、蓐收为金正、祝融为火正、玄冥为水正、句龙为土正，合称五官。颛顼即位后，严格遵循轩辕黄帝的政策行事，社会安定太平。帝颛顼生子曰穷蝉。颛顼崩，而玄嚣之孙高辛立，是为帝喾。由此可知，少典生黄帝，黄帝生昌意，昌意生高阳（颛顼），颛顼生穷蝉。

至此，孙武的远祖可以追溯到少典。少典为伏羲和女娲所生。《列子·黄帝》中提到华胥。华胥也称华胥氏，风姓，是中国上古时期母系氏族社会华胥国的部落女首领。为了部族生存，华胥带领远古先民们不断迁徙，足迹遍布黄河流域，创造了中国的渔猎、农耕文化，开创了中华文明史。相传她踩雷神脚印，感应受孕，生下伏羲和女娲，被炎黄子孙尊奉为"始祖母"。由此，我们可以将孙武的祖先追溯到母系氏族的华胥氏。（见下图）

华胥氏（女）→ 伏羲（配女娲）→ 少典→ 黄帝→昌意→ 颛顼→穷蝉→敬

康→句望→桥牛→瞽叟→舜帝→商均→ ……→虞阏父→（妫阏）→ 陈胡公（妫满）→陈申公→陈孝公→陈慎公→陈幽公→陈釐公→陈武公 →陈平公→陈文公 →陈厉公→田完（陈完）→孟夷→孟庄 →文子→无宇 →孙书（田书）→孙凭→孙武

在这些图谱中，除华胥氏之外，还有几个关键人物。其中一个是黄帝。据史书记载，黄帝二十五子，其得姓者十四人。《国语・晋语四》中说："凡黄帝之子二十五宗，其得姓者十四人，为十二姓，姬、酉、祁、己、滕、箴、任、荀、僖、姞、儇、依是也。"韦昭注："得姓，以德居官，而初赐之姓谓十四人，而内二人为姬，二人为己，故十二姓。"传到今天，被列为120大姓中的86姓源于黄帝，包括王、张、刘、陈、杨、周、吴、孙、胡、朱、林、何、郭、罗、宋、郑、韩、唐等。

另一个是陈胡公妫满。陈胡公在中国姓氏史上的地位十分重要，即是陈姓的得姓始祖，也是天下陈、田、胡、母、孙、袁、薛、齐等姓的一世先祖。再一个就是田完。田齐为秦所灭，田完这一支有恢复陈姓的，颍川陈氏就是田完的后裔，也有继续姓田的。孙书的后代，包括乐安孙姓，也是田完的后人。

孙书也是这个谱系中的关键人物。孙书是孙姓的得姓始祖之一。据史书记载，孙姓主要源自姬姓、妫姓、芈姓及少数民族改姓等。最早可追溯到3000多年前的周文王与陈胡公。春秋时期，卫国孙乙是姬姓孙氏的得姓始祖；齐国孙书是妫姓孙氏的得姓始祖。孙武是孙书的孙子。三国时期的吴国孙氏属于孙武一支。

（本文作者为河南省社会科学院党建与政治研究所副所长、副研究员）

论孙权“割据江东以观成败”战略的得失

⊙卫绍生

南宋著名爱国词人辛弃疾一生非常推崇孙权，留下了脍炙人口的辞章《南乡子·登京口北固亭有怀》：“何处望神州？满眼风光北固楼。千古兴亡多少事？悠悠。不尽长江滚滚流。　　年少万兜鍪，坐断东南战未休。天下英雄谁敌手？曹刘。生子当如孙仲谋。”辛弃疾生于南宋之时，南宋君臣偏安江南，神州南北分治，其情形与三国时期颇为相似。他用这首词赞美孙权，寄寓着收复中原、实现统一的强烈愿望。然而，孙权作为与曹操、刘备三分天下的一代雄主，他的成功则始于割据江东战略的实施。而东吴的失败，很大程度上也是他固守割据江东战略造成的。

一、“割据江东以观成败”战略的形成

孙权“割据江东以观成败”的战略，是从其父孙坚开始的。孙坚原是一介乡勇，汉末之乱中因功授长沙太守，封乌程侯。董卓之乱时，孙坚以破虏将军领豫州刺史，参与讨伐董卓之役。汉献帝初平三年（192 年），往征荆州刘表，被刘表部属黄祖手下射杀，时年 37 岁。这一年，孙权仅 11 岁。其兄孙策接掌权力，在汉末大乱中坐大，史称其“自领会稽太守，复以吴景为丹阳太守，以孙贲为豫章太守，分豫章为庐陵郡，以贲弟辅为庐陵太守，丹阳朱治为吴郡太守”①。建安二年（197 年），孙策为讨逆将军，封吴侯。建安五年（200 年），孙策被刺客许贡刺成重伤，

① 陈寿：《三国志·吴志》卷一《孙策传》。

不治而死。临终之时，他把印绶交给孙权，说："举江东之众决机于两阵之间，与天下争衡，卿不如我；举贤任能，各尽其心，以保江东，我不如卿。"孙策又嘱咐谋臣张昭等人："中国方乱。夫以吴越之众，三江之固，足以观成败。公等善相吾弟。"①

孙策的临终遗言很有战略眼光。首先，他对江东的局势了如指掌，对天下的形势把握准确。孙策已经控制了吴越之地，又有三江之险，足以形成坐山观虎斗之势。其次，他对孙权的性格和能力比较了解，认为孙权善于举贤任能，让属下尽心竭力，如此则足以坐保江东。应该说，孙策的临终遗言，已经为孙权未来"割据江东以观成败"的战略作了擘画。建安五年，汉末局势尚不明朗，孙策就已经做出了"固守江东以观成败"的策略，应该说是很有战略家眼光的。

就汉末天下大势而论，已经形成了合久必分之势。但天下如何分，却是各有各的看法，当时的豪强们也是各有各的打算。到了建安九年（204 年），曹操先后剪灭袁术、吕布、袁绍等，北方大抵安定，天下大势已逐渐明朗。此时的孙权则借北方多事之际，招贤纳士，壮大东吴势力。他非常喜欢帐下谋士鲁肃，一次晚宴后留鲁肃长谈，谈至兴浓，二人抵足而眠，鲁肃则借机向孙权献上了著名的"榻上策"：

> 肃窃料之，汉室不可复兴，曹操不可卒除。为将军计，惟有鼎足江东，以观天下之衅。规模如此，亦自无嫌。何者？北方诚多务也。因其多务，剿除黄祖，进伐刘表，竟长江所极，据而有之，然后建号帝王以图天下，此高帝之业也。②

鲁肃"榻上策"的主要内容与孙策的临终遗言大体相同，都是立足于据有江东以观天下之变，但鲁肃的"榻上策"显得更为积极主动。首先，他建议先统一江南，所谓"剿除黄祖，进伐刘表，竟长江所极，据而有之"；其次是谋建大业，所谓"建号帝王以图天下"。可见，鲁肃的"榻上策"是三部曲，即先站稳脚跟，然后求发展，最后是建号称帝，争取一统天下。孙权此时仅 23 岁，他虽然很欣赏鲁肃，但对于这样的战略决策，还是感觉底气不足，故对鲁肃说："今尽力一方，冀

---

① 陈寿：《三国志·吴志》卷一《孙策传》。

② 陈寿：《三国志·吴志》卷九《鲁肃传》。

以辅汉耳。此言非所及也。”由于张昭等孙策老臣的诋毁，鲁肃的“榻上策”并没有得到很好的执行。孙权巩固了江东之后，鲁肃策划的第二步“剿除黄祖，进伐刘表”，仅实现了“剿除黄祖”，而“进伐刘表”，则因刘备与刘表之子刘琦联手，而曹操又乘势南下进击刘表等原因未能实现。第二步没有完成，第三步也就无从谈起了。

对东吴这种“国险而民附”的局势，诸葛亮未出草庐之时就已经看得很清楚。建安十二年（207年），刘备三顾茅庐请诸葛亮出山辅佐，诸葛亮在著名的《草庐对》中，为刘备详细分析了当时的天下大势，指出东吴“可以为援而不可图也”：

自董卓以来，豪杰并起，跨州连郡者不可胜数。曹操比于袁绍，则名微而众寡，然操遂能克绍，以弱为强者，非惟天时，抑亦人谋也。今操已拥百万之众，挟天子而令诸侯，此诚不可与争锋。孙权据有江东，已历三世，国险而民附，贤能为之用，此可以为援而不可图也。荆州北据汉沔，利尽南海，东连吴会，西通巴蜀，此用武之国，而其主不能守，此殆天所以资将军，将军岂有意乎？益州险塞，沃野千里，天府之土，高祖因之以成帝业。刘璋暗弱，张鲁在北，民殷国富而不知存恤，智能之士思得明君。将军既帝室之胄，信义著于四海，总揽英雄，思贤如渴，若跨有荆益，保其岩阻，西和诸戎，南抚夷越，外结孙权，内修政理；天下有变，则命一上将将荆州之军以向宛洛，将军身率益州之众出于秦川，百姓孰敢不箪食壶浆以迎将军者乎？诚如是，则霸业可成，汉室可兴矣。①

诸葛亮的意思很明确，曹操挟天子以令诸侯，占有天时；孙权据有江东，国险而民附，占有地利；刘备若想有所作为，必须“跨有荆益，保其岩阻”，静待天下之变，然后进取中原。诸葛亮对江东局势的分析，与孙策、鲁肃之见不谋而合。江东自孙坚以来，孙氏已经营多年，百姓归附，贤士为用，且有三江之险，足以固守。不要说刘备，就是曹操也无力攻取。可取者，唯有刘表占据的荆州和刘璋占据的益州。倘能取此作为立足之本，才有机会成就霸业。显而易见，诸葛亮以为江东

① 陈寿：《三国志·蜀志》卷五《诸葛亮传》。

孙权足可以自立，刘备只能以之为援，而不可与之争锋。

从诸葛亮的分析可以看出，在汉末大乱、三国鼎立之前，孙权坚持“割据江东以观成败”的战略，与诸葛亮的分析不谋而合。在当时的条件下，三江之险是难以逾越的。孙权有险可守，有贤士可用，有百姓依附，自然可以在汉末大乱中偏安一隅，自得其乐。自建安五年孙策去世到建安十三年（208 年）曹操传檄孙权会猎刘备的 8 年间，孙权“割据江东以观成败”的战略基本上是成功的。因为其间除与黄祖的相互攻伐外，江东基本上平安无事。

二、“割据江东以观成败”战略的实施

建安十三年之前，曹操挟天子以令诸侯，逐步平定北方豪强，稳定了大后方。待北方既定，曹操方有暇南顾，谋划统一南方之事。他的第一步就是首先占领荆州，然后沿江而下，顺势夺取江东。曹操占据荆州之后，传檄孙权，要其一同会猎暂住夏口的刘备。其书略云：“近者奉辞伐罪，旄麾南指，刘琮束手。今治水军八十万众，方与将军会猎于吴。”① 而刘备则派遣诸葛亮赴江东，共商联合抗击曹操之事。这个时候，孙权虽然已经坐拥江东，但曹操和刘备都找上了门，孙权想作壁上观已经不可能了。“割据江东以观成败”的战略受到了严峻挑战。摆在孙权面前的只有两条路：要么与曹操联手消灭刘备，要么与刘备联手共同抗击曹操。但不论作何选择，都要参与其中，都无法实现“割据江东以观成败”的既定战略了。

更让孙权担心的，是他手下那一帮谋臣。闻听曹操八十万大军压境，一个个大惊失色，似乎感到了末日来临。《三国演义》对谋士张昭等人的反应有生动描写。张昭曰：“曹操拥百万之众，借天子之名，以征四方，拒之不顺。且主公大势可以拒操者，长江也。今操既得荆州，长江之险，已与我共之矣，势不可敌。以愚之计，不如纳降，为万安之策。”众谋士皆曰：“子布之言，正合天意。”张昭是孙策旧臣，当初曾受孙策嘱托，辅佐孙权。孙权继任后，也很倚重张昭。张昭既然主降，众人遂相附和，以为归降曹操乃是“天意”。倘若如张昭所说投降曹操，则孙

① 陈寿：《三国志·吴志》卷二《孙权传》裴松之注引《江表传》。

策当初制定的“割据江东以观成败”的战略将荡然无存，江东将从此易主。孙权不甘心，却又一筹莫展，找不到坚持既定方针的充足理由。只有鲁肃认为众人皆可降曹，唯有孙权不能降曹，他对孙权开说大计：“如肃等降操，当以肃还乡党，累官故不失州郡也；将军降操，欲安所归乎？位不过封侯，车不过一乘，骑不过一匹，从不过数人，岂得南面称孤哉？众人之意，各自为己，不可听也。将军宜早定大计。”鲁肃的劝说，着眼于孙权割据江东、自为江东之主，立足点仍是“割据江东以观成败”的战略。

关键时刻，诸葛亮促成了孙权联刘抗曹。诸葛亮见孙权在柴桑口坐观成败，主动请缨，往见孙权。他先用激将之法，激起孙权求胜的欲望：“今操芟夷大难略已平矣，遂破荆州，威震四海，英雄无所用武。故豫州遁逃至此。将军量力而处之，若能以吴越之众与中国抗衡，不如早与之绝；若不能当，何不案兵束甲，北面而事之？今将军外托服从之名，而内怀犹豫之计，事急而不断，祸至无日矣。”首先分析孙权面临的危险局面，然后为孙权分析形势，坚定孙权必胜的信心：“曹操之众远来疲惫，闻追豫州，轻骑一日一夜行三百余里，此所谓强弩之末，势不能穿鲁缟者也。故兵法忌之曰：必蹶上将军。且北方之人不习水战，又荆州之民附操者，逼兵势耳，非心服也。今将军诚能命猛将统兵数万，与豫州协规同力，破操军必矣。操军破，必北还。如此，则荆吴之势强，鼎足之形成矣。成败之机，在于今日。”① 诸葛亮说服孙权联刘抗曹，也是以孙权割据江东为前提的。孙氏自孙坚起，在江东已经营多年，偌大的基业，孙权肯定不愿放弃。诸葛亮敏锐地抓住了这一点，不仅契合孙权的既定战略，而且还可以借此形成鼎足之势，说到了孙权的心坎里。

孙权最终决定联刘抗曹，主要还是他最信任的周瑜的一番话。周瑜劝说孙权，也是从割据江东说起：“操虽托名汉相，其实汉贼也。将军以神武雄才，兼仗父兄之烈，割据江东，地方数千里，兵精足用，英雄乐业，尚当横行天下，为汉家除残去秽。况操自送死，而可迎之邪？”② 周瑜劝说孙权，特拈出“仗父兄之烈，割据江东”九个字，直指要害，说到了孙权的痛处。如果投降曹操，父兄基业将荡然无

① 陈寿：《三国志·蜀志》卷五《诸葛亮传》。
② 陈寿：《三国志·吴志》卷九《周瑜传》。

存，割据江东就成为空话；如果联刘抗曹，则胜券在握。接着，周瑜又分析了曹操的四大用兵之患："今使北土已安，操无内忧，能旷日持久，来争疆场，又能与我校胜负于船楫，可乎？今北土既未平安，加马超、韩遂尚在关西，为操后患。且舍鞍马，仗舟楫，与吴越争衡，本非中国所长。又今盛寒，马无藁草，驱中国士众远涉江湖之间，不习水土，必生疾病。此数四者，用兵之患也，而操皆冒行之。将军禽操，宜在今日！"① 周瑜既以孙权的既定战略为说辞，又详细分析了曹操用兵的弊端，最后的八个字，更让孙权怦然心动。不要说擒获曹操，就是能够打败曹操，孙氏江东的基业岂不是稳如泰山？割据江东就可以梦想成真了！所以，孙权听了周瑜的一番话，彻底打消了疑虑，慨然表示："老贼欲废汉自立久矣，徒忌二袁、吕布、刘表与孤耳。今数雄已灭，惟孤尚存。孤与老贼势不两立。君言当击，甚与孤合。此天以君授孤也！"于是，孙权给周瑜三万精兵，联合刘备，共破曹操。

赤壁之战前夜，孙权"割据江东以观成败"的战略经受了最严峻的考验。一边是曹操大兵压境，一边是父兄基业如何保全；一边是投降之声不绝于耳，一边是联刘抗曹之议甚少。在此情况下，如何坚守既定战略，对孙权也是一个考验。好在他倚重的谋士鲁肃是"割据江东以观成败"战略的坚定支持者，他倚重的将领周瑜是"割据江东以观成败"战略的坚定执行者。有两人的支持，又有诸葛亮为之开说大计，孙权最终还是坚定不移地执行既定战略，联合刘备，在赤壁大战中一举打败曹操，奠定了三分天下的局面。

建安五年至建安十三年间，孙权在周瑜、鲁肃等人的支持下，坚持既定战略，不仅稳定了江东，而且使江东得到较快发展。这一战略虽然在赤壁之战中面临严峻考验，但孙权最终做出了正确的选择，采取联刘抗曹，确保江东无虞。所以，在赤壁之战中，孙权联刘抗曹，与其说是周瑜、鲁肃、诸葛亮等人劝说的结果，不如说是周瑜、鲁肃、诸葛亮的劝说暗合了孙权的既定战略。正是孙权坚持了既定战略，才有了赤壁之战的联刘抗曹，才有了赤壁之战的胜利，并由此奠定了江东此后数十年安定的局面。说起赤壁之战，人们都把功劳记在周瑜、诸葛亮的功劳簿上，其

---

① 陈寿：《三国志·吴志》卷九《周瑜传》。

实，赤壁之战最大的功臣是孙权。没有孙权坚持既定战略，就没有联刘抗曹，就不会有赤壁之战的胜利。就此而论，孙权坚持既定战略是成功的。

三、“割据江东以观成败”战略的得失

从孙策的“以吴越之众，三江之固，足以观成败”，到鲁肃为孙权制定的“鼎足江东，以观天下之衅”，都是守成的战略。孙权是善于守成之人，所以“割据江东以观成败”的战略不仅很容易为孙权所接受，而且成为孙权长期坚持的战略。凭借三江之固、国险民附、将士用命，孙权执行既定战略取得了很大成效，使之雄立江东，无人敢小视。就连曹操也曾感慨“生子当如孙仲谋”①。

孙权是守成之人。这从他对待鲁肃的战略构想就可以看出来。按照鲁肃的战略构想，割据江东以观成败，只是第一步。这是先求站稳脚跟，再求发展。关键点在发展，这就是鲁肃构想的第二步，即“竟长江所极，据而有之”，这样就可以由偏安江东一隅变成占据半壁江山。只有实现了第二步，才可以进行第三步，即“建号帝王以图天下”。这是一个积极进取的战略。可惜，孙权是一个守成之人，当别人没有威胁到他的时候，他是不愿意主动出击的。所以，他认为鲁肃这个战略不切实际，非他的能力所能及。事实上，孙权是一直按照鲁肃战略构想的第一步去做的。这样做的结果是有得有失。其得，是通过赤壁之战使江东得到较长时期的安定，把兵燹战乱阻止在江东之外；其失，是赤壁之战后，赤壁之战的成果几乎全部被刘备攫取，孙权控制的地方并没有增加多少。当然，这还不是最重要的，最重要的失误则在于孙权以守成之君的形象出现，缺少了积极进取的锐气，使得东吴在三国鼎立之后，长期处于被动挨打的地位。其主动出击的情况并不多，可得而数者，有建安十九年（214 年）攻皖城，乘曹操入汉中威胁刘备之机，与刘备践约，分荆州、长沙、江夏、桂阳以东属东吴，南郡、零陵、武陵以西属刘备。② 建安二十四年（219 年），孙权部将吕蒙乘关羽樊城战曹仁之机，袭取荆州。这大概是孙权所得最多的一次了。但孙权与刘备也自此结下仇怨。

---

① 陈寿：《三国志·吴志》卷二《孙权传》。

② 陈寿：《三国志·吴志》卷二《孙权传》。

由于孙权不能积极进取，而是热衷守成，结果就造成了东吴长期被动挨打的局面。曹操挟天子以令诸侯，多次进攻东吴；曹丕称帝后，也时常派遣能征惯战之将进击东吴。就连弱小的刘备也不把孙权放在眼里，因关羽、张飞之死而发兵进攻东吴。以当时的情势而论，孙权和刘备任何一方都不是曹魏的对手，唯有孙刘联合，互为屏障，方可与曹魏抗衡。可惜刘备、孙权皆不知此理，诸葛亮虽明此理，但刘备在时，他也不能擅专。他留给关羽的“北拒曹操、东和孙权”的锦囊妙计，也不被关羽当回事儿。吕子明白衣渡江，袭取荆州，斩杀关羽，孙刘失和结怨。从此东吴和西蜀屏障皆失，后来遂被各个击破。

孙权和诸葛亮选择的是完全相反的路子。诸葛亮自知蜀汉在三国中最为弱小，如果被动防守，只有被动挨打的份儿，蜀汉更难以长久，所以，诸葛亮就选择了以攻为守，依靠连年不断的进伐中原，来保持蜀汉的士气。其实，诸葛亮是知其不可为而为之，是勉为其难。孙权就不同了。他自恃有三江之固，满足于割据一方，就采取被动防守的策略。从战术上讲，这叫以逸待劳；从战略上讲，这叫自取败道。如果不是诸葛亮长年不断地征伐中原，曹魏把主要力量用于对付诸葛亮，东吴哪里会有安稳的日子？

要实现“割据江东以观成败”的战略，是需要外部环境的。那就是像汉末大乱那样，各路豪强你争我斗，顾不上江东这块地方。可是，在整个外部环境发生了根本性变化时，如果仍然固守“割据江东以观成败”的战略，那就不仅难以实现“割据江东以观成败”的战略目标，而且还会束缚住自己的手脚，难以与强敌争锋。赤壁之战以后，事实上已经形成了三足鼎立的局面。在这种情况下，想“割据江东以观成败”是完全不可能的。在三足鼎立的局面中，三足中不能缺少任何一足，否则就难以形成三足鼎立。换句话说，孙权想置身事外是不可能的。当此之时，唯有弱小者相互扶持，才可能与强敌抗衡。诸葛亮深明此理，所以，当闻听孙权准备与曹魏结盟时，他立即派遣邓芝赴东吴，申述孙刘联盟的道理：“吴蜀二国，四州之地。大王命世之英，诸葛亮亦一时之杰也。蜀有重险之固，吴有三江之阻，合此二长，共为唇齿，进可并兼天下，退可鼎足而立，此理之自然也。大王今若委质于魏，魏必上望大王之入朝，下求太子之内侍。若不从命，则奉辞伐叛，蜀必顺流见可而进。如此，江南之地非复大王之有也。”① 邓芝的一番话如醍醐灌顶，让孙权忽然明白过来：只有孙刘联盟，才可以与曹魏抗衡，蜀汉和东吴才可能各自割据一方。蜀汉和东吴互为屏障，和则并立，分则双亡。订立盟约，联手抗击曹魏，才是上上之策。

但是，在联刘抗曹的问题上，孙权总是心有余悸，顾忌多多。在强敌环伺的情况下，他始终放不下割据江东的幻想，一味地防守和固守。这不仅导致东吴在三国鼎立期间势力没有增强，地盘没有扩大，反而形成了君臣将士故步自封、不思进取的心态。此心态一旦形成，后果严重，后患无穷。所以，陆逊在《陈时事疏》中告诫孙权“天下未一，当图进取”。可是，当孙权准备有所进取，向南取夷州和珠崖、向北跨海攻公孙渊时，陆逊却又极力劝阻。② 在进取与守成的问题上，陆逊表现得非常矛盾。他自知守成未必能够实现“割据江东以观成败”的战略，但主动出击，对东吴来说可能风险更大。陆逊是继周瑜、鲁肃、吕蒙之后，孙权最为倚重的将领，陆逊尚且如此，其他将领的心态也就可想而知了。

孙权自建安五年继孙策之后统领江东，长期执行“割据江东以观成败”的战略，试图在东南形成独立王国。孙权采取守成的策略，稳定了江东，安抚了百姓，且凭借三江之固、国险民附，过上了一段安定的日子。这是该战略之得。但总体来说，“割据江东以观成败”的战略并没有避免战争，自建安五年一直到东吴被司马炎消灭，东吴战事不断，故辛弃疾说孙权“坐断江南战未休”。在豪强林立、诸侯争霸的时代，孙权想躲进江东成一统，是不大可能的。战争总会找上门来，被动挨打不可避免。即使是在三国时期，如果不是诸葛亮长期北伐中原，羁绊住曹魏的主力，东吴恐怕早在蜀汉之前就灭亡了。曹操感慨“生子当如孙仲谋”，辛弃疾也赞扬孙权“天下英雄谁敌手？曹刘。生子当如孙仲谋”。孙权作为守成之主，确有过人之处。但也正是因为他偏重守成，过于执着“割据江东以观成败”的战略，不仅使东吴失去了很多战略机遇，而且也使东吴最终失去了“割据江东以观成败”的资本。孙权之后，东吴每况愈下，迅速败落，固然与时

---

① 陈寿《三国志·蜀志》卷十五《邓芝传》。
② 陈寿《三国志·吴志》卷十三《陆逊传》。

局变化有关，但孙权的守成策略及由此形成的东吴君臣闭关自守的心态，也是其重要原因。

（本文作者为河南省社会科学院文学研究所所长、研究员）

西晋时期孙吴家族的命运

⊙薛瑞泽

太康元年（280年），西晋灭吴，实现了全国统一。西晋灭吴后，将孙皓及其家族人员迁往洛阳，加上此前孙氏家族投奔西晋的人员，形成了西晋政坛上一个独特的群体。因失去了政权成为西晋政权控制下的亡国孑遗，命运多舛，是孙吴家族命运的基本趋势。兹对西晋时期孙吴家族的命运加以梳理。

一、孙皓的命运

孙皓作为孙吴最后一位君主，在位期间昏庸无道，咸宁五年（279年）八月，晋武帝召集群臣讨论是否伐吴时，益州刺史王濬上疏曰："孙皓荒淫凶逆，荆扬贤愚无不嗟怨。且观时运，宜速征伐。若今不伐，天变难预。令皓卒死，更立贤主，文武各得其所，则强敌也。"并希望晋武帝"无失事机"①，坚定了晋武帝伐吴的决心。

晋武帝既定伐吴之策，咸宁五年十一月，布置平吴策略，"大举伐吴，遣镇军将军、琅琊王伷出涂中，安东将军王浑出江西，建威将军王戎出武昌，平南将军胡奋出夏口，镇南大将军杜预出江陵，龙骧将军王濬、广武将军唐彬率巴蜀之卒浮江而下，东西凡二十余万。以太尉贾充为大都督，行冠军将军杨济为副，总统众军"②。从太康元年正月开始，西晋大军扫清了建邺外围的孙吴军队，三月壬申日，

① 《晋书》卷四十二《王濬列传》，中华书局，1974年。
② 《晋书》卷三《武帝纪》。

“王濬以舟师至于建邺之石头，孙皓大惧，面缚舆榇，降于军门。濬杖节解缚焚榇，送于京都。收其图籍，得州四，郡四十三，县三百一十三，户五十二万三千，吏三万三千，兵二十三万，男女口二百三十万。其牧守下皆因吴所置，除其苛政，示之简易，吴人大悦”①。孙皓在投降时，还将朝廷的六个金玺交给西晋，王嘉《拾遗记》卷八《吴》云：“至晋太康元年，孙皓送六金玺云：‘时无玉工，故以金为印玺。’”关于王濬收降孙皓的过程，《三国志》卷四十八《三嗣主传·孙皓传》云：

（天纪四年三月壬申）王濬最先到，于是受皓之降，解缚焚榇，延请相见。伷以皓致印绶于已，遣使送皓。皓举家西迁，以太康元年五月丁亥集于京邑。四月（《晋书》作五月）甲申，诏曰：“孙皓穷迫归降，前诏待之以不死，今皓垂至，意犹愍之，其赐号为归命侯。进给衣服车乘，田三十顷，岁给谷五千斛，钱五十万，绢五百匹，绵五百斤。”皓太子瑾拜中郎，诸子为王者，拜郎中。

可以看出，孙皓投降后，被司马伷押往洛阳，“举家西迁”，五月方才到达洛阳，受到晋武帝的宽宥，被赐以“归命侯”，并赏赐给他“衣服车乘，田三十顷，岁给谷五千斛，钱五十万，绢五百匹，绵五百斤”。如果说这仅仅是物质上的优待，那么对于孙皓的儿子“太子瑾拜中郎，诸子为王者，拜郎中”，则是政治上的厚待。根据《晋书》卷四十二《王濬列传》记载：“皓乃备亡国之礼，素车白马，肉袒面缚，衔璧牵羊，大夫衰服，士舆榇，率其伪太子瑾、瑾弟鲁王虔等二十一人，造于垒门。”干宝《晋记》亦曰：“吴王孙皓将其子瑾等，泥首面缚降王濬。”② 这说明当时跟随孙皓投降王濬的亲属共有 21 人。

投降西晋王朝的孙皓虽然被任命为“归命侯”，其太子孙瑾官拜中郎，其他儿子被拜为郎中，但在政治上被司马氏紧紧控制，成为司马炎手上的玩物。太康元年（280 年）三月，平吴的消息传到洛阳后，晋武帝下诏在东堂小会。五月庚寅，晋武帝“御临轩，大会于太极殿前，四方贺使、国子太学生、司徒吏副将以上，及吴

① 《晋书》卷三《武帝纪》。
② 《后汉书》卷十三《公孙述传》李贤注引，中华书局，1965 年。

降将吏，皆与会。诏引归命侯孙皓上殿，稽颡陈恩谢罪，称万岁”①。孙皓作为亡国之君，已经没有选择的机会，只得向晋武帝“稽颡陈恩谢罪，称万岁”。晋武帝为了防止孙皓反叛，随时将其带在身边看管起来。但是，晋武帝君臣往往被孙皓奚落。也就是在称颂万岁之后，孙皓对晋武帝也不卑不亢。《资治通鉴》卷八十一《晋纪三·世祖武皇帝中》“太康元年”条云：

（五月）庚寅，帝临轩，大会文武有位及四方使者，国子学生皆预焉。引见归命侯皓及吴降人，皓登殿稽颡。帝谓皓曰：“朕设此座以待卿久矣。”皓曰：“臣于南方，亦设此座以待陛下。”贾充谓皓曰：“闻君在南方凿人目，剥人面皮，此何等刑也？”皓曰：“人臣有弑其君及奸回不忠者，则加此刑耳。”充默然甚愧，而皓颜色无怍。

孙皓回答晋武帝和贾充的话，既羞辱了晋武帝君臣，也表明了自己的态度。与此相类，对晋武帝手下的大臣王济，孙皓同样冷嘲热讽。《晋书》卷四十二《王浑附子济传》云：

帝尝与济弈棋，而孙皓在侧，谓皓曰：“何以好剥人面皮？”皓曰：“见无礼于君者则剥之。”济时伸脚局下，而皓讥焉。

王济与晋武帝下棋时，将脚伸到棋局之下，无君臣之礼，故而孙皓借机讥讽王济，全然不顾王济是晋武帝的近臣。此外，对晋武帝的羞辱在此后交往中仍然存在。《世说新语·排调》云：

晋武帝问孙皓：“闻南人好作《尔汝歌》，颇能为不？”皓正饮酒，因举觞劝帝而言曰：“昔与汝为邻，今与汝为臣。上汝一杯酒，令汝寿万春！”帝悔之。

孙皓通过《尔汝歌》表达了过去与晋武帝平等，而今则成为其臣的事实。而《尔汝歌》的最后两句虽似祝福，实则带有嘲讽的意味，使晋武帝颇为后悔。关于《尔汝歌》的相关记载颇多，散见于《古今谈概·机警部》、《类说》卷五十六、

---

① ［唐］欧阳询撰，汪绍楹校：《艺文类聚》卷三十九《礼部中·朝会》引《晋起居注》，上海古籍出版社，1982年。

《晋书》等书中，其中裴启《语林》云：

吴主孙皓字孙宾，即钟之玄孙也。晋伐孙皓，皓降晋，晋武帝封皓为归命侯。后武帝大会群臣，时皓在座，武帝问皓曰："朕闻吴人好作汝语，卿试为之。"皓应声曰："□。"因劝帝酒曰："昔与汝为邻，今与汝作臣。（阙）汝（阙）春。"座众皆失色，帝悔不及。（《类林杂说》卷五）①

说明晋武帝是在群臣聚会时命孙皓作《尔汝歌》的，而孙皓当着群臣的面，丝毫不给晋武帝留面子，当孙皓吟诵出《尔汝歌》后，"座众皆失色"，使晋武帝很没面子，后悔不迭。

孙皓对晋武帝君臣不留情面，使晋武帝对他警惕有加，再加上心情抑郁，到了太康四年十二月，病死洛阳。《吴录》曰："皓以四年十二月死，时年四十二，葬河南县界。"②《建康实录》卷四《后主》云："后五年，薨于洛阳，葬河南芒山。滕后自为哀策，文甚酸楚。"③ 滕后即孙皓滕夫人，"天纪四年，随皓迁于洛阳"④，故而在孙皓死后作哀策文，影响后世。孙皓的太子孙瑾及瑾弟鲁王孙虔的事迹不详，孙皓的儿子孙璠在晋元帝时始显于世，太兴元年（318 年）十一月，"故归命侯孙皓子璠谋反，伏诛"⑤。孙璠应当是在西晋末年南迁的。孙皓据说有三十余个儿子，史书留存下来的只有三个儿子孙瑾、孙虔和孙璠的名字。

二、孙秀的命运

孙秀投奔西晋是在西晋灭吴之前。孙秀的曾祖父为孙坚，祖父为孙匡，父亲为孙泰。在嘉禾三年（234 年）孙权围攻新城时，中流矢而死。"泰子秀为前将军、夏口督。秀公室至亲，握兵在外，皓意不能平。建衡二年（270 年），皓遣何定将五千人至夏口猎。先是，民间佥言秀当见图，而定远猎，秀遂惊，夜将妻子亲兵数

① 鲁迅：《古小说钩沉》第二集裴启《语林》，《鲁迅辑录古籍丛编》第一卷，人民文学出版社，1999 年，第 18 页。

② 《三国志》卷四十八《吴书·三嗣主传·孙皓传》裴注引，中华书局，1982 年。

③ ［唐］许嵩撰，张忱石点校：《建康实录》，中华书局，1986 年。

④ 《三国志》卷五十《吴书·妃嫔·孙皓滕夫人传》。

⑤ 《晋书》卷六《元帝纪》。

百人奔晋。晋以秀为骠骑将军、仪同三司，封会稽公”。[①] 这里透露了孙秀投奔西晋的直接原因，但更深层的原因应是多方面的。

如果我们将孙秀投奔西晋放在孙吴政治的大背景之下，就可以看出孙秀投奔西晋既是孙吴政治黑暗的体现，也是孙吴灭亡的前兆。孙秀投奔西晋与孙吴经营交趾失败息息相关。永安六年（263 年）五月，交趾郡太守孙谞“科郡上手工千余人送建业，而察战至，恐复见取”，所以，交趾郡吏吕兴等“因此扇动兵民，招诱诸夷”反叛，“吕兴既杀孙谞，使使如魏，请太守及兵”[②]。孙皓在即位之初就面临着“交趾携叛，国内震惧”的严峻形势，元兴元年（264 年），“魏置交趾太守之郡”。甘露元年（265 年）十二月，“晋受禅”。已经取得灭蜀胜利的魏晋政权占领交趾，对孙吴政权构成了弧形包围，所以，宝鼎三年（268 年），孙皓“遣交州刺史刘俊、前部督脩则等入击交趾”，试图解除交趾的危机，结果出师不利，“为晋将毛炅等所破，皆死，兵散还合浦”。交趾仍然为西晋所掌握。建衡元年（269 年）十一月，孙皓“遣监军虞汜、威南将军薛珝、苍梧太守陶璜由荆州，监军李勖、督军徐存从建安海道，皆就合浦击交趾”。然而，进军过程并不顺利，建衡二年春，“李勖以建安道不通利，杀导将冯斐，引军还”。因为向导冯斐导致建安道行军不利，李勖杀冯斐而率军退还，导致交趾仍然被西晋占领。交趾被西晋占领无疑成为孙吴的心腹大患。殿中列将何定上奏孙皓曰：“少府李勖枉杀冯斐，擅撤军退还。”何定作为孙皓的心腹，将李勖置于死地，还因为曾为子求李勖女为妻，被李勖拒绝，何定挟私报复，借孙皓之手，“勖及徐存家属皆伏诛”。到了九月，“何定将兵五千人上夏口猎”。因何定一手遮天，孙秀害怕被何定诬陷，所以投奔晋朝。次年，虞汜、陶璜“破交趾，禽杀晋所置守将”[③]，暂时解决了孙吴的后顾之忧。关于孙秀归降西晋的原因，《太原郭氏录》曰：“秀字彦才，吴郡吴人。为下口（当作“夏口”）督，甚有威恩。孙皓惮，欲除之，遣将军何定溯江而上，辞以捕鹿三千口供厨。秀豫知

① 《三国志》卷五十一《吴书·宗室·孙匡传》。
② 《三国志》卷四十八《三嗣主传·孙休传》。
③ 《三国志》卷四十八《吴书·孙皓传》。

谋，遂来归化。世祖喜之，以为骠骑将军、交州牧。”① 而这道出了孙秀投奔西晋的真正原因。孙秀投奔西晋虽然是因为何定而起，但最终原因应当是孙皓昏庸猜忌所致，正如羊祜所云：“孙皓恣情任意，与下多忌，名臣重将不复自信，是以孙秀之徒皆畏逼而至。将疑于朝，士困于野，无有保世之计，一定之心。平常之日，犹怀去就，兵临之际，必有应者，终不能齐力致死，已可知也。”② 羊祜所说应当揭示了孙秀投奔西晋的真正原因。与羊祜看法相似的是薛莹，当晋武帝询问他吴国灭亡的原因时，薛莹曰：“归命侯臣皓之君吴，昵近小人，刑罚妄加，大臣大将无所亲信，人人忧恐，各不自安，败亡之衅，由此而作矣。”③ 当时人们从天象上也观察到有一批吴人投奔的迹象。《晋书》卷十三《天文志》云：

武帝泰始四年七月，星陨如雨，皆西流。占曰：“星陨为百姓叛。西流，吴人归晋之象好。”后二年，吴夏口督孙秀率部曲二千余人来降。

这其实是后人借天象表达对孙皓恶政的不满。孙秀投奔西晋后，孙皓极为恼怒，《江表传》曰：“皓大怒，追改秀姓曰厉。”④ 《吴志》亦云：“孙皓以孙秀奔魏，改姓厉氏。”⑤

孙秀投奔西晋后受到很高的优待，泰始六年（270 年）十二月，“吴夏口督、前将军孙秀帅众来奔，拜骠骑将军、开府仪同三司，封会稽公”。次年三月，“孙秀部将何崇帅众五千人来降”⑥。不久，孙秀又“转齐王为镇军，在骠骑上”⑦。孙秀受到上述优待是晋武帝引诱吴人的一个策略，正如司马光所云：“初，朝廷尊宠孙秀、孙楷，欲以招来吴人”⑧。而孙秀在西晋平吴、孙皓投降后，对于“群臣皆贺上寿”，唯有“骠骑将军孙秀不贺”，《三国志》卷五十一《吴书·宗室·孙匡传》裴注引干宝《晋纪》曰：

---

① 徐震堮著：《世说新语校笺·溺惑》刘孝标注补，中华书局，1984 年。
② 《晋书》卷三十四《羊祜传》。
③ 《晋书》卷五十七《吾彦传》。
④ 《三国志》卷五十一《吴书·宗室·孙匡传》裴注引。
⑤ ［宋］郑樵撰：《通志二十略·氏族略·以谥为氏》，中华书局，1995 年。
⑥ 《晋书》卷三《武帝纪》。《晋书》卷四十《贾充传》云：“时吴将孙秀降，拜为骠骑大将军。”。
⑦ 《宋书》卷五十七《蔡廓传》，中华书局，1974 年。
⑧ 《资治通鉴》卷八十一《晋纪三·世祖武皇帝中》“太康元年”条，中华书局，1956 年。

秀在晋朝，初闻皓降，群臣毕贺，秀称疾不与，南向流涕曰："昔讨逆弱冠以一校尉创业，今后主举江南而弃之，宗庙山陵，于此为墟。悠悠苍天，此何人哉！"朝廷美之。

孙秀作为孙吴家族的一员，虽然痛恨孙皓的迫害，但对于孙策艰苦创业所建立的政权被孙皓所葬送，痛心疾首，从而赢得了时人的尊重。时人虽然感悟孙秀的哀叹，但并未从中总结出经验教训，王夫之云："孙秀洒南向之涕，诸葛靓怀漆身之忠，晋弗能用焉，其不再传而大乱，有以也夫！"① 西晋正因为没有吸取孙吴灭亡的教训，所以出现了"不再传而大乱"的相同结局，不能不引起人们的反思。

孙秀投奔西晋之后，为了进一步拉拢孙秀，晋武帝将姨妹蒯氏嫁给孙秀为妻。《世说新语·惑溺》云：

孙秀降晋，晋武帝厚存宠之，妻以姨妹蒯氏，室家甚笃。妻尝妒，乃骂秀为貉子。秀大不平，遂不复入。蒯氏大自悔责，请救于帝。时大赦，群臣咸见。既出，帝独留秀，从容谓曰："天下旷荡，蒯夫人可得从其例不？"秀免冠而谢，遂为夫妇如初。

晋武帝将姨妹蒯氏嫁给孙秀，并且达到了笼络孙秀的目的。因此之故，虽然不见于正史，但在《郭子》一书中也有详细的记载，并被《艺文类聚》《太平御览》等类书多次收录。

待西晋灭吴之后，西晋利用孙秀"招来吴人"的目的已经不存在，"及吴亡，降秀为伏波将军，楷为渡辽将军"②。《晋诸公赞》曰："吴平，降为伏波将军，开府如故。永宁中卒，追赠骠骑、开府。子俭，字仲节，给事中。"③ 其政治待遇迅速下降，再加上西晋独特的政治环境，孙秀被相关士人孤立了起来。《晋书》卷六十六《陶侃传》云：

（庐江太守张）夔察侃为孝廉，至洛阳，数诣张华。华初以远人，不甚接遇。侃每往，神无忤色。华后与语，异之。除郎中。伏波将军孙秀以亡国支

① 王夫之：《读通鉴论》卷十一《晋》，中华书局，1975 年。

② 《资治通鉴》卷八十一《晋纪三·世祖武皇帝中》"太康元年"条。

③ 《三国志》卷五十一《吴书·宗室·孙匡传》裴注引。

庶，府望不显，中华人士耻为掾属，以侃寒宦，召为舍人。

陶侃因为来自江南地区，不被张华等人重视，而孙秀又难以融入士人之中，就“以侃寒宦，召为舍人”，颇有惺惺相惜之感。因此之故，孙秀与江南地区来的士人过从甚密。晋惠帝元康六年（296年）八月，氐帅齐万年僭号称帝，围攻泾阳。十一月，朝廷派遣安西将军夏侯骏、建威将军周处等讨齐万年。周处为原孙吴义兴阳羡人，吴国灭亡后，进入洛阳，先后担任新平太守、广汉太守、御史中丞。在担任御史中丞期间，“凡所纠劾，不避宠戚”。最为典型的是梁王肜违法，周处“深文案之”，朝中大臣都厌恶周处“强直”，说他是“吴之名将子也，忠烈果毅”，在这种情况下朝廷“乃使隶夏侯骏西征”。当时身为伏波将军的孙秀知周处将战死疆场，建议周处说：“卿有老母，可以此辞也。”但周处没有采纳，结果战死疆场。①

三、孙吴家族其他人员的命运

孙吴家族以孙皓、孙秀的命运最为典型，代表了在国破家亡之后受制于人的悲惨境遇。孙吴家族其他家族成员在归附西晋后大体走的也是这样的道路。

在西晋灭吴之前，孙楷投奔西晋前后的境遇与孙秀一样。孙楷之父孙韶，“伯父河，字伯海，本姓俞氏，亦吴人也。孙策爱之，赐姓为孙，列之属籍”。本为孙氏家族的近亲，但在孙皓在位期间颇受怀疑，“天玺元年（276年），征楷为宫下镇骠骑将军。初永安贼施但等劫皓弟谦，袭建业，或白楷二端不即赴讨者，皓数遣诘楷。楷常惶怖，而卒被召，遂将妻子亲兵数百人归晋，晋以为车骑将军，封丹杨侯”②。孙楷投奔西晋在灭吴之前，晋武帝对待孙楷与孙秀一样持尊宠的态度，“欲以招来吴人”。西晋灭吴后，已经不需要继续对他尊宠，所以《晋诸公赞》曰：“吴平，降为渡辽将军，永安元年卒。”《吴录》比较孙楷与孙秀曰：“楷处事严整不如孙秀，而人间知名，过也。”③ 大体反映了时人的认识。

孙坚兄长孙羌，其子为孙贲，孙贲曾孙孙惠，“父祖并仕吴”。西晋灭吴之后，

---

① 《晋书》卷五十八《周处传》。

② 《三国志》卷五十一《吴书·宗室·孙韶传》。《晋书》卷三《武帝纪》云：咸宁二年六月，“吴京下督孙楷帅众来降，以为车骑将军，封丹杨侯”。

③ 《三国志》卷五十一《吴书·宗室·孙韶传》裴注引。

孙惠开始远离政坛，“州辟不就，寓居萧沛之间”。永宁元年（301年），孙惠跟随齐王冏讨伐赵王伦，“以功封晋兴县侯，辟大司马户曹掾，转东曹属”。然而齐王冏执政后，“骄矜僭侈，天下失望”。孙惠向其提出建议，“讽以五难、四不可，劝令归藩”，虽然言辞恳切，但齐王冏没有采纳他的建议。孙惠担心将来祸及自身，“辞疾去”。不久，齐王冏果然败亡。成都王颖举荐孙惠为大将军参军，兼任奋威将军、白沙督。当时，司马颖正在征讨长沙王乂，以陆机为前锋都督。孙惠劝陆机将前锋都督之位让给王粹，但陆机没有采纳，结果陆机兄弟被诛，孙惠深感伤心和遗憾。孙惠“又擅杀颖牙门将梁俊，惧罪，因改姓名以遁”。后来东海王越在下邳举兵出征，孙惠谎称自己是南岳逸士秦秘之，干谒东海王越，司马越以孙惠为记室参军，“专职文疏，豫参谋议”。拜官散骑郎、太子中庶子，又补司空从事中郎。司马越迁任太傅，以孙惠为军谘祭酒，“数谘访得失”。后来，孙惠又转任彭城内史、广陵相，迁任广武将军、安丰内史。晋惠帝死后，晋怀帝即位，孙惠又“以迎大驾之功，封临湘县公”。永嘉四年（310年），司马睿派遣甘卓讨伐驻守寿阳的镇东将军周馥，孙惠以安丰太守的身份率众策应甘卓，周馥败逃。战后，司马睿以庐江何锐为安丰太守，孙惠只得“暂留郡境”，处境颇为尴尬。何锐为了赶走孙惠，“以他事收惠下人推之”，孙惠认为自己“既非南朝所授，常虑谗间，因此大惧”，于是攻杀何锐，逃奔蛮中，不久病死。孙惠尸骨运回故乡后，“朝廷明其本心，追加吊赙”①。孙惠作为孙氏家族较为偏远的族属，在晋武帝时尚能独善其身，但在晋惠帝时参与到八王争夺权力的混战之中，有独善其身的想法，但环境已经发生了改变，最后也逐步被边缘化。

前文提到的孙河，为孙坚的族子，早年追随孙策，得以赐姓。孙河之子孙桓，孙桓少子孙慎，孙慎之子孙丞。孙丞在孙皓在位期间，为黄门侍郎，与顾荣俱为侍臣。晋灭吴后，“为范阳涿令，甚有称绩”。永安年间，“陆机为成都王大都督，请丞为司马，与机俱被害”。孙丞好学，“有文章，作《萤火赋》行于世”②，也是因

① 《晋书》卷七十一《孙惠传》。《三国志》卷五十一《吴书·宗室·孙贲传》裴注引《惠别传》有相似的记载。

② 《三国志》卷五十一《吴书·宗室·孙桓传》裴注引《文士传》，第1217页。《晋书》卷四十三《王戎传》，第1232页。

参与西晋政治导致了悲惨的结局。在王戎派遣参军罗尚、刘乔领前锋进攻武昌时，“吴将杨雍、孙述、江夏太守刘朗各率众诣戎降”①。这里所提到的孙述为征虏将军孙贲之孙，威远将军孙邻之子，曾先后担任武昌督、平荆州事，他的率先投降，使孙吴政权丧失了武昌战略要地，迅速败亡。

孙吴家族除男性投奔西晋外，女性投奔魏晋朝廷的也大有人在。《晋书》卷二《文帝纪》记载，甘露二年（257 年）八月，“全怿母，孙权女也，得罪于吴，全端兄子祎及仪奉其母来奔。仪兄静时在寿春，用钟会计，作祎、仪书以谲静。静兄弟五人帅其众来降，城中大骇”。此事虽然发生在曹魏高贵乡公甘露二年，但其投奔曹魏，对孙吴也是很大的震动。

孙吴家族后人作为亡国之遗在西晋处于颇为尴尬的地位。随着国家政权的丧失，他们已经失去了赖以生存的政治基础，仰人鼻息，受人歧视。但作为具有独立人格的生命体，他们在西晋政权的控制下，仍然以自己独立的抗争体现其存在，其中以孙皓的表现最为明显。

（本文作者为河南科技大学人文学院院长、教授）

① 《晋书》卷四十三《王戎传》，第 1232 页。

孙思邈《千金方》中养生思想述略

⊙张玉霞　王晶

孙思邈，唐代医药学家，被世人尊为“药王”、孙真人，出生于今陕西省铜川市耀州区孙家塬。幼学经典，聪颖过人，有“圣童”之美誉。善言老庄及百家之说，以修炼行医闻名。唐永淳元年（682 年）卒，享年 140 岁。后人建有“真人祠”“药王山”等纪念之。

孙思邈因“幼遭风冷，屡造医门”，以致“汤药之资，罄尽家产”。加之当时的中国因经历南北朝分裂战乱而民不聊生、疫病流行。于是孙思邈便于“青衿之岁，崇尚兹典”①，立志成为大医。其一生著作颇丰，70 余种，大部分已散失。现留存于世的主要有：《备急千金要方》《千金翼方》《存形炼气铭》《摄养枕中方》《太清丹经要诀》等。传说为其本人的著作还有《老子注》《庄子注福禄论》《会三教论》《千金食治》《玄女房中经》等。其中《备急千金要方》与《千金翼方》为影响最广的两部著作，合称《千金方》，被誉为我国第一部“临症百科全书”，集唐以前医学之大成，千百年来在海内外广泛传播。

《千金方》之所以命名为“千金”，因其认为：“天地之间人为贵”“人命至重，有贵千金”②。据说孙思邈 80 岁开始写作《备急千金要方》，于 110 岁完成，后又于 140 岁临终前完成《千金翼方》。内容包括中医伦理学基础，如“精诚”“习业”等，对内、外、妇、儿科病等都有专卷论述，另还有养生食疗、导引按摩、脉诊针

---

① 李景荣等校释：《备急千金要方校释》，人民卫生出版社，1999 年，第 14 页。
② 李景荣等校释：《备急千金要方校释》，人民卫生出版社，1999 年，第 14 页。

灸、急救解毒等。《千金方》中的养生学思想与方法，直至今日仍为人们所传颂，并广泛应用于人们的生活中。

一、精神养生

精神养生即通过调养心神、舒畅情志等方法保持人体心理平衡，以达到身体健康长寿的目的。其中包括养德、清心、无妄。

中医基础与儒、释、道密不可分，而此三者皆将品行道德置于做人做事的根本，孙思邈本人亦为著名道医，因此他认为养生的目的在于克尽人事，为人类做贡献，而非苟且活命。他在行医中就极其重视医德，《备急千金要方》开篇就有《大医精诚》，讨论医者应当具备的品质道德。在《备急千金要方》序中，孙思邈就提到道德是养性的前提和必要条件，养生的根本在于养性，如能做到"性善"，就可以百病不生，避开祸乱灾害。"夫养性者，欲所以习成性，性自为善，不习无不利也。性既自善，内外百病自然不生，祸乱灾害亦无由作，此养性之大经也。"① 由此可见，道德是养性的根本所在，欲养生者，必须把道德修养放在首位，具备了良好的人品，才可以得到长生，"故养性者，不但饵药餐露，其在兼于百行。百行周备，虽绝药饵，足以遐年。德行不克，纵服玉液金丹，未能延寿"，"故愚者抱病历年而不修一行，缠病没齿，终无悔心"②。

《内经》中有"恬淡虚无，精神内守"③。道教也把"无为""寡欲"作为重要教义。因此孙思邈认为养生长寿其实并不复杂，只要有一个平和淡泊的心态。"道不在烦，但能不思衣食，不思声色，不思胜负，不思曲直，不思得失，不思荣辱，心无烦，形勿极。"④ 他在"卫生歌"中云："世人欲识卫生道，喜乐有常嗔怒少。心诚意正思虑除，顺理修身去烦恼。""恩爱牵缠不自由，利明萦绊几时休。放宽些子自家福，免致中年早白头。"⑤ 清静无为、清心寡欲可使人体内真气和畅，精神

① 李景荣等校释：《备急千金要方校释》，人民卫生出版社，1999 年，第 572 页。
② 李景荣等校释：《备急千金要方校释》，人民卫生出版社，1999 年，第 572 页。
③ 吴少祯主编：《黄帝内经集注》，中国医药科技出版社，2014 年 10 月，第 2 页。
④ 李景荣等校释：《备急千金要方校释》，人民卫生出版社，1999 年，第 572 页。
⑤ 吕选民编著：《药王孙思邈养生长寿术》，陕西科学技术出版社，1991 年 4 月，第 93 页。

饱满，自然能却百病。

孙思邈竭力主张“无妄以全神”，总结出对养生有益的“行十二少”“除十二多”：

十二少：少思、少念、少欲，少事，少语，少笑，少愁，少乐，少喜，少怒，少好，少恶。

十二多：多思则神殆，多念则志散，多喜则妄错昏乱，多笑则脏伤，多事则形劳，多语则气乏，多欲则志昏，多好则专迷不理，多愁则心摄，多怒则百脉不定，多乐则意溢，多恶则憔悴无欢。①

此外还有“记十九无、四忌、四无妄”等，以提醒世人尽量避免这些有违养生的行为方式，从而健康生活，以达到颐养天年的目的。

二、饮食养生

孙思邈认为饮食和药物皆为养生的重要途径，饮食乃人类安身立命的根本，任何人要生存，都离不开食物，因此食物对养生的重要性可想而知。然而人吃五谷杂粮，难免有恙，一旦生病，需“救急之速，必凭于药”。所以对这二者的性质，都要有所了解，不可偏颇。但他并不主张随意用药，而是把食疗放在更重要的位置上。

1. 孙氏食疗讲究合理调配、全面配伍

《内经》中就有“五谷为养，五果为助，五畜为益，五菜为充”②，因此孙氏要求人们根据自身需要，合理搭配各项饮食，反对长期单一饮食，以免造成营养不良。食物搭配时，也要结合自身体质、季节、地域等情况合理安排。孙氏在《备急千金要方·食治》中详细论述了25种谷物、40种肉类、58种蔬菜、29种果实及其制品，以及性味功效、宜忌等，对养生保健和防病治病有着重要意义。

孙氏也提出“食不欲杂”，认为“杂则或有所犯。有所犯者，或有所伤。当时

---

① 李景荣等校释：《备急千金要方校释》，人民卫生出版社，1999年，第572页。

② 吴少祯主编：《黄帝内经集注》，中国医药科技出版社，2014年10月，第22页。

虽无灾苦，积久为人作患”[①]，指的是人们如果同时享用的食物种类太多，有可能会对身体造成不良影响。如芥菜不能与兔肉同食，生葫不能与青鱼同食，牛肉不能与猪肉同食等等。同时孙思邈还提出饮食需适量有节，无论吃哪种食物都不宜过量，暴饮暴食，图一时嘴上之快，就会造成机体失调，从而危害健康。有些强身益气、生津止渴的食物，虽然对身体有益，但若掌握不好用量，摄取过多，反而伤身。比如“乳酪酥等常食之，令人有筋力，胆干，肌体润泽。卒多食之，亦令胪胀泄利，渐渐自已”。又如“奈子，味酸苦寒涩，无毒。耐饥，益心气，不可多食，令人胪胀。久病人食之，病尤甚”[②]。先饥而食，先渴而饮，少食多餐，常欲令如饱中饥，饥中饱，而且要少吃荤腥，多吃素淡，忌食生杂，为孙氏所倡导的饮食节制养生长寿法。他在“卫生歌”中亦云：“太饱伤神饥伤胃，太渴伤血并伤气。饥餐渴饮勿太过，免致膨享伤心肺。醉后强饮饱强食，未有此身不成疾。人资饮食以养身，去其甚者自安适。”[③]

2. 孙氏食疗讲究五味调和

各种食物与药物一样，都有它们的性味归经。味指的是酸、苦、甘、辛、咸，归经指的是各种食物不同性味对应的五脏，如肝应酸、苦应心、甘应脾、辛应肺、咸应肾。五味调和才有益于健康，偏嗜哪种食物，都会引发疾病。孙氏总结出“五脏不可食忌法”，来源于《内经》中“多食酸则皮槁而毛夭，多食苦则筋急而爪枯，多食甘则骨痛而发落，多食辛则肉胝而唇褰，多食咸则脉凝泣而色变”[④]。因此孙思邈倡导合理利用五味促进五脏健康以及利用五味消除体内疾病的观点，他列举出了“五脏所宜食法”，如肝病宜食麻、犬肉、李、韭，心病宜食麦、羊肉、杏、薤，脾病宜食稗米、牛肉、枣、葵，肺病宜食黄黍、鸡肉、桃、葱，肾病宜食大豆、黄卷、豕肉、栗、藿。[⑤] 并在此基础上，进一步指出食疗的观点。

3. 饮食要讲究四时宜忌，因人制宜

---

① 李景荣等校释：《备急千金要方校释》，人民卫生出版社，1999年，第559页。
② 李景荣等校释：《备急千金要方校释》，人民卫生出版社，1999年，第559页。
③ 吕选民编著：《药王孙思邈养生长寿术》，陕西科学技术出版社，1991年4月，第93页。
④ 吴少祯主编：《黄帝内经集注》，中国医药科技出版社，2014年10月，第24页。
⑤ 李景荣等校释：《备急千金要方校释》，人民卫生出版社，1999年，第559页。

人体阴阳随四季寒热温凉而变化，因此饮食也应当根据季节变化而适当选择。孙思邈在《备急千金要方·食治》中说："春七十二日省酸增甘以养脾气，夏七十二日省苦增辛以养肺气，秋七十二日省辛增酸以养肝气，冬七十二日省咸增苦以养心气。季月各十八日省甘增咸以养肾气。"① 因此，人体欲达阴阳平衡，就要根据不同季节摄取不同食物，以补充五味，从而最终达到阴平阳秘。

饮食养生中，除根据食物性味、四时变化等注意调节外，还须注意个体之年龄、体质、性情、习惯等方面差异，考虑不同的饮食方案。如老年人肠胃功能衰退，饮食宜清淡，勿过量饮食、勿食生冷寒凉等食物。

除上述以外，孙思邈饮食养生的思路还有以脏补脏、饮食卫生（包括各种加工食物的方法）、食后将息（包括摩腹、散步、漱口等）等，至今仍然为人们广泛使用。

三、房中养生术

房中术在中国有着悠久的历史，房中养生亦是养生学的重要组成部分，起初依附道教而传。孙思邈在《备急千金要方》中专辟《房中补益》一章，对房中养生进行了专题论述。

1. 行房有度

孙思邈不主张禁欲，其言："男不可无女，女不可无男。无女则意动，意动则神劳，神劳则损寿。若念真正无可思者，则大佳，长生也。然而万无一有。强抑郁闭之，难持易失，使人漏精尿浊，以致鬼交之病，损一而当百也。"② 另一方面，孙思邈也主张人们不可纵欲，应行房有度。道教之房中养生的基本宗旨就是："还精补脑。"认为男子应当控制精子的损耗量，通过一定方式，让精子流入脑中，以达养生之效。因此孙思邈告诫人们："精少则病，精尽则死，不可不思，不可不慎之也。"③

---

① 李景荣等校释：《备急千金要方校释》，人民卫生出版社，1999 年，第 559 页。
② 李景荣等校释：《备急千金要方校释》，人民卫生出版社，1999 年，第 589 页。
③ 李景荣等校释：《备急千金要方校释》，人民卫生出版社，1999 年，第 589 页。

2. 合房有术

从医学、养生学角度来讲，夫妻同房要运用科学、适当的方法，如此不但可使双方都达到性的满足，还可促进双方感情和家庭和睦。更重要的是，还有助于彼此身心健康，延年益寿。孙思邈在书中曾表达，同房前“必须先徐徐嬉戏，使神和意感良久，乃可令得阴气。阴气推之，须臾自强。所谓弱而纳迎，坚急出之，进退欲令疏迟，情动而止。不可高自投掷，烦倒五脏，伤绝精脉，生致百病。但数交而慎密者，诸病皆愈，年寿日益，去仙不远矣。……能百接而不施泻者，长生矣”。对于达不到以上要求的人，孙氏则提出“数交而一泄”，其具体方法是：一月数交者，可施泄两次。这样一年施泄二十四次。至于养生效果，孙氏说：“如此皆得一二百岁，有颜色，无疾。若加以药，则可长生也。”①

3. 房中禁忌

若想健康长寿，除以上行房有度、合房有术外，还应当遵循房中各种禁忌。如酒后不可入房，否则可使肾精耗散，危害健康；七情劳伤亦不可入房，因其气血未定，令人发痈疽。疲劳状况下行房，会使人五老虚损，少子。病人或大病初愈者，因气血不足，精虚脉弱，犹有热毒等原因，不可行房。此外还有气候异常，妇女经、孕、产、乳期、行房等皆不可入房。对于60岁以上的老人，“凡觉阳事辄盛，必谨而抑之，不可纵心竭意以自贼也”②。

4. 房中导引

指的是夫妻同房时为促进身心健康而为的一种养生方法，包括“采气法、吐纳法、存想法、还精补脑法、泄后按摩导引法”等。

5. 婚育有时

孙思邈在唐初就曾提出“婚育有时”，符号现代优生优育的观点，如主张婚嫁应当在20岁以后。因人类的各种生理活动都必须与自然界节律相适应，孙氏就从人与自然相适应的生物节律出发，提出受孕的最佳时间。而当代大量的国内外医学研究证实，受孕时间与其生长后的智商与情商都是有联系的。

---

① 李景荣等校释：《备急千金要方校释》，人民卫生出版社，1999年，第589页。

② 吕选民编著：《药王孙思邈养生长寿术》，陕西科学技术出版社，1991年4月，第68页。

四、起居有常养生法

中医养生非常重视作息规律，即起居调摄，此为健康长寿的一个重要因素。而孙思邈所言之“起居有常”，还包括穿衣、沐浴、出行等各个生活细节。

1. 睡眠的养生要求

道教非常重视睡眠，因此有很多的睡功和睡方。而作为道医的孙真人，自然总结出很多关于睡眠的养生之术。

孙真人首先对卧室做出了具体要求，即道家一贯所主张的“见素抱朴”。认为卧室里的装饰应当朴实简洁，而非华丽，否则会让人心中难以平和宁静，影响睡眠。同时卧室还应当防风，因为“风为百病之长”，虚邪贼风一旦乘虚而入，便使人罹患疾病。对于睡眠的环境，还应当灭火烛，眠时不可照明；保持室内温度，不可过高或过低。

床铺的安置亦有讲究，“凡人卧，春夏向东，秋冬向西，头勿北卧及墙，北亦勿安床”①。因为东方象征着万物生长，西方象征着万物消弱。而春夏是动植物开始孕育成长的季节，秋冬是动植物开始衰弱消亡的时节。因此睡眠于春夏季节时，头应向东卧，以顺应春夏之生长；睡眠于秋冬季节时，头应向西卧，以顺应秋冬之肃杀，而东南属阳，西北属阴，恰符《内经》中之“春夏养阳，秋冬养阴”之规律，此为天人相应。中国的居室一般都为坐北朝南，“头勿北卧及墙，北亦勿安床”，这样便可有利于多摄取阳光，增加室内与床铺温度，避开寒气对人体的影响。

良好的睡眠习惯，对于高质量的睡眠，更是至关重要。“凡欲眠，勿歌咏”，此与现代医学所倡导的睡前不可兴奋，应使神经系统平和，否则会影响睡眠质量又是不谋而合，睡眠的时间也应当根据四时的规律而进行。如“善摄生者，卧起有四时之早晚，兴居有至和之常制”“春欲晏卧早起，夏及秋欲侵夜乃卧早起，冬欲早卧而晏起”“虽云早起，莫在鸡鸣前；虽言晏起，莫在日出后”等。对于睡眠姿势，孙思邈亦总结出“膝侧卧，益人气力，胜正僵卧”②，指的是侧卧屈腿睡眠可促进

① 李景荣等校释：《备急千金要方校释》，人民卫生出版社，1999年，第578页。
② 李景荣等校释：《备急千金要方校释》，人民卫生出版社，1999年，第578页。

各个脏腑功能，优于仰卧睡眠。这些睡眠理论都是建立在长期实践的基础上，是古人经验的积累和智慧的总结。

2. 穿衣与沐浴的养生要求

本着道家“清静无为”的思想，孙思邈告诫人们：穿衣应当朴素，勿华丽，否则易产生攀比心理。保持平常心，才可保持心理健康，有助于延年益寿。对于着装方面的具体要求，孙氏还提出不可着湿衣，而大汗之后，亦不可急忙脱衣，否则腠理疏松，风贼容易进入。以及天热不可随意脱衣等。

沐浴在我国不仅是一种生活方式，更是一种文化的体现。《礼记·内则》中记载有：“五日，则燂汤请浴，三日具沐。其间面垢，燂潘请靧；足垢，燂汤请洗”①。孙思邈则主张必须按照正确的沐浴方式，才可达到身心健康。如沐浴不可过勤，否则对皮肤不利。沐浴时对浴室和水的温度都有一定要求，同时要求浴室不可过于密闭。沐浴后应当保持温度，切忌湿发吹冷风、湿发入眠。不可空腹入浴，浴后应当补充食物等。对于今天人们的生活习惯，亦有重要的指导作用。

除上述以外，孙思邈的养生长寿方法还有：气功导引按摩法、散步行气法、劳逸适度法、药饵延龄法、健脑益智法、五官保健法、健美养生法、妇幼保健法、心理卫生保健法、病后调理法等。这些方法都与人们的日常生活息息相关，千百年来，一直都在指导人们的日常生活。

孙思邈集儒、释、道三家之说，加上自己数十年丰富的实践经验，创立了一整套综合的养生体系。他首先继承与发展了《黄帝内经》中“治未病”的思想，即现代的预防医学思想，因此他把养生建立在治未病的基础之上。认为人类能否长寿健康，关键在于是否有效地延缓衰老，预防疾病。其言：“死者不可生也，亡者不可存也。是以至人消未起之患，治未病之疾，医之于无事之前，不追于既逝之后。”“每日必须调气补泻，按摩导引为佳，勿以康健便为常然。常须安不忘危，预防诸病也。”② 再者，孙思邈亦奠定了我国食疗食养学的基础，他的食疗思想，为中医食疗营养学的重要组成部分，是饮食养生学派之一代宗师。他的弟子孟诜，在继承

① 杨雅丽著：《〈礼记〉摭论》，人民出版社，2014年10月，第198页。
② 钱超尘主编：《千金翼方诠释》，学苑出版社，1995年，第426页。

他的学术思想后，写出了流传于后世的《食疗本草》。孙思邈在他的那个年代，就非常重视妇幼卫生保健，强调性卫生，且论述甚详，并且积极推广、普及养生功法。更为重要的是，他尤其重视道德养生，其所著《备急千金要方》与《千金翼方》，几乎涵盖了唐以前所有的主要养生论述，其中虽有一些迷信的内容，但仍不失为人类重要的精神财富与宝贵遗产。

（本文作者分别为河南省社会科学院历史与考古研究所副研究员、河南文献网编辑）

唐代孙逖家族科第考述

⊙陈勤娜

举选制度发展到唐代已日趋完备，成为众多入仕之门中最显贵的一种，许多世家大族的兴衰荣辱与举选活动关系密切。以唐代著名的孙逖家族为例①，作为“文学士族”“清流贵族”的家族崛起于孙嘉之的“进士擢第”与“拔萃甲科”，繁盛于孙氏第二代孙逖至第六代孙纾，六代共二十余人科举及第。其中出了一位宰相（孙偓）、四位知制诰（孙逖、孙宿、孙简、孙拙），刺史、令、尉不胜枚举。据现有资料，孙逖家族举选登科人数几乎占整个唐代孙姓登科人数的一半，谓之“文学士族”可谓当矣。而且，这二十余人中，有以制举入仕的，有以进士入仕的，有以明经入仕的，有以书判拔萃入仕的。明经中又有常规的明二经和崇文馆明经。科目繁多，在不同时期又有不同特点。本文拟对唐代孙嘉之及其五代子孙的科第情况进行考察，以期进一步了解唐代举选活动及其变化。

孙逖家族追本溯源，其先一说出于妫姓，齐景公赐姓伐莒有功的田书为孙氏，《新唐书·宰相世系表》：“又有出自妫姓。齐田完字敬仲，四世孙桓子无宇，无宇二子恒、书。书字子占，齐大夫，伐莒有功，景公赐姓孙氏，食采于乐安。”② 因此唐代孙氏以乐安为郡望。其近世祖先可追至晋代孙道恭。孙逖为其父孙嘉之撰写

---

① 据《新唐书·宰相世系表》，唐代孙氏家族有清河孙处约家族和武邑孙嘉之家族两支（参阅《新唐书》卷七十三下《宰相世系表三下》，中华书局，1975 年），本文主要是针对武邑孙嘉之及其五代子孙的考察，因第二代孙逖文名卓著，谥号为“文”，故以“孙逖家族”称之。另，本文所引文献出处，仅首出时详注朝代、作者、出版社和出版时间，后出从略。

② 《新唐书》卷七十三下《宰相世系表三下》，中华书局，1975 年。

的《宋州司马先府君墓志铭》云："至晋长秋卿道恭，有子曰颢，避地河朔，后世居焉。五世孙魏光禄大夫惠蔚，为本朝大儒，自时厥后，不陨其业，公（指孙嘉之）即光禄玄孙也。曾祖孝敏，隋大业中并州晋阳县令，所居之聚，联设衡关，至称为晋阳里。祖仲将，皇朝郓州寿张县丞。父希庄，皇朝韩王府典签。"① 晋代孙道恭六世孙为北魏光禄大夫孙惠蔚，据前引《宋州司马先府君墓志铭》和《新唐书·宰相世系表》可知，孙惠蔚子伯礼袭其父爵为枣强男，曾居巴州刺史等职，为孙嘉之高祖。伯礼子孝敏，隋晋阳令，为孙嘉之曾祖；孝敏子仲将，唐寿张丞，为孙嘉之祖父；仲将子希庄，唐韩王府典签，孙嘉之之父。孙氏一族入唐之初人丁凋零，四世单传，孙逖《宋州司马先府君墓志铭》云："自晋阳至府君，四世而传一子，故五服之内，无近属焉。府君四岁而孤，无所怙恃。外祖刘士杰，因官居于潞之涉县，府君自幼及长，外族依焉。"② 孙嘉之四岁而孤，依从外祖家生活。

嘉之自幼生活虽贫苦，然文采出众，"弱冠以文章著称，因此游太原，涉西河，以观陶唐之风，河汾之间有盛名矣。"③ 曾经献书阙下极论时政，不过未得重视。天册万岁年间以进士擢第。《旧唐书·文苑传》："（孙逖）父嘉之，天册年进士擢第。"孙逖《宋州司马先府君墓志铭》："天册中以进士擢第，与崔日用、苏晋俱为考功郎中，李迥秀特所摽赏。"《登科记考》卷四证圣元年（九月改元天册万岁）载进士二十二人，有孙嘉之登第，同科进士还有贺知章、许南容、李令琛、崔日用和苏晋。当年考题在《文苑英华》卷五〇二的《书史百家（策问）》中载有孙嘉之当年对策（《登科记考》按今本脱名，据《永乐大典》引补）。

此外，大足元年（701年）孙嘉之还曾中制举的拔萃出类科。《登科记考》卷四于大足元年"拔萃科"下，列有裴宽、孙嘉之、邵炅、齐澣等人，并考云："孙逖撰父嘉之墓志铭：'久视初，预拔萃，与邵炅、齐澣同升甲科。'按久视时无拔萃科，故附是年。"④ "《旧书·文苑传》：'齐澣，定州义丰人。弱冠时以制科登第。'按《新书》作圣历初，误。"岑仲勉《〈登科记考〉订补》于是年补寇洋名，并考

① ［清］董诰：《全唐文》卷三一三《宋州司马先府君墓志铭》，中华书局，1983年。
② 《全唐文》卷三一三《宋州司马先府君墓志铭》。
③ 《全唐文》卷三一三《宋州司马先府君墓志铭》。
④ ［清］徐松：《登科记考》卷四，中华书局，1984年。

云："按《千唐志斋藏志》天宝七载《广平郡太守恒王府长史寇洋墓志》云：'弱冠应材称栋梁举，策居第一。又试拔萃出类科，与邵升、齐澣同时超等。'则拔萃科之全名应为'拔萃出类'，拔萃乃其省称。"[①] 则寇洋、孙嘉之、邵炅、齐澣等人所应拔萃科为制举之"拔萃出类科"。

孙嘉之为孙氏家族作为文学士族崛起的第一代人，其后二至六代子孙以科举入仕者多达二十余人，兹列举如下：

一、二代

1. 孙逖，孙嘉之长子。制举手笔俊拔、哲人奇士隐沦屠钓、贤良方正、文藻宏丽四科登第。

孙逖在孙氏家族的崛起中所起的作用至关重要。孙逖文名早著，《旧唐书·文苑传》载："逖幼而英俊，文思敏速。始年十五，谒雍州长史崔日用。日用小之，令为《土火炉赋》，逖握翰即成，词理典赡。日用览之骇然，遂为忘年之交，以是价誉益重。"[②] 孙逖工诗善文，"掌诰八年，制敕所出，为时流叹服"[③]。"开元间，苏颋、齐浣、苏晋、贾曾、韩休、许景先及逖典诏诰，为代言最，而逖尤精密，张九龄视其草，欲易一字，卒不能也。"[④]

孙逖科第科目时间各书所载不同。《旧唐书·文苑传》载："开元初，应哲人奇士举，授山阴尉。迁秘书正字。十年，应制登文藻宏丽科，拜左拾遗。"而《新唐书·文艺传》载："举手笔俊拔、哲人奇士隐沦屠钓及文藻宏丽等科。开元十年，又举贤良方正。"《唐才子传校笺》载："开元二年，举手笔俊拔、哲人奇士隐沦屠钓及文藻宏丽等科第一人及第。"[⑤] 颜真卿《刑部侍郎赠右仆射孙文公集序》载："故其试言也，年未弱冠而三擅甲科，吏部侍郎王丘试《竹帘赋》，降阶约拜，以

---

① 《登科记考》附岑仲勉撰《〈登科记考〉订补》。
② 《旧唐书》一九〇《文苑传·孙逖传》，中华书局，1975年。
③ 《旧唐书》一九〇《文苑传·孙逖传》。
④ 《新唐书》卷二〇二《文艺传·孙逖传》。
⑤ 傅璇琮主编：《唐才子传校笺》（第1册），中华书局，1987年。

殊礼待之。"[①] 开元二年孙逖年十九，故云"年未弱冠"，"三擅甲科"则可见开元二年登三科第。《旧唐书》仅载"哲人奇士举"有脱漏。然而据考，《新唐书》所载"举手笔俊拔、哲人奇士隐沦屠钓及文藻宏丽"亦不确。常衮《叔父故礼部员外郎墓志铭》载："（常无名）开元十年举文藻宏丽……与孙逖同入第二等。"[②] 因此，孙逖开元二年当是举手笔俊拔、哲人奇士隐沦屠钓及贤良方正三科，开元十年再举文藻宏丽科，《唐才子传笺》所考为是。

2. 孙遘，孙嘉之子，孙逖弟。两登制科。

《唐代墓志汇编》收蒋伸撰《孙景商墓志》："公讳景商，字安诗，乐安人也……王父讳遘，年未弱冠，两登制策殊等。"[③] 惜文献阙如，时间科目不详。

3. 孙造，孙嘉之子，孙逖弟。制举文词雅丽科登第。

《千唐志斋藏志》录孙保衡撰《孙婴墓志》："府君讳婴……父造，天宝初应文词清丽举，与郭纳同登甲科，官至詹事府司直。"[④] 按：《册府元龟》载开元二十六年"八月甲申，亲试文词雅丽举人，命有司置食……有郭纳、姚子彦等二十四人升第，皆量资授官"。岑仲勉《〈登科记考〉订补》由是将孙造系于开元二十六年制举文词雅丽科下。[⑤] 据《登科记考》，除了郭纳、姚子彦，同科举人还有冯万石。

孙氏二代另有一位孙遹，不以文章显，未曾登科第，然其后世子孙多人登科。

二、三代

1. 孙宿，孙逖子，制举登第，平判入等。

《唐代墓志汇编》残志015《孙说墓志》："曾祖府君讳宿，笃富刀翰，摛丽瑰

---

① ［宋］李昉：《文苑英华》卷七〇二颜真卿《刑部侍郎赠右仆射孙文公集序》，中华书局，1966年。

② 《文苑英华》卷九四二，常衮《叔父故礼部员外郎墓志铭》。

③ 周绍良：《唐代墓志汇编》大中一二〇《唐故天平军节度赠兵部尚书乐安孙府君墓志铭》，上海古籍出版社，1992年。

④ 河南省文物研究所：《千唐志斋藏志》贞元十八年《唐故宣议郎京兆府蓝田县尉乐安孙府君墓志铭并序》，文物出版社，1984年。

⑤ 《登科记考》附岑仲勉《〈登科记考〉订补》。

藻，判入高等，授秘书省校书郎。”① 《全唐文补遗》收令狐绹《孙简墓志》：“公讳简，字枢中……大父讳宿，又传文公（孙逖谥号）之业，登制举为谏议大夫、中书舍人，终华州刺史。”②《全唐文补遗》收孙绿《孙绚墓志》：“府君讳绚，字佩之……曾祖府君讳宿，判入高等，累迁中书舍人、华州刺史。”③

2. 孙成，孙逖子。崇文馆明经，考判登第。

《旧唐书·文苑传》载：“成字退思，以父荫累授云阳、长安尉，历监察御史，转殿中。”④ 称孙成以门荫入仕，然而《千唐志斋藏志》录孙绛撰《孙成墓志》云孙成明经及第：“君讳成，字思退……龆岁崇文馆明经及第，参调选部，年甫志学，考判登第，竦听一时，解褐授左内率府兵曹参军。”⑤ 按：《旧唐书·文苑传》载“（孙逖）子宿、绛、成”，则孙绛为孙成之兄，其言更为可信。此外，据陈飞考证，“崇文馆明经”与常规的明经有所不同，是专门针对贵族子弟的崇文生的一个“照顾性”考试，其试目与录取难度都较低⑥，大概这也是《旧唐书》认为孙成以门荫入仕的一个原因。此外，这里的“考判登第”语焉不详，唐代有常选的平判入等和非常选（科目选）的书判拔萃科，皆以判为试目，未知孰是。

三、四代

1. 孙公器，孙宿子。书判拔萃科。

《唐代墓志汇编》残志 015《孙说墓志》：“大父府君讳公器，抗志耽学，应书判超绝登第，授京兆府雩县主簿。”⑦ 《全唐文补遗》收令狐绹《孙简墓志》：“公

① 《唐代墓志汇编》残志 015《唐故朝议郎前守蓬州刺史乐安孙府君墓志铭并序》。

② 吴钢：《全唐文补遗》第四辑《唐故银青光禄大夫检校司空□□□□□□□司□□上柱国乐安县开国侯食邑一千户赐□□孙公（简）墓志铭并序》，三秦出版社，1997 年。

③ 吴钢：《全唐文补遗》第六辑《唐故湖南观察巡官前同州郃阳县尉乐安孙府君（绚）墓志铭》，三秦出版社，1999 年。

④ 《旧唐书》一九〇《文苑传·孙逖传附子成传》。

⑤ 《千唐志斋藏志》，第 950 页《唐故中大夫守桂州刺史兼御史中丞充桂州本管都防御经略招讨观察处置等使上柱国开国男赐紫金鱼袋孙府君（成）墓志铭并序》。

⑥ 陈飞：《唐代试策考述》，中华书局，2002 年。

⑦ 《唐代墓志汇编》残志 015《唐故朝议郎前守蓬州刺史乐安孙府君墓志铭并序》。

讳简，字枢中……烈考讳□器，又继词科高第，历监察，后为濠、信二州刺史。”①《全唐文补遗》收孙绿《孙绚墓志》：“大父府君讳公器，超绝登科，累迁邕管经略招讨等使，兼御史中丞，赠司空。”② 杜佑《通典》卷一五《选举典·历代制》云：“选人有格限未至，而能试文三篇，谓之‘宏词’；试判三条，谓之‘拔萃’，亦曰‘超绝’。词美者，得不拘限而授职。”③ 所以公器“书判超绝登第”实际上即吏部科目选的书判拔萃科。

2. 孙公乂，孙会之子，孙逦之孙。明经。

《千唐志斋藏志》收冯牢撰《孙公乂墓志》：“公讳公乂……年十四，初通两经，随乡荐上第。”④ 公乂生于大历七年（772 年），十四岁明经及第当在贞元二年（786 年）。

3. 孙景商，孙起之子，孙遘之孙。进士。

《唐代墓志汇编》收蒋伸撰《孙景商墓志》：“公幼奇卓，动举与凡儿异，稍长，力文学。读书见古阐才振节以辅时，必深揣擢，且有以自练其志。性端介，寡与人交。大和二年，清河崔公郾下擢进士甲科。”⑤ 可见孙景商为大和二年进士。

四、五代

1. 孙简，孙公器子。进士，平判入等。

孙简长于文学，《全唐文补遗》收令狐绹《孙简墓志》：“公讳简，字枢中……服除，举进士。元和二年，故太常崔公邠掌春闱，升居上第，后赴调集判入高等，授秘书省正字。所试出人，人皆传讽。”⑥《唐代墓志汇编》残志 015《孙说墓志》

---

① 《全唐文补遗》第四辑《唐故银青光禄大夫检校司空□□□□□□□司□□上柱国乐安县开国侯食邑一千户赐□□孙公（简）墓志铭并序》。

② 《全唐文补遗》第六辑《唐故湖南观察巡官前同州郃阳县尉乐安孙府君（绚）墓志铭》。

③ ［唐］杜佑：《通典》，中华书局，1988 年。

④ 《千唐志斋藏志》，《唐故银青光禄大夫工部尚书致仕上柱国乐安县开国男食邑五百户孙府君（公乂）墓志铭》。

⑤ 《唐代墓志汇编》大中 120《唐故天平军节度赠兵部尚书乐安孙府君墓志铭》。

⑥ 《全唐文补遗》第四辑《唐故银青光禄大夫检校司空□□□□□□□司□□上柱国乐安县开国侯食邑一千户赐□□孙公（简）墓志铭并序》。

载："烈考府君讳简，擢进士第，判入殊等，授秘书省正字。时南场所试，为搢绅推最，歌讽在口，由此时人号为制判家。自□镇从事拜监察，历位至谏议大夫知制诰。时宰执加官，例自翰林颁诏，执政者异笔直送阁下，冀较其能否，自阁长已下皆叠手洽背，相顾不能下笔。太保公遂援翰立构，以副权命，当时瞻实于文学者，无不降叹捷，拜中书舍人，盖时宰酬劝也。"① 孙简擅文，科场试文被时人广为传诵，制诰援笔立成为人叹赏。

2. 孙范，孙简弟，孙公器子，孙宿孙。进士。

《旧唐书·文苑传》载："公器子简、范，并举进士。"

3. 孙琩，孙公乂子，进士。

《千唐志斋藏志》收冯牢撰《孙公乂墓志》："公讳公乂……第四子琩，登进士第。"②

4. 孙瑝，孙公乂子，进士。

《全唐文补遗》收李都撰《孙瑝墓志》："公讳瑝，乐安人。……自冠岁笃于孝悌，声鼓搢绅，郁为名人之所器，仰若兰牙挂颖，香泄人间。故搴芳者争取。由是一贡第进士于李公褒，议者不以为速。"③

5. 孙嗣初，孙逖曾孙。明经。

《唐代墓志汇编》录孙奭撰《孙嗣初墓志》："我大王父逖，皇任左羽林军兵曹参军……君讳嗣初，字必复……年十八，登明经第，释褐授苏州参军。"④ 大王父指曾祖父，则嗣初为逖之曾孙。据《墓志》嗣初卒于咸通七年（866 年），享年五十七岁，则年十八登明经第时当为大和元年（827 年）。

6. 孙备，孙景商嫡子。进士。

《千唐志斋藏志》载孙瑝撰《孙备墓志》："烈考故天平军节度使、检校礼部尚

---

① 《唐代墓志汇编》残志 015《唐故朝议郎前守蓬州刺史乐安孙府君墓志铭并序》。

② 《千唐志斋藏志》，《唐故银青光禄大夫工部尚书致仕上柱国乐安县开国男食邑五百户孙府君（公乂）墓志铭》。

③ 吴钢：《全唐文补遗》第五辑《唐故朝散大夫尚书工部侍郎柱国赐紫金鱼袋乐安孙公（拙）墓铭并序》，三秦出版社，1998 年。

④ 《唐代墓志汇编》咸通〇五三《□□□□□□□□□□□□州昆山县令乐安孙公府君墓志铭并序》。

书、赠兵部尚书康公讳景商，君其嫡子也。……累升歌于春官氏，连战连北，每黜归，必愉愉而喜，以解太夫人之愠。今赵华州主宗伯，挹君而喜曰：'我得俊矣。'果书君于籍中。"① 孙备进考多年，终于中进士第。

7. 孙偓（筲），孙景商子。进士状元。

《新唐书·朱朴传附孙偓传》："孙偓，字龙光。父景商，为天平军节度使。偓第进士，历显官，以户部侍郎同中书门下平章事，迁门下，为凤翔四面行营都统。俄兼礼部尚书、行营节度诸军都统招讨处置等使。始，家第堂柱生槐枝，期而茂，既而偓秉政，封乐安县侯。"②《唐摭言》"梦"条："孙龙光偓，崔澹下状元及第。前一年，尝梦积木数百，偓践履往复。既而请一李处士圆之，处士曰：'贺喜郎君，来年必是状元。何者？已居众材之上也。'"③

五、六代

1. 孙纾，孙简子，进士。

《旧唐书·文苑传》："简，兵部尚书。子纾、徽，并登进士第。"

2. 孙徽，孙简子，进士。

同上。

3. 孙緐，孙简子，进士。

《全唐文补遗》收令狐绹撰《孙简墓志》："有子九人……次曰緐，前进士。"

4. 孙纬，孙范子，博学宏词科。

《唐诗纪事》卷六十："咸通八年宏词登科。"《新唐书·宰相世系表》载为孙范子，并云："纬字中隐，歙州刺史、吏部侍郎。"

5. 孙拙，孙瑝子，孙公乂孙。进士。

《全唐文补遗》收王骞撰《孙拙墓志》："公讳拙，字几玄……举进士擢第甲

---

① 《千唐志斋藏志》《唐故河南府洛阳县尉孙府君（备）墓铭并序》。

② 《新唐书》卷一八三《新唐书·宰相世系表》载："筲字龙光，相昭宗。"《新唐书·宰相表》载："十月，京兆尹孙筲为户部侍郎、同中书门下平章事，判户部。"此处孙筲与《新唐书·朱朴传附孙偓传》载孙偓一致，知孙偓当又名筲。

③ ［五代］王定保：《唐摭言》卷八，中华书局，1960年。

科，解褐户部巡官、秘校、京兆参军、直弘文馆，由相国孙鲁公纬之奏职也。……爰授职方员外郎，知制诰。”①

6. 孙揆，孙逖五世孙。进士。

《新唐书·忠义传》：“孙揆字圣圭，刑部侍郎逖五世从孙也。第进士，辟户部巡官。历中书舍人、刑部侍郎、京兆尹。”②“昭宗讨李克用，以揆为兵马招讨制置宣慰副使，既而更授昭义军节度使，以本道兵会战。克用伏兵刀黄岭，执揆，厚礼而将用之，曰：‘公辈当从容庙堂，何为自履行阵也？’揆大骂不诎，克用怒，使以锯解之，锯齿不行，揆谓曰：‘死狗奴，解人当束之以板，汝辈安知？’行刑者如其所言，詈声不辍至死。昭宗怜之，赠左仆射。”

综上所述，唐代孙氏家族以“文学士族”著称，自孙嘉之至六代子孙的登科情况，初步统计，共22人登科，其中制举4人7次登科（有些人多次制举登科），进士13人，明经3人（含崇文馆明经1人），博学宏词1人，书判拔萃1人，平判入等3人。孙氏家族早期的一代、二代人中，有1位进士，4位应制举登科。三代、四代有以制举登科者，也有以进士、明经和书判拔萃者，五代、六代则多进士登科，这不仅反映了孙子家族科第之盛，在一定程度上也折射了唐代前后期举选制度的变化。

（本文作者为河南省社会科学院文学研究所助理研究员）

① 《全唐文补遗》第五辑《唐故朝散大夫尚书工部侍郎柱国赐紫金鱼袋乐安孙公（拙）墓铭并序》。

② 《新唐书》卷一九三《忠义传下·黄碣传附孙揆传》。

经学家孙星衍及其《周易集解》

⊙李海龙

一、孙星衍其人

孙星衍生于1753年，字伯渊、渊如，自称芳茂山人、微隐。他的出生地是阳湖县观子巷（今常州市区和平南路），后迁居双桂坊（此居今已经被修缮，曾生活过明清两位殿试“折桂”的大学问家）。孙星衍出生时已经是“康乾盛世”的乾隆时期，社会空前稳定，“文化思潮”被严格限制，文字狱时有发生，文化研究进入考据学时代。孙星衍在这样的文化生态环境中，有了成为“经学家”和“考据学家”的背景。事实上，孙星衍是古文经学“乾嘉学派”的重要人物。然而给他更多影响的，我认为还是孙家家世背景，在经历了世代读书以后，他的七世祖中，就有一位明末非常有口碑的厉害人物孙慎行，这无疑成为家族文化的一个标志性人物，具有特别的影响力。在如何弘扬“宗亲文化”这个主题上，我认为家族历史上具有正能量的历史人物，比家训更具有教育意义，正所谓“榜样的力量是无穷的”。

孙慎行（1565—1636年），字闻斯，号淇澳。明万历二十三年（1595年），30岁的孙慎行得中进士第三。其祖上是明朝开国功臣燕山忠愍侯、全宁侯①。其外祖父是明代著名文学家、军事学家唐顺之。孙慎行授翰林院编修，累官至礼部侍郎。崇祯八年（1635年），朝臣一致推荐他为内阁大臣，可惜，未及上任便逝世，享年

① 依《明史·列传第二十一》和《明太祖实录》，孙兴祖是明代开国八十一文武大功臣之一，领大都督分府事，封燕山侯，谥忠愍。其长子孙恪封全宁侯。孙兴祖的幼子孙升因故改姓姚，后代今在。

74岁。著有《困思抄》《慎独义》《文钞》与《玄晏斋集》等。黄宗羲在《明儒学案》中评说："理义之命、气运之命；理义之性、气质之性；理义之心、形气之心。""三者之说，天下浸淫久矣，得先生而云雾为之一开，真有功于孟子者也。"明末最后一个"纯儒"刘宗周评说他："故东林之学，泾阳导其源，景逸始入细，至先生而集其成矣。"可见孙慎行的学术地位之高。在对付明末魏忠贤奸党的江南"东林党"人中，孙慎行也是位重要人物。孙慎行上承祖先影响，其人其行又必然影响到后代，到孙星衍住进早他一百多年的孙慎行的故居，不能说仅仅是巧合（孙慎行、孙星衍故居位于常州市双桂坊59号）。

孙星衍的活动范围主要在江苏、京城、浙江和山东等地，为官在京城和山东，学术活动在江浙地区，有常州、泰州、杭州、绍兴、扬州、南京等地（主讲泰州安定书院、绍兴书院、杭州诂经精舍等书院），教学和研读经籍占据他人生的较多时间。

根据《清史稿》记载，孙星衍青少年时期与江南的杨芳灿、洪亮吉、黄景仁文学相齐，可谓"四大青年才俊"，袁枚（1716—1797年）品评其诗，夸他"天下奇才"，和他成为忘年交。乾隆五十二年（1787年），孙星衍以一甲进士（殿试榜眼）授翰林院编修（所谓文章千古事，优秀人才首先著书立说，其次为官一方），做了三通馆校理。乾隆五十四年，在"散馆"学习期间，因和珅的原因，有些小麻烦，没能留馆。后来任官刑部，乾隆五十九年再升刑部郎中。他为法宽恕，当时的大学士阿桂、尚书胡季堂等都很器重他，有疑狱疑案，就会让他依古义平议。乾隆六十年，授山东兖、沂、曹、济道台，署理按察使等。嘉庆年间，在单县、潍县，无论治河，还是行政执法，都取得了极好的官德，也敢于替人受过，曰："吾既兼河务，不能不为人受过也。"嘉庆四年（1799年），孙母去世，孙星衍丁忧，其间专心治学。嘉庆五年，刊行《孙氏祠堂书目》七卷。嘉庆七年，完成金石学代表作《寰宇访碑录》十二卷。嘉庆十年再出仕，任督办山东粮道。嘉庆十二年，代职布政使职权，直到隐退。孙氏为官期间，执政廉洁。河南、山东两省很多官员因腐败获罪，孙星衍清正廉洁得以幸免。嘉庆十六年，孙星衍称病隐退，回到家乡。嘉庆十九年，于扬州参与校刊《全唐文》。嘉庆二十三年（1818年），孙星衍66岁时病逝。

二、孙星衍学术评介

孙星衍在诗词创作上很有名气，但他不欲以诗为核心，而是深究儒经、史学、文字、音训、金石、书法等，博览群书，勤于著述，诸子百家，皆必通其义，成为清代著名藏书家、目录学家，又是精于金石碑刻篆书隶书刻板的书法家、经学家、诗人。他更精于校勘，辑刊的《平津馆丛书》《岱南阁丛书》堪称善本。嘉庆四年，孙星衍因母亲去世丁忧在家乡赋闲，时任浙江巡抚的阮元①聘用他主持杭州的“诂经精舍”，为诸生讲授经史疑义及小学、天文、地理、算学、辞章等。由此可见，孙星衍的学识广博和对士人的影响。

孙星衍好藏书，听说别人家藏有善本，就借来夜以继日抄写直到完成，家有藏书馆平津馆，藏书甚丰。深入“经藏”后，他认为东晋梅赜弄乱了《古文尚书》，在刑部期间，就集《古文尚书马郑注》十卷、《逸文》二卷，晚年又为《尚书今古文注疏》三十九卷。在《尚书今古文注疏》序例云：

> 《尚书》古注散佚，今剌取书传升为注者五家三科之说：一、司马迁从孔氏安国问故，是古文说；一、《书》《大传》伏生所传欧阳高、大夏侯胜、小夏侯建，是今文说；一、马氏融、郑氏康成虽有异同，多本卫氏宏、贾氏逵，是孔壁古文说：皆疏明出典。其先秦诸子所引古书说及《纬书》《白虎通》等，汉、魏诸儒今文说、许氏《说文》所载孔壁古文，注中存其异文、异字，其说则附疏中。(《清史稿》第四百八十一卷《儒林二》下卷)

其意在网罗流失的旧说，故录汉、魏人佚说为多，又兼采近代王鸣盛、江声、段玉裁诸人书说。前后花了二十二年而后成书。对待学问的态度非今天多数学者敢比。

孙星衍编辑或者撰写的书籍，粗略统计有：《廉石居藏书记》1卷；《平津馆鉴

---

① 阮元生于1764年，卒于1849年，江苏扬州仪征人，葬于祖茔扬州邗江区槐泗镇永胜村。阮元比孙星衍小九岁，孙星衍中进士那年，阮元会试落第，但两年后再参加会试，进士及第，殿试第三名。他是著作家、刊刻家、思想家，在经史、数学、历法、堪舆、编纂、金石、校勘、书法等方面都有着非常高的造诣，被尊为乾隆、嘉庆、道光三朝阁老，九省封疆大吏，一代文宗。

藏书籍记》3卷、续编1卷、补遗1卷，合计5卷；金石学代表作《寰宇访碑录》12卷、《金石萃编》20卷，其中，《金石萃编》为收录石刻种类较多的一部石刻文献目录，对于金石文字，他全部都要考证，得出结论（全书按照时代顺序著录，周秦至元代石刻8000余种，每件石刻注明撰人、书人、书体）。《孙氏家藏书目》外编3卷、内编4卷，后刊行《孙氏祠堂书目》7卷；嘉庆中刻有《岱南阁丛书》16种128卷，主要收集自著诗文集和校订的《古文尚书》《孙子》和地理、刑律方面的古籍；《平津馆丛书》10集32种，主要为辑校的诸子、医学、历史等方面的古籍；《周易集解》10卷；《夏小正传校正》3卷；《明堂考》3卷；《考注春秋别典》15卷；《尔雅广雅诂训韵编》5卷；《魏三体石经残字考》1卷；《尚书今古文注疏》39卷；《孔子集语》17卷；《晏子春秋音义》2卷；《〈史记·天官书〉考证》10卷；《建立伏博士始末》2卷；《续古文苑》20卷；《诗文集》25卷。另有《平津馆文稿》《芳茂山人诗录》《仓颉篇》《神农本草经》等。孙星衍一生都在努力做学问，晚年所著书，多交付文登县的毕亨和嘉兴县李贻德最后完成。

三、孙星衍的《周易集解》

在“易学”发展和研究的历史上，关于《周易》集解的书籍，影响最大的是唐代李鼎祚和清中期的孙星衍。所谓后来居上，孙星衍的《周易集解》是站在更多巨人的肩上，在更宏大的背景下对历史成果总结而得。

四川资中人李鼎祚，在看到王弼《周易注》，以义理注易，传统易学注释面临失散的状况下，努力从战乱后少量存有的古籍中，试图保存不同于王弼注释的《周易》。李鼎祚在编纂《周易集解》一书时，努力汇集各家关于《易经》的解说，在对收集到的注释仍然有不满意的地方，就加入自己的某些见解。以四川交通不便利的条件，躲避了多次全国性的战乱，也帮助他广泛收集资料，汇编注解，在《周易》学上可以说前所未有。李鼎祚在自序中称：“集虞翻、荀爽三十余家。”这个“余”是多少呢？实际探查出四十三家之多：子夏、孟喜、京房、马融、荀爽、郑康成、刘表、何晏、宋衷、虞翻、陆绩、干宝、王肃、王弼、姚信、王廙、张璠、向秀、王凯冲、侯果、蜀才、翟玄、韩康伯、刘瓛、何妥、崔憬、沈驎士、管辖、崔觐、孔颖达、伏曼容、姚规、朱仰之、彭城蔡景君、焦赣、朱序、张伦、孔安国、延叔坚等，附以《九家易》《乾凿度》《易轨》凡十七篇。再与其他集解著作相比，李鼎祚的《周易集解》在编纂上又与前人有很大的不同。首先是他不以本人的注解为主，计全书共集《周易》注二千七百余节，而李鼎祚所加的按语仅仅一百零八节罢了，只占全书注释的不到5%。这充分体现出李鼎祚汇聚众家，以“集解”为核心指导思想的编纂特色。当然，他也有侧重点，就是虞翻、荀爽为最多，虞氏的“注条”接近一千三百节，接近全书的一半，荀氏之“注条”三百余节，约占十分之一强。这就是说，李鼎祚重视纳甲、十二辟卦、旁通之卦、取象《周易》之说。

孙星衍的《周易集解》有很深刻的文化背景，当时“乾嘉学派”形成了一套考据思想和理论方法，又在相对安定的环境下，孙星衍有家学藏书的背景和收集更多书籍的条件，有惠栋等前人的努力，他能够对李鼎祚之前和之后的相关注解进行补录，大约新补录歧解的多达五十余家，集录逸文五百多条，对于今天的研究者无疑有较大的参考价值。当然，孙星衍的《周易集注》不是《周易词典》，他在整理编辑过程中，无疑有自己的选择标准，这样，他不是以李鼎祚的《周易集解》为底本的简单添加，而是根据自己的判断和取舍标准，削减了很多啰唆或重复的表述，还删除了五十多条李鼎祚编入的内容，仅就这个取舍的标准就可以拿出来一一对比，发现更多的方法或者编纂者思想的细节。

孙星衍《周易集解》每条解释分为三个或者四个部分，先是“解”，主要是通常的解释，或者传统的解释；第二部分是“注”，依据王弼《周易注》和韩康伯的补注；第三部分是孙星衍的“集注”；第四部分有的条目才有，就是用了唐代陆德明的《经典释文》或者自己的“按语”，分别标注为“释文”或“按（案）”。孙星衍大量使用王弼、韩康伯注和《经典释文》，前者多达一千一百多条，后者也超过八百条。由此可以发现，孙星衍的《周易集解》具有集大成的地位。当然，《周易集解》有意识回避了宋代的注释，无疑是他古文经学的立场 和重视“汉学”轻视“宋学”的表现。在我看来，宋代的“易学”是“易学”发展史上又一个高峰，几乎当时超过一半的学者学研“易学”，参与或注释过易学，比较有名的“北宋五子”（周敦颐、邵雍、张载、程颢、程颐）都有自己的“易传”，分别从易学的“理”“象数”“气”“义”等方面加以阐释。“宋初三先生”胡瑗、孙复、石介，还有范仲淹、欧阳修、王安石、司马光、苏轼和苏辙等人不是有专论，就是有专著问世。南宋的杨万里、朱熹、陆九渊、张栻、胡宏等也有自己的易传。这些易传，有的有传承，比如邵雍的易学；有的有心得，比如小程（程颐）的《程氏易传》；有的有臆解，比如王安石的《易传》；有的有总结，比如朱熹的《周易本义》。虽然有这些特色，也许孙星衍考虑到“它们”有传世全本，不会丢失，没有用，但是作为郑玄的《周易正义》和王弼的《周易注》一样不会丢失，却大量被集录。这就是说，理由不是大量传播了没有，而是排斥宋学的立场，决定了他的取舍标准。宋明理学，当然明代大家的“易传”自然也就被排除了，更没有清初的《周易折中》和《古今图书集成》的引用。

四、小结

孙氏一族，历史悠久，孙星衍虽然是一位乾嘉学派的大学问家，他的《周易集注》以及他对《尚书》的研究，对诗歌的贡献，对目录学的发展，对补充《四库全书》的努力，都让后人折服。但是，孙星衍只是孙家家族中无数颗璀璨明星中的一颗而已。孙氏名人研究虽然起步了，但步履尚缓，还有大量的名人没有挖掘出来。在当前重视传统文化的大背景下，《人民日报》（2016 年 9 月 5 日）刊出了散文《走进祠堂》，说：“祠堂是国人灵魂的栖息地”“是最正宗的国粹”，追溯到《光明日报》自 2012 年起系列关于“祠堂”的文章和报道，宗祠被重新肯定，我们的研究还有很长的路要走。

在孙氏的星空，可否细数每一颗星呢？

（本文作者为郑州航空工业管理学院中国文化与市场经济研究所所长、教授）

孙中山先生祖源姓氏辩证

⊙曹定云

一、中华孙姓主要来源

孙中山先生姓“孙”，其祖源自然姓“孙”无疑。但中华“孙”姓来源非常复杂，在先秦的华夏部落中，有来自不同的“姓”；在秦之后的很多少数民族中，也分化出“孙”姓氏族。此外，历朝历代，也有赐予“孙”姓的，也有出于某种原因改为“孙”姓的，也有从“复姓”（含孙）省略变为单姓“孙”氏的。据我的初步统计，目前中华“孙”姓来源，至少在44种以上。“孙”姓来源如此之多，在中华姓氏来源排名中，名列前茅。

“孙”姓是中华民族中的大姓，宋代成书的《百家姓》，首句就是“赵钱孙李”，可见“孙”姓在中华姓氏中的地位和影响。“孙”姓来源虽然如此众多，但在先秦，其来源主要有三支，现分述如下：

1. 姬姓卫国孙氏。周初卫国乃周文王第八子康叔所封，因他原封于康，故称“卫康叔”。周公平定“武庚叛乱”以后，把商朝原来统治的部分地区及殷民七族又分封给康叔，以朝歌（今河南淇县）为都城建立卫国。卫国位于今河南北部、河北南部及山东西部部分地区。卫康叔遵周公的旨意，以周文王的“明德慎罚”的政策治理国家，卫国很快发展起来而成为当时的大国。

卫康叔的第八世孙卫武公，名和，是春秋初年的卫国国君。武公有子名惠孙，惠孙有子名耳。姬耳有子名乙，字武仲。当传到武仲时，该支就以祖父名字“惠孙”中的“孙”为氏，称“孙乙”“孙武仲”。卫国的“孙氏”便由此而生。卫国“孙氏”产生后，在朝中地位很高，一直世袭卫国上卿，权倾一国，故“孙氏”在河南地区发展很快，是河南孙氏的主要来源。到了春秋末年，孙氏在卫国的地位逐渐失落，故部分孙氏北迁晋国，成为太原中都孙氏之源。

据有关资料记载，该孙氏中一支世居河南陈留。唐僖宗时，该支中的孙拙出任中书舍人、两浙节度使。孙拙之子孙俐，文韬武略，很有才能。当时爆发了黄巢起义，孙俐被朝廷选为佰将，带兵在闽、越、江右一带，镇压黄巢起义，因立有军功，被封为东平侯。他和他的家人定居在虔州虔化县（今江西宁都），其后代又迁往福建、广东。清康熙年间，这一支孙氏族人再迁入广东香山县翠亨村，后来出了伟大的革命者孙中山，这是后话。

2. 妫姓陈国孙氏。周初陈国妫姓，是帝舜的后裔。周武王伐纣时，虞阏父为周族的陶正，执撑陶器的生产，管理制作烧窑的陶工。由于管理有方，成效显著；又因为他是虞舜的后代，周武王便把女儿嫁给虞阏父之子妫满，并把他封到今河南淮阳一带，建立陈国。妫满死后谥号陈胡公，又称胡公满。妫满的后裔便以陈为氏。

陈国从陈胡公开始，历经十代十二个国君的传承，到陈桓公时发生了内乱：桓公患重病至死，其弟佗杀太子免自立，是为陈废公。而太子免的三个弟弟跃、林、杵臼为兄报仇，联合蔡国设计杀死废公，三人相继被立为厉公、庄公、宣公。厉公在位只有三个月，庄公立七年后去世。宣公继位后，原本立太子御冠，后又要改立宠姬之子敖，便狠心地杀了御冠。厉公之子陈完，字敬仲，与太子御冠交往甚好，怕殃及自己，便逃往齐国。陈完到齐国后，担任管理百工的“工正”之职。陈完的四世孙陈无宇是齐国“上大夫”，其五世孙陈书伐莒有功，被齐景公赐以孙姓，并封其采邑于乐安（今山东惠民县一带）。于是，山东齐国境内妫姓孙氏出现。

发源于山东境内的妫姓孙氏很快兴旺起来，尤其在战国中期，出现了一位赫赫有名的军事家孙武，他带着自己的兵书去见吴王，吴王用他为将。孙武带兵西破强楚，北威齐鲁，战功赫赫。吴王把他封到富春，其地在浙江富阳。孙武后裔孙膑，也是齐国著名的军事家，为庞涓所害受膑刑，故称孙膑，著有《孙膑兵法》。该支孙氏还出了一位重要人物叫孙权，字仲谋，三国时期吴国的建立者，在位二十二年。他是吴郡富春（今浙江富阳）人，属正宗的妫姓孙氏后裔。

妫姓孙氏有两个很响亮的堂号：一是“乐安堂”，孙氏之祖陈书（又称田书）伐莒有功，被齐景公封于乐安，故称“乐安堂”；二是“富春堂”，是大军事家孙武辅佐吴王有功，被吴王封于富春（今浙江富阳），故称“富春堂”，与“乐安堂”是同宗。

3. 芈姓楚国孙氏。楚国本芈姓。关于楚人族源有不同的说法：有华夏说、东夷蛮族说、土著三苗说等。其实，楚民族是华夏族与当地土著民族不断融合而形成的。屈原《离骚》开头就说：“帝高阳之苗裔”，高阳就是颛顼，乃五帝之一，为黄帝的后裔。颛顼后裔中有一支叫祝融，氏族繁衍，分为八姓，临江水与蛮族杂居。祝融后代终陆娶鬼方之女生有六子，第六子叫季连，其分支为芈姓，乃楚人先祖。因此，先秦楚民族中有华夏族的血统是很自然的。

季连后裔中最著名的人物是酋长鬻熊，在商纣王的残暴下，为求得楚族的生存和发展，鬻熊决定投靠周族，并在营救周文王和协助周武王伐纣的过程中，立有功劳。周成王时封功臣后裔，便封鬻熊的曾孙熊绎为子爵，建立楚国。楚国国君改为熊姓。

蚡毛（冒）是春秋初期的楚国国君，姓熊名眴，其子蔿章在当时楚国外交事务中发挥过重要作用。蔿章食邑于蔿，故以蔿命氏。蔿章之子蔿吕成，字叔伯，楚成王时被任命为令尹；其孙蔿贾，字伯嬴，自幼出入楚王宫廷，楚庄王时任工正。蔿贾之子蔿敖，字艾猎，是楚国著名的贤臣孙叔敖，亦袭“令尹”之职。孙叔敖，字孙叔，这一支的后裔以祖字为氏称“孙叔氏”，后来去掉“叔”字，改为“孙”氏。这便是楚国孙氏的来由。

楚国孙氏最重要的堂号是“平治堂”，这是因为孙叔敖在担任“令尹”之职时，把楚国治理得民富国强。堂号是楚王所赐，是对孙叔敖的嘉奖。

以上是先秦时期中华大地“孙”氏的三支主要来源。孙中山先生之族源究竟出自哪一支？我们不得不详考。

二、孙中山先祖谱系中的问题

1. 翠亨孙氏与左步孙氏相混

孙中山先生是广东省中山市翠亨村人，其迁入翠亨村的始祖是十四世祖殿朝公，经十五世恒辉公、十六世敬贤公、十七世达成公（孙中山之父），到十八世孙中山，至此已有五代。因此，翠亨村是孙中山祖籍之地是没有错的。但距翠亨村不远的左步亦有“孙”姓（汉以后，姓、氏不分，均称姓，不另注），且人数众多。由于都是“孙”姓，“五百年前是一家”，自然是“自家人”，一笔写不出两个“孙”字。但问题也恰恰出在这里。

据了解，翠亨村因为孙姓人少，没有孙氏宗祠；而左步因为孙姓人多，是有孙氏宗祠的。辛亥革命成功后，孙中山毅然辞去临时大总统职务，支持袁世凯任大总统。卸任后，中山先生回家扫祭祖墓，他先去迳仔扫祖，然后去左步谒拜孙氏宗祠。这个左步孙氏宗祠是什么模样？有文记载云：

> 其实很简单，和一般村落的祠堂没有什么区别，只有3开门面大小，入内是一个可供活动和休息的厅，中间一个大天井，后面是供奉祖先牌位的神龛，左边是简单的族谱世系和先辈名人画像，其中有孙武、孙膑和孙中山。族谱称孙氏源出乐安，即孙武父亲的封邑，奉孙武为二世祖。孙氏得姓于孙武，这是有据可查的。所以，孙氏大多以孙武为始祖，以乐安为望乡。但中间的传承往往难以有族谱等文献佐证。①

这段文字提出了一个重要问题：它把翠亨孙氏与左步孙氏“合而为一”了，将孙武、孙膑与孙中山当成是同一族系人。实际情况是，左步孙氏与翠亨孙氏是不同的族源。从族谱可知，左步孙氏源于孙武，以乐安为望乡。那左步孙氏显然源出妫姓陈国孙氏。这支孙氏是从东莞上沙迁入香山涌口村的，在明代就已在此定居，属广府主体居民；而翠亨孙氏属客家，是外来户，是从紫金迁入的，迁入之祖是十四世殿朝公，迁入时间是在清代前期。因此，左步与翠亨两支孙氏，族源不同，迁入

① 余火：《寻根问祖，拜谒同宗孙中山祭祖的孙氏宗祠》，太平洋电脑网，2011-10-6。

的时间也不相同，将其合而为一，看成同一族系，显然是不妥的。孙中山也绝非孙武、孙膑之后裔。正因为如此，引文所谓“中间的传承往往难以有族谱等文献佐证”，也就不足为怪了。

2. 台湾编著《孙氏族谱》中的问题

20 世纪 70 年代，由孙中山之子孙科题名，台湾编纂的《孙氏族谱》载：“……以字为氏，乃康氏之后嗣，望出太原，世为卫之卿士……至于齐，则有无宇，生书，字子古，为齐大夫，伐莒有功，景公赐姓孙氏，食采乐安，遂以为郡邑。”①

该族谱将孙中山先祖族源归结为卫康叔之后，但同时又将妫姓孙氏与卫国姬姓孙氏归结到一起。并认为齐景公赐姓孙氏，是孙氏得姓之根源。这同样不妥：它将姬姓卫国孙氏与妫姓陈国孙氏相混了。陈书受齐景公所赐为“孙”氏，食邑于乐安，是妫姓孙氏，与卫康叔之后无关。

3.《富春孙氏族谱》中的问题

该族谱载：“我祖讳俐，号为将，居汴梁，（唐）僖宗中和间，因黄巢之乱，以公才为武，选为承先宣使，引兵游闽越、江右略留，遂居之，即今赣之宁都是也，以功封东平侯。”族谱所记述的是有关陈留孙氏入赣始祖孙俐（实为诩）之事。所记孙俐史实是对的，但冠以“富春孙氏”就不妥了。“富春孙氏”是妫姓，是孙武的后裔，因吴王封孙武于浙江富阳而得名。“富春孙氏”与“陈留孙氏”是两支不同的族系，先祖不同，发源地也不相同，不可混为一谈。相类似的“错误”，亦见于江西宁都田头乡所藏 5 卷本宁都《城南富春孙氏伯房十二修族谱》，同样是将“陈留孙氏”之先祖戴上了“富春孙氏”的帽子。

该族谱还存在另外一个问题，从孙俐（一世祖）入赣，到第七代孙孙友松、孙友义由福建迁到广东紫金县落户，中间只有八代人，而时间长达 500 余年（884—1403）。正如有的研究者指出：“就以孙永（实为友）松于永乐初（1403 年）迁粤计算，从孙俐之孙永松共八辈人，而经历了 500 多年，平均每代相隔 64 年之多，这绝对是不可能的事。”② 这种“不可能”属于《谱系》缺载，已无法补救。

---

① 《乐安郡孙氏族谱》引。

② 杨师群：《孙中山家族先祖与迁徙路线》，网易博客，2011-12-9。

4. 关于《隋唐五代墓志汇编》中的问题

查《隋唐五代墓志汇编》洛阳卷15，唐朝后期有《唐故朝散大夫□尚书工部侍郎柱国赐紫金鱼袋乐安孙公墓志铭》，铭中记载："公讳拙，字几玄，武水乐安人也。"铭中还叙述："孙拙曾祖父孙会，官至吏部尚书；祖父孙公□，以工部尚书致仕；父亲孙瑝，为御史中丞。孙拙进士及第后，历任监察御史、右补阙、河南府常水令、殿中侍御史诸官职，政绩不错，声闻京师，后又拜中书舍人，出使浙越。晚年，授西都留守副使，检校礼部尚书，直至后唐初年，拜工部侍郎。"① 粗略地查看墓志铭发现，此人主要是在唐僖宗、昭宗朝为官，官拜中书舍人，且出使浙越，给人印象应为孙俐之父无疑。根据此碑文，孙拙是妫姓孙氏之后，作为孙拙之子的孙俐，自然也是妫姓孙氏之后人。

但仔细推敲碑文发现，此碑文中的孙拙不可能是孙俐之父。有研究者指出，碑载孙拙"以天成元年岁在丙戌五月十二日薨于洛阳税舍，享年69岁"②，就是说，他生于唐大中十一年（857年），死于后唐天成元年（926年）。而黄巢起义是在875—884年，孙拙此时是18—27岁，如说孙拙本人率军作战，还勉强成立；而说此时孙拙之子已为将官率军去平息起义军，那是绝对不可能的事。孙拙葬于河南平乐乡张扬里，附祖坟旁，也非陈留郡人。这样，便有两种可能：要么孙俐不是孙拙之子，要么在唐朝后期有两个孙拙，且都官中书舍人。

上述分析表明，碑中孙拙之子不可能是率军平定黄巢起义的孙俐。平定黄巢起义的孙俐，其年龄至少与碑文中的孙拙不相上下。年龄这一关就过不去。而且，郡望也不对，平定黄巢起义的孙俐及其父孙拙是陈留郡人，而碑文中的孙拙是武水乐安人。因此，该碑文中的孙拙不是平定黄巢起义的孙俐之父，自然也就不是孙中山的先祖。根据碑文内容，这位孙拙应是妫姓孙氏后裔。

孙中山先祖孙俐祖居河南开封陈留，离先秦卫国孙氏世居之地汲郡（今河南卫辉）只有五六十公里，因此唐代河南陈留孙氏，极可能是先秦卫国孙氏后裔。

5. 关于孙中山祖籍的争论

---

① 陈长安主编：《隋唐五代墓志汇编·洛阳卷15》，天津古籍出版社，2009年。

② 杨师群：《孙中山家族先祖与迁徙路线》。

前文已经指出，在广东省中山市的“孙氏”族群中，有两支不同的“孙氏”：一支来自东莞，是妫姓富春“孙氏”；一支来自紫金，是姬姓陈留“孙氏”。孙中山先生成名后，便发生了中山先生属于哪一族系之争：“东莞说”者认为，孙中山祖籍在东莞，迁入者是（五世祖）礼瓒从东莞迁涌口村；“紫金说”者认为，孙中山祖籍在紫金（永安），迁入者是（一世祖）孙友松兄弟于明永乐年间由福建迁入广东紫金（永安）忠坝公馆背村。这一争论从民国初期一直延续到20世纪80年代。

关于孙中山先生的祖籍，著名学者罗香林的《国父家世源流考》和孙科的《八十述略》诸书①，都有详细的考证与记述，中山先生祖籍在紫金无疑，有详细的谱系作佐证，后文将会论及。问题在于“东莞说”者不顾事实，伪造谱系，给事情真相带来严重扭曲。现略分析如下：

支持“东莞说”者，民国时期有胡去非、孙绳武、叶潮中、邓慕韩等。但是，在罗香林先生《国父家世源流考》问世之前，还没有人真正找到或编辑出版完整的“东莞说”《孙氏家谱》，当时依据的“东莞说”家谱，大略如下：

一世祖至四世祖，没有传承记录，空缺；

五世祖礼瓒从东莞迁居至涌口村居住；

六世乐南；

七世空缺；

八世怀堂；

九世、十世空缺；

十一世瑞英从涌口村迁迳仔蓢村；

十二世连昌至十八世德明（中山）。

在上述谱系中，孙中山先生的十二祖连昌公是十一世瑞英之子，看起来好像“合理”。但这个“谱系”残缺不全，真实的情况人们无法得知。胡去非的《总理事略》认为：“翠亨孙氏系出金陵，传十五世常德公到广东东莞任职，居东莞圆头

① 罗香林：《国父家世源流考》，商务印书馆，1947年。孙科：《八十述略》，载《孙哲生先生文集》第一册，中研院近代史所图书馆，1991年。

山，为入粤始祖；常德公次子华贵公分居上沙乡，华贵公一子礼赞（五世祖）迁居香山涌口门村，至乾隆，瑞英是七世祖。”① 在这里，“十一世祖”瑞英变成了胡氏文章中的“七世祖”，说明当时就没有一个真正靠谱的东莞说“谱系”。说“十一世瑞英”是“十二世连昌”之父，被罗香林教授严厉驳斥。根据有关资料：连昌生于1669年，逝于1728年，孙瑞英1774年迁入翠亨乡迳仔荫村。假如瑞英是连昌之父，那儿子已经去世46年了，其父瑞英才迁入翠亨村。② 这岂不是天大的笑话。因此，“十一世瑞英”是“十二世连昌”之父，完全是人为编造的结果，根本经不起推敲。所谓“十一世瑞英”与“十二世连昌”也根本不存在父子系。

1986年11月，在广州召开的“孙中山国际学术研讨会”上，邱捷、李伯新二位散发了《关于孙中山的祖籍问题》的文章，旧事重提，认为孙中山的祖籍仍在东莞，再次引起了人们的关注。与以前不同的是，此次邱、李二位拿出了新的“东莞版”《孙氏家谱》，详细记载了孙氏家世。与以前旧版《家谱》相比，新版《孙氏家谱》有如下特征：

（1）填补了以前空缺的七世、九世、十世先祖；

（2）增加了过去尚无人知晓或无人考证的20多位子孙，而增加的子孙大部分没有生卒时间。③

针对邱、李二位的文章，杨增兰写出了《翠亨孙世家谱考证》等文章，批驳了邱、李二位的错误观点④，新的“东莞版”《孙氏家谱》表面上看来似乎严谨合理，可实际上却漏洞百出。按照该族谱进行推算，竟出现百岁老人会生儿子、儿子比母亲年龄还大、母亲死了儿子还没有出生等笑话。举例来说，八世祖妣生于1641年，而（九世祖）三个儿子东圆、派源、辛霞分别生于1608年、1616年、1624年，也就是儿子比母亲分别大17岁、25岁、33岁⑤这难道还不荒唐吗？出现这种“荒

---

①　胡去非编纂：《总理事略》，民国本，平装，年代不详，1971年台湾版据民国26年原版重印。

②　谢福健：《国父家世源流汇述》，台北狮谷出版有限公司，1983年。

③　邱捷、李伯新：《关于孙中山的祖籍问题》，《中山大学学报》（社会科学版）1986年4期。

④　杨增兰：《翠亨孙世家谱考证》，相关论述见wugng：《河源紫金是孙中山先祖由江西、福建迁入广东的开基之地》，www. hakkaonline. com/t…，2012-4-21。

⑤　《河源紫金是孙中山先祖由江西、福建迁入广东的开基之地》，www. hakkaonline. com/t…，2012-4-21。

唐”的原因，是新的“东莞版”《孙氏家谱》不是真实的原始记录，而是人为编造的。

面对这场新的争论，广东省文化厅、文物处有关部门认真分析了各方面意见和材料，认为孙中山先生祖籍在紫金是对的，“东莞说”不能成立，并报请文化部、国家文物局定论。

三、孙中山先生直系先祖世次梳理

本文第二节对孙中山先生族谱中的诸多问题，逐一进行辩证，明辨是非，这为孙中山先生直系先祖的梳理创造了条件。现梳理如下：

河南陈留时期。

1. 孙拙。据罗香林《国父家世源流考》和孙科《八十述略》的考证与记载，孙氏先祖是唐僖宗时期的中书舍人及两浙节度使孙拙，族人长年居住于河南的陈留郡，即今河南开封东南的陈留县。该支孙氏亦称“陈留孙氏”。此孙拙不是《隋唐五代墓志汇编》洛阳卷15中的孙拙。

由豫入赣时期。

2.（一传）孙俐（应为诩）。孙拙之子，娶陈氏。由于贤达能干，唐中和三年（883年）黄巢起义，孙俐为承宣使，带兵平息起义军，征战于闽越、江右之间，英勇善战立了军功，被封为东平侯，驻军于虔州虔化县（今江西宁都）。由于治理地方成绩显著，老百姓安居乐业，当地人都挽留他，于是就在那里定居下来。孙俐便成为由豫入赣的南迁始祖。

3.（二传）孙实，孙俐之子，实生七子。

4.（三传）孙士元，孙实第三子。

5.（四传）孙有敬，孙士元之子。

由赣入闽时期。

6. （五传）孙承事，由江西宁都迁居福建长汀河田，成为孙氏由赣入闽的始祖。

…………

由闽入粤时期。

1. （一世）孙友松、孙友义，乃孙有敬第四代孙。《紫金袁田孙氏支谱》载："友松公，偕弟友义公，大明永乐年间（1402—1434年）由闽迁徙到广东嘉应州长乐（今广东五华）县，迨隆庆三年（1569年）新建永安县，即惠州府永安县（今广东紫金县）上镇约开基祖也。"实际就是今日紫金县忠坝公馆背村。这里就是孙中山的祖籍地，也是孙中山先生家庙所在地。由于孙友松是孙氏由闽入粤的始祖，故以"一世"计之。以上谱系中肯定有空缺，有学者指出："就以孙永松于永乐初年（1403年）迁粤计算，从孙俐到孙永松共八辈，而经历了500多年，平均每代相隔64年之多，这绝对是不可能的事。一般以25—30年为一代计算，其中相隔了17—20代人。"① 这一分析十分中肯，此中世系"空缺"已无法补救。

2. （二世）敬忠公。

…………

3. （十一世）鼎标公，曾随钟丁先参加起义抗清，英勇善战，为钟所器重，曾一日升三级，时人称公馆为连升馆，以颂其功也。后兵败战死沙场，孙氏族人四散流徙。

4. （十二世）连昌公，鼎标公次子，旧居永安县（今广东紫金县）忠坝公馆背村，因避官军杀戮，由永安逃至增城，接着又漂流到香山县（今广东中山市）涌口门村。那里当时已有孙姓族人居住。从此谱可以看出，十二世连昌公是十一世鼎标公之子，而绝非"伪谱"中的瑞英之子。孙连昌是外来户，与早在那里定居的"孙氏"不是一回事。俗话说："同姓三分亲，五百年前是一家"，孙连昌就融入当地孙氏族人中，娶妻生子，繁衍后代。但毕竟紫金孙氏人少，这里没有他们的祖祠；而原来在此居住的孙氏有祖祠（在左步）。这就是为什么翠亨孙氏族人回家祭祖时，顺便到左步宗祠去谒拜先祖的原因。

5. （十三世）迥千公。

6. （十四世）殿朝公，乾隆中叶由涌口村迁居翠亨村，成为翠亨村孙家之开

---

① 《河源紫金是孙中山先祖由江西、福建迁入广东的开基之地》，www. hakkaonline. com/t…，2012-4-21。

基祖。

7.（十五世）恒辉公。

8.（十六世）敬贤公。

9.（十七世）达成公，娶杨氏，生三子。

10.（十八世）德明公（孙中山），乃达成公第三子。

从以上世次中，从十一世鼎标公至十八世孙中山，其传承关系非常清楚明确。而从十二世连昌公迁至香山县（今广东中山市）起，其先祖坟墓均指点可数，但十一世以前之先祖，就不清楚了。从二世至十一世存在空缺。究其原因有三：一是孙连昌是外来户，以前的情况因缺乏记载不清楚，后人只能从连昌公开始记起；二是连昌公之父孙鼎标是反清义士，后又兵败战死沙场，这在当时是“诛九族”之罪，后人为避清廷杀戮而四处流徙，对于孙鼎标及有关情况，尽量少记或不记；三是孙连昌是年轻时迁入香山，又逢战乱之时，其先祖谱系，他可能确实记得不清楚。因此，家谱就从自己开始记起。这是造成翠亨孙氏家谱中十一世以前情况不明，记载都是从十二世连昌公开始的主要原因。尽管存在这种情况，那也无法否定翠亨孙氏源自紫金，因为翠亨孙氏的祖祠就在那里，那是割不断的血脉、甩不掉的情缘。

四、结论

讨论至此，可做如下结论：

1. 孙中山先生出生在广东省中山市翠亨村，有谱可查，其迁入翠亨的始祖是十四世殿朝公；其迁入香山县（今广东中山）的始祖是十二世连昌公；其由闽入粤始祖是一世祖孙友松，其迁入地点在今紫金县忠坝公馆背村，这是紫金孙氏的发源之地，也是紫金孙氏的祖籍之地。孙中山先生祖籍源出紫金，非常清楚明确，不容篡改。

2. 紫金孙氏之源，应出自河南陈留，其过程大约是，唐后期孙俐镇压黄巢起义有功，由河南陈留而定居江西宁都；其后孙承事由江西宁都迁至福建长汀河田，再其后便是孙友松、孙友义由福建长汀迁往广东紫金。这一迁徙世代与路线是清楚的。因此，广东紫金孙氏源出河南陈留孙氏，亦不存疑问。那种将广东紫金孙氏戴上“乐安”“富春”等“帽子”都是不妥的。

3. 河南陈留孙氏乃世居之氏族，并非外来迁入者。陈留（今开封陈留）离卫国孙氏世居之地（汲郡）也只有五六十公里。因此，陈留孙氏应是卫国孙氏的后裔。卫国孙氏乃周文王第八子卫康叔之后，姬姓，是黄帝部落子孙。

至此我们可以认定：孙中山先生祖源是姬姓卫国孙氏，属黄帝部落无疑。

（本文作者为北京师范大学历史文化学院特聘教授、中国社会科学院考古研究所研究员）

孙中山与“世界大同，天下为公”

⊙孙俊杰

在中华望姓孙姓的历史中，群星闪耀，名人辈出。据《中国历代人名大辞典》载，在所收录的历史名人中，孙姓达521名，占名人总数的1.15%，排在名人姓氏的第13位。如著名的军事家孙武、孙膑，政治家孙权，医学家孙思邈，更有近代中国伟大的爱国者，民主革命伟大的先驱孙中山先生。

孙中山在他的一生中，有过许多题词和批示，其中他最喜欢题写的，莫过于“世界大同，天下为公”。据统计，在孙中山的题词中，仅目前所辑得的有受主姓氏的“天下为公”，就达32件，其中有赠“南秋瑾，北青霞”的河南女杰刘青霞的，有赠张学良的，也有赠冯玉祥的。关于“大同”的批示也很多，如：1909年为石井晓云题词曰：“四海兄弟，万邦归一。”① 1912年4月3日，卸临时大总统职第3天，在黄兴等人呈文上批：“该会以人道主义提携五族共跻文明之域，使先贤大同世界实现于二十世纪，用意实属可取……”② 在《民生主义》第一讲开头就说：“……故民生主义就是社会主义，又名共产主义，即是大同主义。”③ 可以这样说，他的理想，他的目标，他的钟情，他的崇高品格，都浓缩在“世界大同，天下为公”这八个字之中。这是孙中山的最高的思想境界和最终的奋斗目标。这一思想主要体现在以下几个方面：

① 《孙中山全集》第1卷，中华书局，1981年，第433页。
② 《孙中山全集》第2卷，中华书局，1982年，第331页。
③ 《孙中山全集》第9卷，中华书局，1986年，第355页。

一、天下大同

孙中山“世界大同，天下为公”的精神在政治上表现为天下大同的思想，他的大同思想就是建立一个全体人民各尽其能、各得其所而又和谐相处的理想世界，它起源于中国古代的“大同世界”理想和西方的“乌托邦”理想。

《诗经》中的一首《硕鼠》这样写道：

硕鼠硕鼠，无食我黍！三岁贯女，莫我肯顾。逝将去女，适彼乐土。乐土乐土，爰得我所。

硕鼠硕鼠，无食我麦！三岁贯女，莫我肯德。女逝将去，适彼乐国。乐国乐国，爰得我直。

硕鼠硕鼠，无食我苗！三岁贯女，莫我肯劳。逝将去女，适彼乐郊。乐郊乐郊，谁之永号。

这篇诗中就发出了决心逃离贵族统治者，到达那没有剥削、没有压迫、自由自在、安乐逍遥的安居之所的呼声。这是古代对大同理想的最早描述。

春秋末到秦汉之际是中国古代社会制度剧烈变动的时期，产生了各种各样关于大同理想社会的设计，主要有三种类型：农家的“并耕而食”理想、道家的“小国寡民”理想和儒家的“大同”理想。

农家“并耕而食”的理想就是：人人劳动，没有剥削；社会生产基本上以自给自足的农业为主，但存在若干独立的手工业，并进行着农业和手工业产品之间的交换，交换按等价原则进行，没有商业欺诈；不存在脑力劳动和体力劳动之间的分工，不存在专业的脑力劳动者，连君主也和人民“并耕而食”。

道家“小国寡民”的理想就是：人类分成许多互相隔绝的“小国”，每一个小国的人民都从事着农业生产以维持生存，废弃文字，尽量不使用工具，人人满足于简陋低下的生活而不求改进；同外部世界断绝一切联系，即使对“鸡犬相闻”的“邻国”，也“老死不相往来”，而舟车等交通工具也根本用不着。

儒家“大同”的理想就是：没有私有制，人人为社会劳动而不是“为己”；老弱病残受到社会的照顾，儿童由社会教养，一切有劳动能力的人都有机会充分发挥自己的才能；没有特权和世袭制，一切担任公职的人员都由群众推选；社会秩序安定，夜不闭户，道不拾遗；对外“讲信修睦”，邻国友好往来，没有战争和国际阴谋。《礼运·大同篇》写道：“大道之行也，天下为公，选贤与能，讲信修睦。故人不独亲其亲，不独子其子，使老有所终，壮有所营，幼有所长，鳏寡孤独废疾者，皆有所养，男有分、女有归，货恶其弃于地也，不必藏于己，力恶不出于身也，不必为己。是谋闭而不兴盗窃，乱贼而不作，故外户而不闭，是谓大同。”一幅和谐社会的图画展现在人们面前。儒家的“大同”理想比农家、道家的理想更详尽、更完整、也更美好、更具有诱人的力量。因此，它在中国思想史上也有更大、更深远的影响。

孙中山继承了中国古代的“大同”思想和近代太平天国革命的平等思想，借鉴了西方资本主义的社会实践，而形成了以民生主义为主体的一套自己的天下大同思想。其主要内容是：土地国有，大企业国营，但生产资料私有制仍然存在，资本家和雇佣劳动者两个阶级继续存在；生产力高度发展，人们生活普遍改善；国家举办教育、文化、医疗保健等公共福利事业，供公民享用。

“民生主义”这个名词，在孙中山的概念里一直是被当作社会主义、共产主义、大同主义的同义词来使用。他在不同的场合说：“民生主义就是社会主义。”① 又说：“民生主义就是共产主义，就是社会主义。”② 他还说：民生主义“就是孔子所希望之大同世界”③。孙中山的民生主义既不能等同于马克思、恩格斯创立的科学社会主义，也区别于欧美各国形形色色的社会主义，而是一种熔铸了中国传统理想要素在内的具有独创内容的社会主义思想理论体系。

孙中山民生主义的形成有其特定的社会历史条件，这就是欧美各国社会主义运动的兴起和发展。19世纪中叶以后，欧美各国相继完成了产业革命。产业革命的发展使欧美资本主义经济空前发展壮大的同时，也加剧了社会分裂，无产阶级和资产阶级的矛盾冲突越来越激烈。随着欧美工人运动的发展，先后诞生了马克思、恩格斯的科学社会主义和其他形形色色的社会主义思潮，比如英国的工联主义和费边主义，法国的

① 《孙中山全集》第5卷，中华书局，1985年，第560页。
② 《孙中山全集》第9卷，中华书局，1986年，第386页。
③ 《孙中山全集》第9卷，中华书局，1986年，第394页。

蒲鲁东社会主义和路易勃朗的社会主义，德国的“真正的”社会主义和拉萨尔社会主义，俄国的民粹主义和巴枯宁、克鲁泡特金的无政府主义等。在这样的时代背景下，以探索救国救民真理为己任的孙中山先生，以科学社会主义以及各种非科学社会主义思想为基础，并吸收中国古代社会朴素的大同思想、太平天国农业社会主义思想中的合理成分，创造性地建立了他的民生主义思想。他这种救国救民的思想即民生主义，有继承中国先贤思想的，有从欧洲学来的，也有自己创立的。民生主义是孙中山三民主义体系中的一个重要组成部分，也是集合古今中外的学说创立起来的。

（一）孙中山大同主义思想的主要内容

孙中山亲临西方考察，对社会问题进行深入系统研究，认识到资本主义的弊端。他说，“欧美之富者富可敌国，贫者贫无立锥”，这种“贫富之悬隔”是不正常的，这种“悬绝之惨境，他日必有大冲突”①。他愤慨地说：“当知世界一切之产物，莫不为工人血汗所构成，故工人者不特为发达资本之功臣，亦即人类世界之功臣也。以世界人类之功臣，而受强有力之蹂躏虐待，我人已为不平，况有功于资本家而受资本家之戕贼乎？”“故有生利之工人，恒受饥寒，而分利之大地主及资本家反悠游自在，享社会无上之幸福，岂非不平之甚耶？”② 他一方面亲睹资本主义残酷压迫剥削工人，虚伪的平等、自由等多种弊病；另一方面受到社会主义思想和马克思主义感召，认识到救国救民非走社会主义革命道路不可。他逐渐接触和接受了社会主义思想，服膺马克思主义。他说，马克思的学说没有发表以前，世界讲社会主义的，都是一种至高至玄的理论，离事实太远。而马克思从历史与事实方面用功，原原本本把社会问题的经济变迁阐发无遗，马克思所著书和发明的学说，可以说是“集几千年人类思想之大成”。实业革命以后，研究最透彻、最有心得的，就是我知道的马克思，现在研究社会问题的人，也没有一个不是崇拜马克思做社会主义圣人。孙中山不仅反对资本主义，赞成社会主义、共产主义，还提出要防止中国演变为资本主义国家。孙中山革命奋斗的目标，是在中国实现民治、民有、民享的社会主义，这就是孙中山的大同主义思想。主要内容有：

---

① 《孙中山全集》第1卷，中华书局，1981年，第228页。

② 《孙中山全集》第2卷，中华书局，1982年，第519、518页。

1. 孙中山认为，中国是一个产业落后的国家，经济极端不发达，在这样的国度里，对于资本主义还不可能像马克思主义者所主张的那样立即推翻资本主义制度，实行社会主义制度，在一个相当长的历史时期，还应当利用资本主义的长处来发展经济，同时要实行“阻止私人大资本”① 的政策，不能像西方资本主义国家那样，听凭资本主义经济不受任何限制地自由发展。孙中山先生认为，节制私人资本的目的就在于防止大资本家和垄断寡头的出现，防止极少数人垄断社会之富源，“使私有资本制度不能操纵国民之生计”②。他还认为，在私人资本主义自由竞争制度之下，绝对不可能做到公平分配的问题，这是因为资本主义必然使富者愈富、贫者愈贫，经济阶级愈趋愈远，平民生计尽为资本家所夺。只有实行节制私人资本的政策，才可以使社会分配做到相对公平合理，才能“使社会不受经济阶级压迫之痛苦”③。他借鉴了十月革命以后苏联社会主义建设的历史经验和教训，认识到在一个产业落后的国度里，如果所有财产都掌握在政府手里，实行单一的社会主义公有制经济，即国有经济，也是十分有害的。他还认为，为了使占人口百分之八九十的农民从根本上得到解放，必须实行“平均地权”和“耕者有其田”的政策，调动农民的劳动积极性，发展农业生产，解决广大农民的民生问题。

实行节制私人资本政策，主旨是防止贫富分化，实现共富，不仅意味着让资本主义发展，而且政府应当鼓励和奖励私人资本主义的发展，使国家繁荣富强，实现经济现代化，从而惠及民生。“凡夫事物之可以委诸个人，或其较国家经营为适宜者，应任个人为之，由国家奖励，而以法律保护之。”④ 节制私人资本的主要办法，首先是限制私人资本的活动范围，凡是企业具有独占性或者垄断性质者，凡是企业规模巨大者，不能由私人经营，只能归国家经营，比如银行、铁路、航运、大矿业、大工业、大交通等；其次，凡是天然的富源如煤、铁、水力、石油等，与社会之恩惠——城市土地、交通要点等，不能由私人资本经营，应当归国家经营。总之，凡是能够操纵国民生计之企业，一律不准私人资本经营，只有那些不能操纵国

① 《孙中山全集》第9卷，中华书局，1986年，第392页。
② 《孙中山全集》第9卷，中华书局，1986年，第120页。
③ 《孙中山全集》第2卷，中华书局，1982年，第324页。
④ 《孙中山全集》第6卷，中华书局，1985年，第253页。

计民生的企业，才准许私人资本经营。这就是节制资本之要旨。然而，仅有节制资本的政策还是不够的，还必须“发达国家资本”①，“由国家管理资本，所得的利益归人民大家所有”，“那么，全国人民便得享受资本的利，不致受资本的害”；“全国人民都可得安乐，都不致受财产分配不均的痛苦”②。只有极大地发展国家资本，才能使中国从经济上贫穷落后的国家变成繁荣富强的现代化国家，才能迎头赶上西方发达国家。也只有发展国家资本，才能使中国在将来变成一个社会主义国家，并在遥远的将来实现共产主义的理想。

2. 为了“发达国家资本”，孙中山在1921年写成的《建国方略之二》《实业计划》中有详细的规划。《实业计划》主要是阐述经济建设中全局与重点的关系问题，也即我们现在所说的经济发展战略问题。用孙中山自己的话来说，就是“此书为实业计划之大方针，为国家经济之大政策而已。至其实施之细密计划，必当再经一度专门名家之调查，科学实验之审定，乃可从事”③。明确说明《实业计划》是“国家经济之大政策”，是一种全局性、政策性的经济发展战略规划。其基本内容包括以下宏伟计划：(1) 在全国发展庞大海、陆、空交通运输，以此为经济建设的核心；(2) 全面发展实业，大大提高人民生活水平，以此为经济建设的基点；(3) 大力推进城市近代化，以此为经济建设的基本内容；(4) 对外开放，引进外资而“主权归我”；(5) 开发西部，实现全国经济整体发展等。

孙中山在《实业计划》中还具有区域经济整合的战略理念，例如在第一计划中，他拟以建设不封冻的北方深水大港为核心，包括华北、东北、西北的一些地区，形成一个大的区域经济圈；第二计划中，拟以东方大港为中心，再加上已成为东方商港的上海，带动周边地区，形成另一个区域经济圈；在第三计划中，主要以广州为中心，建设南方大港，以交通网络与周边地区联结，形成又一个区域经济圈。这种思想具有明显的前瞻性。

孙中山在《实业计划》中还阐述了他对外开放、引进外资、争取双赢的经济主

① 《孙中山全集》第9卷，中华书局，1986年，第391页。
② 《孙中山全集》第9卷，中华书局，1986年，第393—394页。
③ 《孙中山全集》第6卷，中华书局，1986年，第249页。

张。他坚决反对闭关自守的传统心态和做法，认为中国“以前事事不能进步，均由排外自大之故，今欲急求发达，则不得不持开放主义”①。还说：“今日立国于世界之上，犹乎人处于社会之中，相资为用，互助以成也。”② 因此，“吾人眼光不可不放远大一点，当看至数十年、数百年以后，及于全世界各国方可”③。正是坚持对外开放思想，他主张振兴实业，必须引进外资、人才、设备、管理方法和科学技术，强调“现世界各国通商，吾人正宜迎此潮流，行开放门户政策，以振兴工商业”。尤其值得肯定的是，在对外开放、引进外资方面，孙中山坚持“主权操之在我”，“发展之权操之在我则存，操之在人则亡，此后中国存亡之关键，则在此实业发展之一事也”④。这种认识无论是在当时，还是现在都是极其清醒而可贵的。而“国际同盟亦得借此以巩固其基础，此又予所确信者也”⑤。

《实业计划》反映了孙中山的阔大胸襟和全球化眼光，它主张利用西方各国的资金、设备和人力，由国际投资集团共同发展中国实业。孙中山对这一方案充满乐观，他说：“欲使外国之资本主义以造成中国之社会主义，而调和此人类进化之两种经济能力，使之互相为用，以促进将来世界之文明也。”这部著作，是中国历史上最早出现的关于现代化经济建设的系统的宏伟蓝图，代表了中国人民发展生产力的强烈愿望。

3. 按照孙中山民生主义的理想，在中国这样一个产业落后的国度里，不应当也不可能建立单一的社会主义公有经济——国有经济，而应当建立包括公有制与私有制在内的多种经济形式并存的所有制结构。这些经济成分应当包括国有经济（包括中央政府和地方政府经营的企业）、合作经济、私营经济、个体经济、中外合资经济。在孙中山先生的理想里，公有制经济应当是民生主义经济的主体，在整个经济结构中具有“操纵国民生计”的作用，而私人资本主义经济则处于非主体或从属

① 孙穗芳：《孙中山及其中国近代化思想》，见《孙中山与中国近代化纪念孙中山诞辰130周年国际学术讨论会文集》上册，人民出版社，1999年，第52页。

② 张小莉、申学锋评注：《建国方略》，华夏出版社，2002年，第90页。

③ 《孙中山全集》第2卷，中华书局，1982年，第320页。

④ 张小莉、申学锋评注：《建国方略》，华夏出版社，2002年，第122页。

⑤ 张小莉、申学锋评注：《建国方略》，华夏出版社，2002年，第127页。

的地位。而对与民生主义多种经济成分相适应的政治制度，孙中山也有许多论述。到了晚年，他不主张建立资产阶级专政的国家政权，也不主张建立无产阶级专政的国家政权，而是主张建立几个阶级联合专政的人民共和国。在 1924 年，他说："近世各国所谓民权制度，往往为资产阶级所专有，适成为压迫平民之工具。若国民党之民权主义，则为一般平民所共有，非少数人所得而私也。"

（二）孙中山的大同主义与社会主义

孙中山长期生活在欧美等资本主义国家，他对资本主义社会"自由、平等、博爱"口号的虚伪性有深刻的体会。他指出："夫美洲之不自由，更甚于专制国。盖专制皇帝，且口不离爱民，虽专横无艺，犹不敢公然以压抑平民为职志。若资本家则不然，资本家者，以压抑平民为本分者也，对于人民之痛苦，全然不负责任者也。一言蔽之，资本家者，无良心者也。"① 在对资本主义深刻认识的基础上，孙中山认真研究了马克思主义，他对马克思和马克思科学社会主义思想给予了高度评价。他说：马克思"苦心孤诣，研究资本问题垂三十年之久，著为《资本论》一书，发阐真理，不遗余力，而无条理之学说，遂成为有系统之学理。研究社会主义者，咸知所本，不复专迎合一般粗浅激烈之言论矣"②。他又称赞马克思的研究方法说：马克思"费了一生的精力，把关于社会主义的书籍……都搜集在一处，参考比较，想求出一个结果，这种研究社会问题的办法，就是科学方法。故马克思所求出解决社会问题的方法，就是科学社会主义"③。他称赞马克思的学说风靡世界："现在研究社会问题的人，也没有哪一个不是崇拜马克思做社会主义中的圣人。"④ 他对马克思学说的高度评价表明了对其学说精神实质的认同。孙中山先生认为，只有实行社会主义，消灭贫富两极分化，解除平民在经济上所受的压迫和痛苦，实现全体国民的共同富裕，才能实现真正的自由、平等、博爱。他说："社会主义者，人道主义也。人道主义，主张博爱、平等、自由，社会主义之真髓，亦不外此三者，实为人类之福音。我国古代若尧、舜之博施济众，孔丘尚仁，墨翟兼爱，有近

① 《孙中山全集》第 2 卷，中华书局，1982 年，第 333 页。
② 《孙中山全集》第 2 卷，中华书局，1982 年，第 506 页。
③ 《孙中山全集》第 2 卷，中华书局，1982 年，第 363 页。
④ 《孙中山全集》第 2 卷，中华书局，1982 年，第 362 页。

似博爱也者，然皆狭义之博爱，其爱不能普及于人人。社会主义之博爱，广义之博爱也。社会主义为人类谋幸福，普遍普及，地尽五洲，时历万世，蒸蒸芸芸，莫不被其泽惠。此社会主义之博爱，所以得博爱之精神也。”① “社会主义之国家，一真自由、平等、博爱之境域也。”② 他明确指出，民生主义的最终目标就是实现共产主义，实现世界大同。共产主义阶段，人们“各尽所能，各取所需。如父子昆弟同处一家，各尽其生利之能，各取其衣食所需，不相妨害，不相竞争，郅治之极，政府遂处于无为之地位，而归于消灭之一途”③。孙中山对社会主义的多次论述表明了他的社会主义目标与科学社会主义的一致性，表现在：第一，孙中山和马克思都是在批判资本主义社会的前提下，提出建立无资本主义社会弊端的未来美好社会的思想。第二，孙中山对社会主义社会各方面情况的描述与科学社会主义一致。他认为，应有完善的社会福利：“实行社会主义之日，即我民幼有所教，老有所养，分工操作，各得其所。”他认为，人们应有平等的社会地位：“人民平等，虽有劳心劳力之不同，然其为劳动则同也。即官吏与工人，不过以分业之关系，各执一业，并无尊卑贵贱之差也。社会主义之国家，人民既不存尊卑贵贱之见，则尊卑贵贱之阶级，自无形而归于消灭。”④ 他认为，应有合理的社会财富分配：“这个目标，就是要全国人民都可以得安乐，都不致受财产分配不均的痛苦”；他认为，这是共同幸福、民主、和谐的社会：“就是国家是人民所共有，政治是人民所共管，利益是人民所共享。”⑤ 可以说，孙中山要建立的社会主义社会，就是无阶级压迫和剥削，自由、民主、平等、公正、博爱、和谐、共同幸福的社会。这个目标与科学社会主义具有一致性。也就是说，孙中山的民生主义思想与科学社会主义思想在精神实质上是相当一样的。

因此来说，孙中山的大同主义其实就是他心目中的社会主义、共产主义。他说：“在吾国数千年前，孔子有言曰：‘大道之行也，天下为公。’如此，则人人不独亲其亲，人人不独子其子，是为大同世界。大同世界即所谓‘天下为公’。要使

---

① 《孙中山全集》第2卷，中华书局，1982年，第510页。
② 《孙中山全集》第2卷，中华书局，1982年，第523页。
③ 《孙中山全集》第2卷，中华书局，1982年，第508页。
④ 孟庆鹏编：《孙中山文集》上卷，团结出版社，1997年，第342—343页。
⑤ 孟庆鹏编：《孙中山文集》上卷，团结出版社，1997年，第269页。

老者有所养，壮者有所营，幼者有所教。孔子之理想世界，真能实现，然后不见可欲，则民不争，甲兵亦可以不用矣！”① 当然，孙中山先生对共产主义、大同世界的实现也有着比较清醒的认识，不是一蹴而就的事情，是一个漫长的过程。他认为，共产主义、大同世界的实现很可能是“数千年后”之事，因此不要幻想在短时间内能够跑步进入共产主义，在这个问题上如果急于求成是要犯历史性错误的。由此可见，孙中山的大同主义思想不是“空想社会主义”，不是“乌托邦”，是基于中国国情、中国历史文化与中西方社会实践相结合的产物。从孙中山社会主义思想的理论来源看，他全面了解研究中国传统文化、西方先进文化、马克思主义理论，广收博采，汇集各方精华而成。从孙中山社会主义思想的形成过程看，他仔细考察研究了中国和外国社会的情况，比较了异同，从中国的实际出发提出自己的理论。从孙中山对待其他著名思想家理论，特别是马克思主义理论的态度看，他接受了社会主义思想，服膺马克思主义，“师马克思之意”，他也尊重其他思想家，认真研究他们的理论，学习、吸收其一切合理因素，但是又绝不迷信和盲从，独立思考，从而提出了自己的见解。孙中山大同主义的精神实质，与科学社会主义的价值观具有很大的一致性，与科学社会主义的目标也基本上一致。为了实现这一宏伟理想，孙中山多次手书“天下为公”四字赠人和自勉。这种天下大同、“天下为公”的思想，给了当时苦难深重的中国人民以极大振奋，同时也成为中华民族不懈的追求目标和远大的崇高理想。

二、克己奉公

孙中山“世界大同，天下为公”的思想直接表现为个人的克己奉公精神。

孙中山在 1892 年西医书院毕业时，本可以成为一个著名的医生。但他毅然放弃优越的生活，甘冒生命危险，义无反顾地走上医国的道路。孙中山一生俭朴，为革命他曾筹集起义经费数以万计，但没有为自己留下分文。直至逝世仍没有留下属于自己的一所房子和值钱的私产。他既是清正廉洁、克己奉公的楷模，又是人民公

---

① 《孙中山全集》第 6 卷，中华书局，1985 年，第 36 页。

仆和“天下为公”的精神实践者。1912 年南京临时政府成立后，作为临时大总统的孙中山，非常重视对新政权的建设，无论在制定、实施新制度、新政策还是树立新风尚上，他都以身作则，严格要求自己，他曾对来访者说：“总统在职一天，就是国民的公仆，是为全国人民服务的。总统离职以后，又回到人民队伍里去，和老百姓一样。”① 他在选拔官员上坚持任人唯贤，不任人唯亲。如其对待他的胞兄孙眉的态度上就是一个典型的例子。在孙中山的革命事业中，孙眉曾经在财力上给予大力支持，毁家纾难，直至破产。孙中山就任临时大总统后，广东有人拟举其为广东都督。孙中山坚决不同意，并于 1912 年 2 月 21 日致电孙眉，劝其勿任都督：“粤中有人议举兄为都督，弟以为政治非兄所熟习。兄质直过人，一入政界，将有相欺以其方者。未登舞台，则众人属望，稍有失策，怨亦随生。为大局计，兄宜专就所长，专任一事，如安置民军、办理实业之类，而不必当此大任。且闻有欲用强力胁迫他人以举兄者，以次造因，必无良果，尤不可不避也。”② 这既是孙中山主张人尽其才思想的具体体现，也是对其胞兄的一种真诚的爱护，更是任人唯贤，建设和谐人际关系的楷模。他从不计较个人名位，为了尽快推翻清廷，实现和平统一，结束旷日持久的战争，他主动让出了临时大总统职位。孙中山把一生精力都投入到救中国的革命事业当中。他一生个人无积蓄、不治家产。他临终前的家事遗嘱云：“余因尽瘁国事，不治家产，其所遗之书籍、衣物、住宅等，一切均付吾妻宋庆龄，以为纪念。余之儿女已长成，能自立，望各自珍爱，以继余志。”③ 这种大公无私的精神和高尚的品格感动了无数的革命者和全国民众，堪称世人的楷模。

在 20 世纪的中国历史上，孙中山成为站在时代前列的三大伟人之一，也是 21 世纪深受海内外全体中华儿女敬仰和爱戴的人物之一。他的伟大精神和思想，将激励着中华儿女为实现中华民族的伟大复兴而不懈努力。

（本文作者为郑州大学马克思主义学院教授、历史学院近现代河南与中国研究中心研究员）

① 郭汉章：《南京临时大总统府三月见闻录》，见《辛亥革命回忆录》第六集，文史资料出版社，1963 年 6 月，第 294 页。

② 《孙中山全集》第 2 卷，中华书局，1982 年，第 114 页。

③ 《孙中山全集》第 11 卷，中华书局，1986 年，第 640 页。

孙犁的文化身份多元性研究

⊙郭 艳

孙犁原名孙树勋，河北衡水安平人，生于1913年5月11日，2002年7月11日去世，是中国近现代史上著名的文学家。从文化身份的视角来看，孙犁一生在小说、散文、文论方面取得了突出的成绩，在编辑生涯中也做出了巨大贡献，其文化身份呈现出多元性的特点。

一、作为作家的孙犁及其文学史意义

作为作家的孙犁，在小说和散文领域颇有建树。早在抗日战争时期，孙犁就开始在解放区进行创作。1930年，发表了小说习作《弃儿》。1945年，发表了《荷花淀》，成为孙犁的早期代表作。接着，又创作了《芦花荡》。1946年创作了《碑》《钟》《藏》三篇小说。1949年创作了中篇小说《村歌》。1956年，创作完成了中篇小说《铁木前传》。之后，孙犁得了一场大病，一病就是十年。在生病期间，孙犁的创作受到了极大的影响。1962年，大病后的孙犁创作完成长篇小说《风云初记》。随后，1962年散文集《津门小集》、1963年评论集《文学短论》的增补改订版先后出版。20世纪80年代初期，孙犁以孙芸夫为笔名，陆续发表了一批新笔记小说，总其名曰“芸斋小说”。从1979年到1995年，又先后出版了《晚华集》(1979年)、《秀露集》(1981年)、《疆定集》(1981年)、《尺泽集》(1982年)、《远道集》(1984年)、《老荒集》(1986年)、《陋巷集》(1987年)、《无为集》(1989年)、《如云集》(1992年)、《曲终集》(1995年)等十本散文集，合为“耕堂文录十种”。

孙犁在小说创作方面的成就尤为显著。他早期的小说创作开启了“诗化小说”的先河，形成了中国现代文学史的“荷花淀派”。这类小说以“白洋淀系列”为代表，虽然作品是以抗日战争作为背景，但很少具体描写战斗场面，而是描绘了一幅美化过的战争背景下由“微风”“淀水”“荷叶”“明月”“薄雾”“院子”“苇子”“席子”等构成的乡村美景，表现解放区军民乐观、纯洁的人性美、人情美。例如：《荷花淀》中水生夫妇月夜话别的一幕就在作者笔下营造出一种温馨、淡雅、优美的意境，呈现出战争背景下别有的诗意与浪漫：“这女人编着席。不久在她的身子下面，就编成了一大片。她像坐在一片洁白的雪地上，也像坐在一片洁白的云彩上。她有时望望淀里，淀里也是一片银白世界。水面笼起一层薄薄透明的雾，风吹过来，带着新鲜的荷叶荷花香。”正是由于孙犁在小说创作中工于抒情、善于造境，所以他的小说带有一种诗意。正如评论家黄秋耘评价孙犁的小说：“孙犁的作品，虽然绝大多数都是小说，却有点近于诗歌和音乐那样的艺术魅力，像诗歌和音乐那样打动人心，其中有些篇章，真是可以当作抒情诗来读的，当作抒情乐曲来欣赏的。作家在艺术上所追求的，似乎是一种诗的境界，音乐的境界。”① “文革”之后，孙犁的小说风格出现了变化，以短篇小说系列“芸斋小说”为代表。“芸斋小说”是孙犁自1981年至1991年间以“芸斋小说”为总题创作的三十余篇作品，大多以第一人称进行叙事，有时文末还附上一段文言的“芸斋主人曰”，表达作者对时局、对人生的思考。“芸斋小说”一改孙犁前期小说创作表达人性美的主题，刻画了“文革”中许多痛苦的、扭曲的灵魂；同时剖析自己一生的情感经历，展示真实的自己。“芸斋小说”不仅是孙犁小说创作的一个转折，对于中国当代文坛也有重要贡献，它赋予了小说文体的丰富性、复杂性。有的评论家把孙犁的这类小说归为“新笔记小说”：“在新时期文学创作中，较早写作新笔记小说的是老作家孙犁，早在其中《幻觉》……写得高度凝缩，质朴自然，不事雕饰，大有返璞归真之风范。《王婉》《小D》追写动乱年代人们灵魂被污染、被扭曲、被异化，记录下一

① 黄秋耘：《关于孙犁作品的片段感想》，《文艺报》1962年第10期。

个使人啼笑皆非、欲哭无泪的时代，痛斥和鞭挞了玩弄人性于股掌之间的邪恶势力。小说写得笔力雄健，人称“深得明清笔记小说玄奥旨趣”①。但孙犁本人更倾向于把此类小说归于记事散文，1984 年他在《读小说札记》中明确指出：“我晚年所做小说，多用真人真事，真见闻，真情感，平铺直叙，从无意编故事，造情节。但我这种小说，却是纪事，不是小说，强加小说之名，为的是避免无谓的纠纷。”②

孙犁的散文也是别具一格。主要分为两类：一类是杂文、书信、序跋、读书记等思想杂谈。这类杂谈内容宽泛，有谈中国传统文化的，有论立身行事的，有勾勒社会百态的，如《谈谅》《谈妒》《谈名》《谈慎》《谈友》等，但都语言精练、议论深刻。在读书记中，孙犁用自己的人生感悟剖析理解古人的思想，夹叙夹议，实现古今对话；语言文白兼用，形成典雅庄重的散文风格。还有一类散文是记录自己人生经历或者亲友的。这类散文回忆了孙犁的幼少年时代、年青时代、抗日战争时代的种种经历，人物有亡妻和“文化大革命”中去世的友人、故人，如作家赵树理与何其芳、诗人远千里、画家马达等。

二、作为编辑的孙犁及其文学史意义

孙犁以文学创作蜚声文坛，同时他还是一位杰出的编辑。1938 年，孙犁在冀中军区办的抗战学院当教官，1939 年调到阜平刚成立的晋察冀通讯社工作，兼任晋察冀最早的文艺油印刊物《文艺通讯》的编辑与记者，从此开始了编辑生涯。1941 年在晋察冀边区文联编印油印杂志《山》；在冀中区帮助编辑反映冀中区军民抗战的《冀中一日》一书，并根据编辑心得编写《区村和连队的文学写作课本》，即后来广为流传的《文艺学习》。1942 年，编辑《晋察冀日报》副刊。1946 年，在冀中区编辑《平原》杂志。1949 年起，在天津日报社工作，长期从事《天津日报》副刊《文艺周刊》编辑工作。孙犁从 26 岁起至 2002 年 7 月去世，除 1956 生病期间暂时休养，他一直都坚持编辑工作。由于孙犁本人既是作者又是编辑，所以他对于编辑和作者的关系有着清晰的认识：“我青年时，初登文域，编辑与写作，即同

---

① 金汉、冯云青、李新宇主编：《新编中国当代文学史》，杭州大学出版社，1992 年。

② 孙犁：《书衣文录·许廎学林》，《孙犁文集》第五册，百花文艺出版社，1982 年，第 40 页。

时进行。深知创作之苦，也深知编辑职责之难负。”“以为文章一事，不胫而走，印出以后，追悔甚难。自己多加修改，固是防过之一途，编辑把关，也是难得的匡助。”① 孙犁在编辑工作中的贡献有两方面，一是形成了自己的编辑方法。他著有《编辑笔记》《关于编辑工作的通信》《关于编辑和投稿》《谈校对工作》《文学期刊的封面》等文，表达了自己关于编辑工作的体会和观点。尤其强调编辑的责任心，他认为编辑丢失稿件，主要原因是不负责，或者是对稿件先存一种轻视之心。孙犁对于作者的稿件尤其爱惜，凡到他手头的稿件，小心翼翼拆封，尽量不伤及稿件，特别是作者的署名和通信处。注意保持稿件的清洁，阅读稿件时还要先擦干净桌子，然后正襟危坐。即使对于不采用的稿子，修改意见也不在稿件上乱写乱画，而是认真写在小纸条上。他刊登稿件的标准只有一个，那就是质量。稿件好的，立即刊登、连续刊登，甚至不记旧恶、不避嫌疑。对于来稿，他一般不进行大的删改，也不替作者大段做文章，只是删改一些明显的错字和极不妥当的句子。对于编辑如何定位自己，他有明确的观点：编辑工作“虽也被社会看作名流之业，但实际做起来，做出些成绩来，是很不容易的。有人把它看作敲门之砖，有人把它看作高升之阶。你是个老实人，也很可能被人当作脚踏的砖石，炫耀的陪衬。比如被达官显宦、作家名流拉去，一同照个相，做个配角。对于这些，你都要看得开些，甚至躲开一些。不与好利之徒争利，不与好名之徒争名。不要因为别人说你的工作伟大，就自我膨胀；不要因为别人说你的工作渺小，就妄自菲薄。踏踏实实，存诚立信，做好本职工作。”②

孙犁在编辑工作中的另一个重要贡献，就是为中国当代文学培育了许多文学新人。孙犁希望《文艺周刊》永远是一处苗圃，能成为青年作家成长的摇篮，丛维熙小说处女作就是在《文艺周刊》上公开发表出来的。丛维熙表示孙犁的认同对其文学创作具有积极的推动作用：“我清醒地认知，这是对我的鞭策和鼓励；他的文学才质和文字能力，（我也许）永远也无法攀登到他的高峰……那就是在彼此遥望中，两代文学行者都在给对方加薪助燃……我自视为他文学高山脚下的一棵树、一株

---

① 孙犁：《改稿举例》，《中国青年报》1984 年 3 月 8 日。

② 孙犁：《孙犁散文集》卷三，《芸斋梦余》《关于编辑工作的通信》，1982 年 8 月 12 日。

草、一块石、一朵花……这种自我审视的结果，不是让我退却，反而激起我‘望山跑死马’的激情，因为孙犁在高山之巅凝视着我，我理应不知疲惫地进行马拉松长征。”① 铁凝、贾平凹等青年作家的成长也与孙犁及《文艺周刊》有不解之缘。铁凝16岁读孙犁作品，四次拜见孙犁，走上文学道路与孙犁的鼓励分不开。1980年铁凝写了一篇1.5万字的短篇小说《灶火的故事》，拿给省内几位年长的作家看，都说“路子”有问题。她心中不服，把小说寄给孙犁，结果孙犁立即在《天津日报》的《文艺》增刊上发了出来，还给铁凝回信说：“我觉得你写的灶火那个人物很真实，我很喜爱你写的这个人物。”之后《小说月报》对这篇作品很快进行了转载。铁凝说：“虽然这篇小说在技术上有着诸多不成熟，但我一向把它看作自己对文学的深意有了一点真正理解的重要开端，也使我对孙犁先生永远心存感激。”② 正是由于孙犁的鼓励使铁凝对自己的写作“路子”更加有了信心。1981年4月30日，贾平凹在《文艺周刊》上发表了散文《一棵小桃树》，孙犁读后，马上写了一篇随感《读〈一棵小桃树〉》，发表在《人民日报》上，“文章很短，主要是向你表示了我个人衷心的敬慕之意”③。莫言的处女作小说《民间音乐》发表后，被孙犁读到了，立刻写了篇评论文章。莫言曾感慨自己能够以后进入解放军艺术学院学习，这篇评论起了很大的作用。

正是孙犁在中国副刊编辑史上的重要地位，2002年中国报纸副刊研究会在全国设立了全国报纸副刊最高奖“孙犁报纸副刊编辑奖”，奖励在报纸副刊工作10年以上的优秀编辑。

三、作为批评家的孙犁及其文学史意义

孙犁不仅是优秀的作家，而且是一位文学批评家，对于当代中国的现实主义文艺评论做出了许多贡献。他具有作家和评论家的双重身份，因此，他的文艺批评具有自己的独特性。1941年他撰写的《文艺学习》是一部比较集中展现孙犁文艺思

---

① 丛维熙：《荷香深处祭文魂——悼文学师长孙犁》，《天津日报》2002年7月25日。
② 铁凝：《怀念孙犁先生》，《人民文学》2002第11期。
③ 孙犁：《孙犁全集》第六卷，人民文学出版社，2004年，第117页。

想的著作，其他许多文艺批评思想大量散见于他撰写的评论、笔记、序跋、书信中。关于小说美学的文章有三十多篇，关于散文美学的文章十多篇（含传记研究）。虽然只有《怎样体验生活》《谈作家的立命修身之道》《谈作家素质》《关于散文创作的答问》《谈美》《读画论记》等专论文章，但在一些文学评论、书信、序跋中渗透着他丰富的美学见解。主要内容包括文艺美论、艺术灵魂论、小说美学、散文美学、作家素质论、风格与情节论等。

孙犁的文艺批评思想中蕴含着他对于"作家"这一文化身份的全面阐释。首先，在创作方法上，作家要坚持人道主义的方向。他曾明确指出："人道主义是一种广泛的道德观念，而所谓文学上的人道主义……指的是作家深刻、广泛地观察了现实，思考了人类生活的现存状态，比如社会关系、社会意识，希望有所扬弃。作家在作品中，通过对社会的刻画，对典型人物的创造，表达他这种理想。他想提高包括人类道德、理想、情操，各种认识和各种观念。"① 孙犁强调作家应当对人性进行扬弃。艺术家应该创造出美的形象，从而美化人类心灵，使人向善。他说："在青年，甚至在幼年的时候，我就感到文艺这个东西，应该是为人生的，应该是生活美好、进步、幸福的。"② 在表现人性美的同时，作家还应当批判人性中恶的一面。进入新时期之后，孙犁开始对当代人的人性进行挑剔，批判"文革"期间少数人卑劣的人性。20 世纪 50 年代，孙犁就注意到"经过八年的真正血和火的锻炼，农民并不能完全断绝了自私自利"③，而"文化大革命""迫使我在无数事实面前，摒弃了只信人性善的偏颇，兼信了性恶论"④。

其次，在文艺与政治的关系上，作家要与政治保持一定距离。孙犁对于文艺与政治的关系有着自己独到的认识，而不是一味地随波逐流。他认为：文学要反映融入生活的政治，而不是作为政策条文的政治⑤；文学对政治的反映要通过生活形象表现出

---

① 连云飞、潘陆阳：《孙犁散文》中集，中国广播电视出版社，1995 年，第 18 页。
② 孙犁：《文学和生活的路》，《孙犁文集》第 4 卷，百花文艺出版社，2002 年，第 384 页。
③ 孙犁：《孙犁小说全集》（上），时代文艺出版社，1998 年，第 307 页。
④ 孙犁：《孙犁小说全集》（上），时代文艺出版社，1998 年，第 445 页。
⑤ 孙犁：《孙犁文集》第四册，百花文艺出版社，1982 年，第 194 页。

来，政治性要渗透在人物的全部行动里，不能偏狭地用政治性取代作品的思想性。① 1992年，孙犁在《我与官场》一文中，指出："文艺界变成官场，实在是一大悲剧。""在政治风浪中，官员较善游，终于能活，而文人则多溺死了。"② 晚年，孙犁集中思考此方面的问题，如："以政治约束文艺，有利亦有弊，久之必弊多而利少。"③ 因此，孙犁提出"离政治远一点"④，但当"淡化政治"的倾向开始在文坛流行时，他又揭示真相：尽管文艺不再从属于政治，但文学绝对不能脱离政治。

最后，在思想道德方面，作家自身的道德要与文格相一致。作家是创作的主体。在文格与人格这一辩证统一体中，孙犁认为人格是矛盾的主要方面，人格的高下决定作品格调与旨趣的高低。因此，要想提高作品的格调，必须先提高作家的思想道德修养。在孙犁看来，"提高作品的格调，就是说提高作品的思想性"，而"只有作家的品格提高了，作品的格调才会高起来"⑤。他所提倡的作家"道德规范"，包含着两方面内容：一是作家的文学创作要以"美化人生"和"改善人类的道德观念"为目的；二是作家在文学实践中要不断完善自身的人格。这一"道德规范"实际上也是孙犁对于作家的职业道德的更高要求。

总之，孙犁一生用自己的文学实践践行了自己关于作家身份的思想，留下了许多宝贵的文学作品，建构了伟大的现实主义人生美学。

（本文作者为河南省社科院文学研究所副研究员）

---

① 孙犁：《孙犁文集》第四册，百花文艺出版社，1982年，第389页。
② 孙犁：《孙犁文集》第四册，百花文艺出版社，1982年，第79—80页。
③ 孙犁：《孙犁文集》第四册，百花文艺出版社，1982年，第138页。
④ 孙犁：《文学和生活的路》，《孙犁文集》第五册，百花文艺出版社，2013年，第562页。
⑤ 孙犁：《孙犁文集》第四册，百花文艺出版社，1982年，第161页。

孙姓文化及相关研究

孙姓起源与家风建设的若干思考

⊙王大良

孙姓是一个人口近2000万的中华大姓，历史悠久，来源广泛。据徐铁生《中华姓氏源流大辞典》一书统计，孙姓仅来源就有42个，实际上是一个多元一体的姓氏。事实上，这些来源的影响并不相同，其中姬姓孙氏或妫姓孙氏得到了绝大多数孙姓人的认可，被认为是孙姓的主要来源；孙姓历史上著名人物孙武、孙膑、孙权、孙中山等都出自这两大支派，包括家风在内的孙姓文化也主要由这两大支派奠定。但两大支派中究竟哪一支派才是主体支派？孙武、孙膑、孙权、孙中山等人究竟属于姬姓孙氏还是妫姓孙氏？由于早期文献缺乏明确记载，后人因为所见不同而各持一说，使其至今仍是悬而未决的问题，与之相关的家风等孙姓文化也因此而有不少问题需要进一步研究。今值“中华孙姓源流研讨会”召开之际，认真梳理传统文献记载和碑刻墓志、家谱等资料，并就与孙姓起源相关的姬姓孙氏、妫姓孙氏、主体孙姓支派、主体孙姓之根等问题略陈管见，兼及新形势下的孙姓家风建设等问题，不无必要。

一、姬姓孙氏为主体孙姓支派

在孙姓中，长期以来存在着姬姓孙氏和妫姓孙氏之说、之争。其中姬姓孙氏，是说孙姓在秦汉以前的姓氏分立时期，是由姬姓而来的“氏”，因此被称为姬姓孙氏，秦汉姓氏合一后又简称孙姓；妫姓孙氏也是如此。至于主体孙姓，是指包括孙武、孙膑、孙权、孙中山等人在内的绝大多数孙姓人所在的支派。根据对所见资料的研究，姬姓孙氏应是主体孙姓支派，孙武、孙膑、孙权、孙中山等历史名人和当今绝大多数孙姓人都应属于这一支派。

我们之所以认为姬姓孙氏是主体孙姓支派，是因为在先秦经汉唐至今的文献和碑刻墓志、家谱等资料里，都有姬姓孙氏是主体孙姓的明确记载。记载中认为这支孙姓人是黄帝和周文王、卫武公的后代，尊奉卫武公曾孙武仲（名乙）为祖先。因为武仲是卫武公之子惠孙的孙子，为纪念祖父，便以惠孙的字“孙”为氏，即孙氏，武仲也因此被称为孙乙或孙仲、孙武仲。在孙乙之前，黄帝和周文王、卫武公、惠孙等人都属于姬姓，孙乙也是由姬姓而来，孙乙及其后代也因此被称为姬姓孙氏。从时间上看，其得姓时间是在春秋时期，此后便开始见于记载。如在《左传》文公元年，成公二年、七年，襄公十年、二十六年的杜预《集解》中，都不同程度提到了上述事实。成公十四年的孔颖达《疏》还进一步引《世本》说“孙氏出于卫武公”。孔颖达所引《世本》相传出自战国末年一位担任史官的赵国人之手，是“录黄帝以来讫春秋时帝王诸侯及卿大夫系世谥名号”之作，编写的目的是“明世家”“式辨诸宗”，让人“知姓氏之所由出”，因此极具权威性。“凡言姓氏者，皆本《世本》”，司马迁《史记》也引用该书大量资料。可惜该书后来亡佚，但后人从各种类书中辑佚而出的辑本仍有一定的参考价值，其中一种由清人秦嘉谟辑补的《世本》对此研究并在参考《左传》及杜预《释例》《潜夫论·氏姓篇》（秦嘉谟简称《氏姓篇》）、《元和姓纂》（秦嘉谟简称《元和姓纂》）、《新唐书·宰相世系表》（秦嘉谟简称《唐书·宰相世系表》或《唐表》）等文献的基础上，所加的按语说：“孙氏：武公生公子惠孙，惠孙生耳，耳生武仲乙，乙生昭子炎，炎生庄子纥，纥生宣子鳝，鳝生桓子良夫，良夫生文子林父，林父生嘉、襄、蒯。杜氏《释例》：《左传》文元年，成二年、七年，襄十年、二十六年集解，《元和姓纂》二十三魂，《唐书·宰相世系表》。案：《世本》云：孙氏出于卫武公，至林父八世。别载《氏姓篇》与《元和姓纂》《唐表》所言世数相同，故知二书犹可据也。又《左传》文元年孙昭子、哀二十六年孙庄氏皆无名，其名亦见《唐表》。又宣六年《传》有孙免，亦见《经》，其系代无可考。”上述是说，在春秋战国时期的文献《左传》《世本》中，已有与姬姓孙氏相关的记载，后世的《潜夫论·氏姓篇》《元和姓纂》《新唐书·宰相世系表》都是以此为基础进一步加以记载的。事实上也的确如此。

《潜夫论·氏姓篇》是东汉人王符著作中的一篇，又称《志氏姓》，其中说“卫之公族石氏、世叔氏、孙氏”“皆卫姬姓也”。意思是说，卫国公族出自姬姓，其中之一是孙氏，与石氏、世叔氏等所出相同，孙氏也因此被称为姬姓孙氏。

《元和姓纂》是出自唐朝人林宝之手的姓氏学名著，许多内容后来成为《新唐书·宰相世系表》的蓝本。其中对姬姓孙氏的记载即：“孙，周文王第八子卫康叔之后。至武公生惠孙，惠孙生耳，耳生武仲，以王父字为氏。元孙良夫生林父，林父生嘉。吴有孙武、孙膑。乐安：孙武之后。东宛：孙膑之后。富阳：孙武之后。清河：孙武之后。洛阳：御史中丞孙景状，云武之后。”这是目前所见关于姬姓孙氏来源最早最详尽的记载，也应是前述秦嘉谟《世本》按语的主要依据。从中可见孙氏来源和主要郡望所属，反映了唐代中叶对相关问题的基本看法。如果将其与近年在敦煌发现的唐代姓氏书残卷对照，依然可见孙姓人在当时的郡望分布等基本事实。

在宋人欧阳修所编《新唐书·宰相世系表》中，与姬姓孙氏相关的记载的确与《元和姓纂》相近，即：“孙氏出自姬姓。卫康叔八世孙武公和生公子惠孙，惠孙生耳，为卫上卿，食采于戚。生武仲乙，以王父字为氏。乙生昭子炎，炎生庄子纥，纥生宣子鳝，鳝生桓子良夫，良夫生文子林父，林父生嘉，世居汲郡。晋有孙登，即其裔也。”

另外，在南宋人邓名世所编《古今姓氏书辩证》中，也记载姬姓孙氏来源，说：“孙，出自姬姓。卫康叔八世孙武公和，生公子惠孙，惠孙生耳，为卫上卿，食采于戚。生武仲乙，以王父字为氏。乙生昭子炎，炎生庄子纥，纥生宣子鳝，鳝生桓子良夫，良夫生文子林父，林父生蒯、襄、嘉。嘉字伯国，世居汲郡。晋有孙登。”

由上不同时期的文献资料可见，自先秦以来的姬姓孙氏来源都有基本一致的记载。至于这支孙姓人被认为是主体孙姓支派，亦即孙武、孙膑、孙权、孙中山等人所在的支派，则主要见于唐代以来的碑刻墓志和家谱等资料中。如在清人陆心源所编《唐文续拾》卷十四中收录的《唐幽州内衙副将中散大夫试殿中监乐安郡孙府君神道碑》中，便记载“府君讳壬林，字茂卿，其先乐安人也，姬姓。……武公……有功平王，命卫为公。……其孙武仲，以王父字为氏焉，继位上卿。良夫、林父，著于《春秋》。其后孙武入吴王阖闾将，善用兵”。这是说，在唐朝人孙壬林的神道碑碑文里，记载他是姬姓孙氏之后、春秋时期名将孙武的后代。而孙武在《元和姓纂》等书的记载中，不仅是孙姓著名郡望乐安孙氏的奠基人，也被富阳、清河、洛阳等郡望的孙姓人尊为始祖，富阳孙氏更是三国时期孙吴政权的建立者，孙中山的家谱中更明确记载是富阳孙氏之后，可见这支孙姓是名副其实的主体孙姓，属于姬姓孙氏。又如在《唐故魏州昌乐县令孙君墓志铭》中，也说孙姓“受命作周，懿亲分卫，肥泉自远，瓜瓞攸兴”，“兵法修列，武流称于强吴”；《唐故司成孙公墓志铭》说：“康叔以口弟匡周，孙惠以宗卿辅卫，姓因王父，既著于左言；庆籍公门，实彰于右记。”都是在说姬姓孙氏及其作为主体孙姓支派的历史。正因如此，宋代以来编修的许多孙姓家谱上都明确把姬姓孙氏和孙武、孙膑、孙权、孙中山等人联系在一起，把其作为主体孙姓支派。如在浙江《富春孙氏族谱·姓氏本源图说》、江苏丹阳崇伦堂《云阳孙氏宗谱·孙氏姓氏本源考》中，不仅认为自己的家族出自姬姓孙氏，而且还列出了自得姓至明清时期的详尽世系，其中从孙林父至孙武、孙权等人之间的世系是：“林父生二子，长曰蒯，次曰嘉。蒯子恒书，字子占，仕齐伐莒有功，食采于乐安，改孙氏为孙姓。而一改乐安为富春者，盖祖武子也。武子者，恒书之孙，凭之子也。凭公字信端，避齐田乞之乱，徙居鲁曲阜之白塔村。武子字德纯，南游会稽，以兵法说吴王，封昌国公。后又食采于浙之富春，故曰富春孙氏。是则武子者，康叔二十世孙，而为惠蔚公四十八世之祖也夫。”此外，编修于清光绪年间的福建厦门《孙氏族谱·柳塘记》中自称“康叔苗裔”，江苏常熟《虞邑孙氏宗谱·锦港孙氏族谱序》说“孙氏出于姬周之后文王，康叔封于卫，至武公子惠孙为上卿，因以为氏。战国时有孙武、孙膑，其苗裔也”，也都把姬姓孙氏当作了主体孙姓支派。2012 年 2 月 10 日，更有出自姬姓孙氏的孙姓人公开发出《姬姓孙氏倡议书》，其中据《文选》李善注引《孙氏世录》等说，由东晋名士孙康而来的映雪堂孙氏“确属姬姓孙氏支脉”，并因此倡议编修《中华孙氏通谱·姬姓卷》，更可证姬姓孙氏在孙姓人中的突出地位。

总之，姬姓孙氏作为孙姓主体支派，历代文献记载清晰，碑刻墓志、家谱等资料言之凿凿，应是在孙姓起源问题上不容忽视的一说。尽管该说还有进一步挖掘更多资料加以证实的余地，但通过上述所引资料，依然可以使该说言之有据，避免无证不立之讥。

二、主体孙姓根在濮阳

姬姓孙氏不仅是主体孙姓支派，而且还是一个根在今河南濮阳的孙姓支派。在前引《新唐书·宰相世系表》《古今姓氏书辩证》等书中，都明确记载姬姓孙氏始祖孙乙的父亲“耳，为卫上卿，食采于戚，生武仲乙，以王父字为氏”，也就是说，姬姓孙氏的得姓之地是在耳的食采地“戚”，也就是今天的濮阳。

在濮阳市华龙区古城路和京开大道交会处，有一座戚城遗址公园，其核心部分戚城遗址就是姬姓孙氏当年的得姓之地。戚城又称戚，《荀子·儒效》说武王伐纣时“朝食于戚，暮宿于百泉”，其朝食之地便是这里，可知得名很早。在考古工作者近年对其遗址的发掘中，发现其在春秋时期的文化遗址之下依次叠压着裴李岗文化、仰韶文化、龙山文化以及商、西周等文化遗址，说明这里在灾很早时期就有人类活动。另据《左传》等相关文献记载，这里以南不远的帝丘曾是传说时期的部落首领颛顼、帝喾和帝舜的都城，春秋时期卫成公元年（前629年）以后的卫国国都也在帝丘，可见其地理位置相当重要。《左传》等书还记载从卫成公迁都帝丘至卫灵公四年（前531年），戚因位于古黄河的东岸，东有齐、鲁，西有秦、晋，南有曹、宋、郑、陈、吴、楚等，不仅是卫都帝丘北面的重要屏障，而且是诸侯争霸的战略要地。卫国以解决诸侯国之间政治、军事争端为目的的会盟共15次，其中在戚就有7次。正因其战略位置非同一般，晋人杜预在《春秋左传·文公元年》“公孙敖会晋侯于戚”注中说：“戚，卫邑。”清人顾栋高在其《春秋大事表》中更指出：“盖其地濒河西，据中国之要枢，不独卫之重地，亦晋、郑、吴、楚之孔道也。”意思是说，戚在春秋时期是卫国的重要城邑和战略要地。

姬姓孙氏不仅得姓于戚，早期历史也与戚息息相关。根据《春秋》三传和

《史记·卫康叔世家》等文献的记载，孙姓自始祖孙乙的父亲“耳”“食采于戚”后，经孙乙和孙乙之子孙炎（昭子）、孙炎之子孙纥（庄子）、孙纥之子孙鳍（宣子）、孙鳍之子孙良夫（桓子）、孙良夫之子孙林父（文子），以及孙林父之子孙蒯、孙嘉、孙襄等人，前后200多年间都以此为世袭领地，并一直担任卫国上卿之职，世代掌握着卫国的政治命脉，甚至以此为根据地左右卫国政局。特别是从第五代孙良夫开始，更是卫成公、卫穆公、卫定公三朝元老。孙良夫之子孙林父也盛极一时，甚至能够操纵卫国国君废立，在卫定公去世、卫献公继位后还把象征权力和地位的卫国青铜礼器从帝丘迁至戚，几乎完全控制了卫国政权。至卫献公十八年（前559年）冬，孙林父更联合鲁、晋、宋、郑、莒、邾等国会盟于戚，商议如何安定卫国等事宜，其作用更加举足轻重。只是因为权重遭忌，孙林父先后受到卫献公、卫殇公等人的猜忌和权臣宁氏家族的排挤，先后两次遭受打击，孙林父第三子孙襄也在与宁氏的争斗中被杀，最终因元气大伤而一蹶不振，孙林父次子孙嘉也不得不带领部分族人外迁到“戚”西南方向的汲郡（今河南卫辉西南）避难并留居下来，《新唐书·宰相世系表》中所谓“晋有孙登，即其裔也”便是指此。至于《史记·孙子吴起列传》记载“孙子武者，齐人也”，据孙姓人自己的考证，也是这支姬姓孙氏外迁以后的后代。特别是在东汉末年，孙武的二十二世孙孙权在江东建立了吴国，史称孙吴，与魏、蜀两国抗衡，传国50余年，进一步扩大了这支孙姓人的影响。因此，此后的孙姓人大多自称孙武、孙权之后，而以东莞为郡望的一个分支在宋元时期又分迁福建长汀，明永乐年间再迁广东紫金，清康熙年间又迁香山涌口门村，再传二代至孙殿朝时又从涌口门村迁翠亨村。孙殿朝便是孙中山的高祖父。

由上可见，由姬姓孙氏发展而来的主体孙姓最早得姓于今河南濮阳市境内的戚城遗址一带，得姓以后又在此度过了长达200多年的辉煌岁月，进而由此外迁，发扬光大。因此，今戚城遗址一带实际上是姬姓孙氏或主体孙姓的根基所在。由于戚城如此重要，其遗址在1963年被河南省人民委员会公布为第一批文物保护单位，1996年又被国务院公布为第四批全国重点文物保护单位。如今，其城址仍有周长1520米的北、东城墙残存，以及城门、宫殿基址、道路、夯土台、水井等遗迹，与出土的不同时期的遗物一起供后人凭吊。

三、孙姓文化与孙姓家风

在姬姓孙氏或主体孙姓起源以后的两千多年来，除拥有漫长的发展演变历史外，还创造了特色独具的姓氏文化，以及作为其文化组成部分的孙姓家风等。仅就其家风而言，实际上也是孙姓与其他姓氏不同的门风、族风，在重视家风建设的今天尤值得关注。

在孙姓家风中，有一种是被明末清初著名学者孙奇逢所倡导的“孝友堂”家风。“孝友”一词出自《诗经·小雅·六月》“侯谁在矣，张仲孝友”，本义是孝顺父母和友爱兄弟，孙氏家族以此为堂号，说明其家风也是如此。考察其家族历史可知，孙奇逢先祖原居小兴州（今属河北承德），明初移居容城县（今属河北），从其祖父孙臣开始获得功名，以诗礼传家，并且各有家训传世。其中孙臣曾说：“做官要钱，无非为子孙计，不知一要钱，子孙微矣”；“子孙不如我，要钱做什么？子孙胜似我，要钱做什么？”意思是说，做官贪钱的原因无非是为子孙打算，不知道一贪钱就把自己和子孙的品德都变低了。如果子孙不如我，给他钱也没什么用，比我强则不用给他钱。从这些家训中，可知孙奇逢家族在之前就已经淡泊名利、笃行仁义，有了清白相传的家风。在此影响下，孙奇逢自幼便秉承家风，中举后因父母接连去世，他与兄弟守丧尽孝，先后 6 年结庐墓侧，蔬食淡饭，6 年后又把父母灵位移至家祠，每日晨起率子孙祭拜，逢忌日则简衣素食，一直坚持到 90 多岁去世，感动乡里。同时，他与兄弟情谊深厚，平日砥砺共进，互学所长，晚年因兄弟去世而为其在家祠中增设牌位，寄托思念之情。正是因为他继承了孝友家风，并且以身示范，他的子孙也深受影响。6 个儿子孙立雅、孙奏雅、孙望雅、孙博雅、孙韵雅、孙尚雅都能从传统家风中汲取营养，淡泊名利，本分做人，努力向学，多有著述。三子孙望雅后来入乡贤祠，四子孙博雅协助他传道授业。他的孙子孙淦学有所成，高中进士，对琴谱还有深入研究。他的曾孙孙用正也传承家风，不但学问精深，而且品行敦厚，中举后历官禹州、许州学正，去世后入忠孝祠。孙用正夫人也持家有方，全家上下五世同堂，与邻里之间十分和睦。对此，世人都认为是世传家风的结果，孙奇逢本人也在90岁高龄时所写的《夏峰歌》中说：“喜的是家无逆颜，人人尽让无争辩。”时人傅山更说：“其家门雍穆，有礼有法，吾敬之爱之”，给予了恰如其分的评价。

孙奇逢不仅倡导和践行孝友堂家风，晚年还在祖先所遗家训基础上编写了《孝友堂家规》，他教育子孙的言语在他去世后又被子孙编为《孝友堂家训》，与《孝友堂家规》并称为《孝友堂家规家训》。无论《孝友堂家规》还是《孝友堂家训》，都是孙奇逢及其家族家风的集中体现。孙奇逢从家庭、家教入手，提出了对子弟进行家风教育的重要性，认为“家运之盛衰，天不能操其权，人不能操其权，而己实自操之。父慈子孝，兄友弟恭，男正乎外，女正于内，即贫窭终身，而身型家范，为古今所仰，莫盛于此。如身无可型，而家不足范，当兴隆之时，而识者已早窥其必败矣”。因此，“士大夫教诫子弟是第一要紧事。子弟不成人，富贵适以益其恶；子弟能自立，贫贱益以固其节”。意思是说，一个家族是否能够家业兴旺、家道昌隆，子孙的品德教育至关重要。如果子弟不能成为有德才之人，给他富贵只能使他更加作恶。反之，即使贫贱也能保持品节。只有在各种诱惑面前做到“饥饿穷愁困不倒，声色货利浸不倒，死生患难考不到”，才是“人之事毕矣”。而要培养子弟的优良品德，又有必要通过制定家规的办法让其自觉遵守。为此，他以格言的形式制定了家规18则，即“安贫以存士节，寡营以养廉耻，洁室以妥先灵，斋躬以承祭祀，既翕以协兄弟，好合以乐妻孥，择德以结婚姻，敦睦以联宗党，隆师以教子孙，勿欺以交朋友，正色以对贤豪，含洪以容横逆，守分以远衅隙，谨言以杜风波，暗修以淡声闻，好古以择趋避，克勤以绝耽乐之蠹己，克俭以辨饥渴之害心”。内容涉及立身处世、亲师取友、婚姻祭祀、居家之道等，文字不多但言简意赅，是其要求子孙做到的行为准则，也是其家风的集中体现。

在孙奇逢所倡导的孝友堂家风中，十分重视族中子弟的启蒙教育，认为子孙能否拥有优良品德并在将来建功立业都与此有关。他认为，一个人的孩提时代正是成长时期，也是要懂得爱人、尊重人的时候。高尚的品德和功业全靠孩提时的启蒙教育，自古以来的大学问家都是在小时候打下良好的基础，孙家自高祖以来也都以忠厚为本。在年幼时就知道关爱别人，稍微长大后知道尊敬别人，才是天生良善的本性。古人重视自幼培养孩童的优秀品格，以使其形成习惯，才不至于削弱他的本性。如果不重视启蒙教育，一旦孩童长大成人，那些不好的习惯成了本性，再补救也就来不及了。因此，启蒙教育是关系到家庭盛衰的第一要事，一定要牢记于心，严格遵守。

另外，孙奇逢所倡导的孝友堂家风还要求子孙在家做到修身齐家，外出做官做到清正廉洁，进而实现治国平天下的人生抱负。他在回答子孙“齐家之难，难于治国平天下。家迩天下远，家亲天下疏，何以难”的问题时说：“正惟迩则情易辟，正惟亲则法难用。夫家之所以齐者，父曰慈，子曰孝，兄曰友，弟曰恭，夫曰健，妇曰顺。反此则父子相伤，夫妻反目，兄弟阋墙。从来均平天下之人，每于此多动心忍性。盖法制所不能束，禁令所不能施，以此思难，难可知矣。”意思是说，治家难是因为太近太亲，感情容易偏颇，法制难以运用。要想治好家就要做到父慈、子孝、兄友、弟恭、夫健、妇顺，反之就会父子互相伤害，夫妻间反目成仇，兄弟间不能和睦。自古以来的治国成功之人每到治家时都忍着性子，原因也在于治家不能使用简单的法律制度和禁令，从这一角度看治家当然是难了。为了解决这一难题，他又建议：“先办一副忠实心，贯彻内外上下，然后总计一家标本缓急之情形，而次第出之，本源澄澈，即有淤流，不难疏导。患在不立本而骛末，浊其源而冀流之清也。”也就是说，治家要有一副忠厚心肠，分清轻重缓急，从内外、上下着手，以便正本清源，从源头上加以疏导，不要太着眼于细枝末节。至于外出为官，他认为最重要的是应该继承祖辈家风，“尔祖宰武城，归里之日，仍以馆谷偿负斜，尔祖母尔父，俱不免于饥寒。闻者见者，莫不怜之。吾家沐阳公，以廉吏起家，尔祖能绳其武，我辈俱得为清白吏子孙，较以金帛田宅遗后人者，荣多矣”。如果能用“廉洁”二字严格要求自己，即使家贫也不失为清白官吏的子孙，也比那些以金银、田地、房屋留给后代的人光荣。可见，这种重视修身齐家、为官清廉等个人品德相关的家规家训，也是孙奇逢及其家族的重要家风。

当然，孙奇逢所倡导的孝友堂家风还有其他方面的内容，如要求子孙读书明理、安贫乐道、为人大度、知行合一等，也都不乏教育意义。而孙奇逢一生笃行孝友、勤学不辍等优秀品格，至今仍能给人以启迪。尤其是其所倡导的家风，从性质上看实际是融道德教育与生活实践为一体，体现了中华民族讲仁爱、守诚信、崇正义、尚和谐、倡勤俭的文化精髓，不仅深深影响了其子孙后代，而且还成为具有广泛影响的著名家训文献。在其家族内部，其家规被视为传家宝世代相传，族人在读书做人、婚姻家庭、为人处世、待人接物等方面无不“堂传孝友，敬守前修”；在社会上，其家规也成为世人所推崇的教子立身、睦亲治家的家教范本。可见，这时的孝友堂家风不是只属于孙奇逢及其子孙所在的家族，而是属于全体孙姓人、全社会，是其以自身倡导和践行而留下的宝贵文化遗产。

四、弘扬孙姓家风的当代意义

由上可见，孙姓家风中仅孙奇逢所倡导的孝友堂家风便有不少值得借鉴和学习之处。他的家风要求族人做到笃行孝友、尊老爱幼、团结友善，使家族处在一种相亲相爱、积极向上的状态，对今天的家风建设也不乏借鉴意义。尤其是在党的十八大以后，中共中央总书记习近平曾多次在不同场合强调家风的重要性，把家风建设提到前所未有的高度。早在 2013 年 10 月 31 日，习近平在同全国妇联新一届领导班子成员集体谈话中强调，发挥妇女在弘扬中华民族家庭美德、树立良好家风方面的独特作用，关系到家庭和睦、社会和谐、下一代的健康成长，只有“千千万万个家庭的家风好，子女教育得好，社会风气好才有基础”。在 2015 年 2 月 17 日的春节团拜会上，习近平更明确提出家风建设问题，指出：“中华民族自古以来就重视家庭、重视亲情。家和万事兴、天伦之乐、尊老爱幼、贤妻良母、相夫教子、勤俭持家等，都体现了中国人的这种观念。”又说：“家庭是社会的基本细胞，是人生的第一所学校。不论时代发生多大变化，不论生活格局发生多大变化，我们都要重视家庭建设，注重家庭、注重家教、注重家风，紧密结合培育和弘扬社会主义核心价值观，发扬光大中华民族传统家庭美德，促进家庭和睦，促进亲人相亲相爱，促进下一代健康成长，促进老年人老有所养，使千千万万个家庭成为国家发展、民族进步、社会和谐的重要基点。”另外，2015 年 2 月 28 日，习近平在主持中央深改领导小组第十次会议时强调，领导干部的家风不是个人小事、家庭私事，而是领导干部作风的重要表现。2015 年 10 月 29 日，习近平在中共十八届五中全会第二次全体会议上发表讲话，要求广大党员干部“做到廉以修身、廉以持家，培育良好家风，教育督促亲属子女和身边工作人员走正道”。2016年1月12日，习近平在十八届中央纪委六次全会上的讲话中要求弘扬中华优秀传统文化，把家风建设摆在重要位置，廉洁修身、廉洁齐家。可见，习近平一再提倡家风建设，把尊老爱幼、家庭和睦、勤俭持家、廉洁俭朴等当作优良家风，而加强家风建设也已成为新时期的重要任务之一。因此，2015年10月18日，中共中央发了《中国共产党廉洁自律准则》，首次把廉洁齐家列为党员领导干部廉洁自律规范的重要内容之一，将树立良好家风列为党员领导干部的必修课，借以开创党风、政风、社风建设的新局面。在此背景下，家风建设实际上不再仅仅是党员领导干部的事，而是与每个人息息相关，需要共同发扬光大中华民族的传统家庭美德并一代代传承下去。

事实上，在我国传统社会里，一直强调“修身、齐家、治国、平天下”的“家国天下”情怀，要求齐家治国必先修身，做到个人、家庭和国家的有机统一。在其中，“家”作为人生的第一所学校，是联系个人、国家、天下的重要纽带，良好的家教、家风、家庭品德都会融入血脉，对人产生直接影响。同时，家风又是体现社会风气的一个重要窗口，只有家风正才能带动社会风气的转变。因此，如何在新形势下做到“齐家”而后“治国”，的确值得深入思考。不过，至少从某种程度上看，习近平讲话中所说的“尊老”和“老有所养”，在传统意义上都是“孝”的表现；而通过“重视亲情”“天伦之乐”达到家庭和社会和谐，实际上也具有传统意义上的“友”的成分，这些仅在孙姓的孝友堂堂号中便有体现。更何况在孙奇逢所倡导的家风中，不乏要求子孙孝友传家、清白做人、勤俭持家等内容。故而，历史上形成的孙姓家风至今仍具有时代魅力，不仅对当代的家风建设具有一定的借鉴意义，对弘扬中华民族传统美德也有一定的价值和作用，因此也需要引起足够重视。也正因如此，中央纪委监察部网站在2016年6月28日以“河北容城孙奇逢：身型家范堂传孝友数百年”为题，作为“中国传统中的家规”之一专门推出，正是对孙姓家风的高度肯定。

（本文作者为中国青年政治学院教授）

孙姓的历史与文化

⊙袁义达

孙姓在中国姓氏人口中排第 12 位，在渤海湾和东北地区最有影响。当今孙姓人群大约占了全国人口的 1. 38%，总人口数大约在 1830 万。

孙的名义和图腾

孙，儿子的儿子叫孙，这是孙的本义。“孙”字从子，从系。系就是续也，有连绵不绝之义。在甲骨文和金文中，“孙”字的左部是一个小人形，右边是绳索形，绳索有系联之义，表示子孙连绵不断之义。孙的引申有再生、旁生、延续的含义。在古代，“孙”字多被用在名字上，这是先人对血缘延续的期望和对后代的祝福。孙，应是一种精神的寄托和氏族精神的原始崇拜。

孙姓的起源与演变

孙姓主要由四大来源组成：姬姓、芈姓、妫姓和子姓。

第一支出自姬姓。公元前 1046 年周武王灭商，封其同母胞弟姬封于康，侯爵，史称康叔。周武王死后，周成王年幼，三监联合殷王武庚叛乱，为周武王四弟周公旦所平定，因康叔出兵平武庚之乱有功，而封为怀侯。周成王以康叔为周司寇，赐宝祭器，欲移康叔于卫。康叔死后，周成王正式封康叔之孙考伯于卫，侯爵，古城在今河南北部淇县东北朝歌城，故史称康叔为卫康叔，此乃追称之名。

春秋初，卫武公佐周伐西戎有功，被周平王赐为公爵。《古今姓氏书辩证》：卫康叔八世孙卫武公，武公之子公子惠孙，惠孙之子耳，为卫上卿，食邑于戚，孙武仲乙，武仲家族以祖父之字为氏。又有潘英《中国上古史新探》，鲁文公元年（前626年），卫戚邑大夫孙昭子，名炎。又有《国语·楚语上》注：戚，孙林父之邑。再据近代考古发现，出自春秋卫国戚城的青铜礼器孙林父簋，是濮阳戚城为姬姓孙姓之封地。这支姬姓孙氏至少有2700多年的历史。

第二支源出芈姓。春秋初，楚王蚡冒之孙蔿贾，蔿贾之子蔿艾腊，也称孙叔敖，孙叔为其字，出任楚庄王的令尹，其子孙以其字为氏。孙叔敖居于期思，即今河南淮滨东南。这支芈姓孙氏有2600年的历史。

第三支出自妫姓。公元前1046年周灭商，周武王封商均的直系后裔妫满于陈。陈国在西周时期是十二诸侯之一，国势和地位仅次于“五霸”。公元前672年，陈厉公之子陈完逃奔齐国，改陈氏为田氏。齐景公（前547—前490年在位）时，陈完五世孙田桓子，即齐大夫田无宇，其子田书因伐莒有功，齐景公封田书于乐安，古城在今山东惠民，并赐姓孙氏。这支妫姓孙氏有2500多年的历史。

第四支源出子姓。商朝末，朝纲混乱，纣王昏淫，纣王叔父比干，商之贤臣，因直谏而被杀，子孙避难改姓，其中一支以本为王族子孙之故，遂姓孙氏。这支子姓孙氏有3000多年的历史。

外族基因的融入

第五支来自外姓和少数民族的改姓。其他姓改孙姓的最主要的事件有：战国名士荀子的后裔在西汉时为避汉宣帝名讳，改为孙姓。西汉滕公夏侯婴之曾孙夏侯颇，随外祖父姓而改姓孙。三国时孙坚部将俞河改姓孙。而少数民族使用孙姓主要有：唐朝契丹人有孙姓，清朝满洲八旗姓孙佳氏全族改姓孙。这些外族与汉族长期混居后多数被同化成汉族孙姓。

历史上孙姓的分布和迁移

孙姓自商末周初立姓之后，一直活跃在河南和山东一带。春秋初期，姬姓孙氏一直世袭卫国的上卿，权倾一国，孙姓在河南地区发展很快。春秋末期，孙氏在卫国失宠，北迁晋国。发源在山东的妫姓孙氏发展得蓬蓬勃勃，尤其在战国时期出了一位赫赫有名的军事家孙武，其子孙明因父功而封富春侯，封地在今浙江富阳，形成了孙氏的南方著名郡望吴郡。

秦汉以后，妫姓孙氏成了全国孙姓的主体，由山东向四周拓展，西进山西太原，南达浙江南部，向西南达到湖北。三国时，孙坚父子在江南建立了吴国，孙氏的发展达到了顶峰。在魏晋南北朝时，北方、中原和江南的孙氏都得到了迅速发展，出现一批孙氏名家大族。到了唐宋时期，孙姓已遍布于大江南北、五湖四海。宋朝形成的“百家姓”第一句就是“赵钱孙李”，可见孙姓的社会地位和影响。明末清初，孙姓进入了台湾。

宋朝，孙姓人口大约有 105 万，约占全国人口的 1.4%，为宋朝第 11 大姓。孙姓第一大省是安徽，约占全国孙姓总人口的 11.8%。孙氏在全国的分布主要集中于安徽、河南、山东、江苏，这四省孙姓大约占全国孙姓总人口的 44%；其次分布于江西、河北、四川、浙江、湖南、湖北等，形成了以长江以北孙姓为主体的全国孙姓布局和皖豫鲁苏、长江流域两个集中分布的孙姓聚集区。

明朝，孙姓大约有 119 万人，约占全国人口的 1.3%，为明朝第 14 大姓。在全国的分布主要集中于浙江、山东、江苏、江西，这四省孙姓人口大约占孙姓总人口的 60%，其次分布于陕西、河北、安徽、山西、河南等省。浙江为孙姓第一大省，约占全国孙姓总人口的 20.8%。全国重新形成了浙赣、鲁苏二大块孙姓人口聚集地区，孙姓聚集重心开始向东移动。

当代孙姓的分布和图谱

当代孙姓的人口已达 1830 万，为全国第十二大姓，大约占全国人口的 1.38%。在全国的分布目前主要集中于山东、河南、江苏三省，大约占孙姓总人口的 35.7%，其次分布于河北、辽宁、安徽、黑龙江、吉林五省，又集中了孙姓人口的 32.8%。山东为当代孙姓第一大省，居住了孙姓总人口的大约 17.2%。以长江为分水岭，形成了孙姓北多南少的分布格局，河南、华东沿海省份连接东北三省是孙姓分布高频率地带。

孙姓的传统文化

郡望和堂号：孙姓的郡望主要有汲郡、陈留、太原、乐安、富春、东莞、吴郡等。孙姓的堂号除了同郡望外，还有平治、映雪、孝友、兵法。“富春”堂号典出战国时大军事家孙武。孙武带着自己的兵法见吴王，吴王拜其为将，西破强楚，北威齐鲁，战功赫赫，吴王封孙武为富春侯。“映雪”堂号出自晋朝御史大夫孙康。孙康幼时家境贫寒，买不起油点灯。据说一年冬天大雪后，孙康利用雪的反光读书，而有“映雪”之称。

孙姓的重要楹联有五副：

兵家之祖，循吏之宗。

江东开国，冀北空群。

蜀宫才捷，吴岭仙成。

源远流长乐安郡，根深实茂富春江。

寒国春回，谁复读书映雪；舞雩日暖，何妨归咏吟风。

家训格言：孙奇逢是明清之际著名的教育实践家，他以名节和学问闻名于当世，其家训思想也为后世所推崇。他十分重视政治家教子之道，曾自定《孝友堂家训》和《孝友堂家规》以训诫诸子。他认为：“古人重蒙养正，以慎所习，使不离其身”“蒙养不端，待习惯成性，始思补救，难矣！”所以，“端蒙养，是家庭第一关系事”，而教诫子弟又是“第一要紧事”。倡导“教家立范，品行为先”，要“存士节，养耻心”，反对“爱而不劳”的“禽犊之爱”。告诫诸子“为端人，为正士”“安贫寡欲，修德敦睦，守分谨言，克勤克俭”。

目前国内外的图书馆和其他单位正式公布收藏了孙姓族谱482部。

名人和宗族先贤

《中国人名大辞典》收入了孙姓历代名人521名，占总名人数的1.15%，排在名人姓氏的第13位；孙姓著名文学家占中国历代文学家总数的1.22%，排在第15

位；孙姓著名医学家占中国历代医学家总数的 1.26%，排在第 17 位；孙姓著名美术家占中国历代美术家总数的 1.27%，并列第 15 位。

从著有《孙子兵法》的孙武开始，孙姓人才层出不穷，彪炳于史册的数不胜数。主要人物有：春秋秦国善相马者孙阳；战国齐国兵家孙膑；东汉末长沙太守孙坚；三国吴国国君孙权、魏国经学家兼训诂学家孙炎；西晋文学家孙楚、名士孙康；东晋文学家孙绰、无神论者孙盛；唐朝宰相孙茂道、医学家孙思邈、书法家孙过庭、画家孙位；五代后周名将孙方谏、诗人孙光宪；北宋经学家孙奭、名士孙复；明朝大臣孙承宗、孙传庭；明清之际科学家孙云球、学者孙奇逢；清朝直隶总督孙嘉淦、经学家孙星衍、经学家兼文字学家孙诒让、诗人孙原湘；近代民主革命先行者孙中山、民国政府行政院长孙科；当代地质学家兼古生物学家孙云铸、地质学家孙大中、桑蚕育种家孙本忠、农业化学家孙羲、经济学家孙冶方、哲学家孙叔平。

孙膑

孙权

孙姓血型

孙姓人群的血型分布情况是：O 型占 31%，A 型占 27.8%，B 型占 31.4%，AB 型占 9.8%。

（本文作者为中华伏羲文化研究会副会长、华夏姓氏源流研究中心主任）

从《孙公百忍歌》看我国家训、家书与家庭教育

⊙杨海中

一、从《孙公百忍歌》说起

说起家庭教育，人们不由得想起启蒙读物《百家姓》。《百家姓》一书家喻户晓，提起“赵钱孙李”，天下无人不知。以当今我国人口数量而论，孙姓位列第十二，可谓大姓。与其他姓氏相比，孙氏历史名人的知名度非常高，孙武因《孙子兵法》而名扬天下，孙权因《三国演义》而妇孺皆知，中国民主革命伟大先行者孙中山先生创立了中国国民党和中华民国，更是受到世界人民的敬仰。

关于孙氏家训，互联网上有“中华孙氏联会论坛”和“世界孙氏宗亲联谊总会”两个组织，均有“孙氏家训《孙公百忍歌》”条，所载“孙氏家训《孙公百忍歌》”完全相同：

百忍歌，歌百忍。

忍是大人之气量，忍是君子之根本。

能忍夏不热，能忍冬不冷；

能忍贫亦乐，能忍寿亦永。

贵不忍则倾，富不忍则损。

不忍小事变大事，不忍善事终成恨。

父子不忍失慈孝，兄弟不忍失爱敬；

朋友不忍失义气，夫妇不忍多争竞。

刘伶败了名，只为酒不忍；陈灵灭了国，只为色不忍；
石崇破了家，只为财不忍；项羽送了命，只为气不忍。
如今犯罪人，都是不知忍。
古来创业人，谁个不是忍。
百忍歌，歌百忍。
仁者忍人所难忍，智者忍人所不忍。
思前想后忍之方，装聋作哑忍之准。
忍字可以走天下，忍字可以结邻近。
忍得淡泊可养神，忍得饥寒可立品。
忍得勤苦有余积，忍得荒淫无疾病。
忍得骨肉存人伦，忍得口腹全物命；
忍得语言免是非，忍得争斗消仇憾。
忍得人骂不回口，他的恶口自安靖；
忍得人打不回手，他的毒手自没劲。
须知忍让真君子，莫说忍让是愚蠢；
忍时人只笑痴呆，忍过人自知修省。
就是人笑也要忍，莫听人言便不忍；
世间愚人笑的忍，上天神明重的忍。
我若不是固要忍，人家不是更要忍；
事来之时最要忍，事过之后又要忍。
人生不怕百个忍，人生只怕一不忍；
不忍百福皆雪消，一忍万祸皆灰烬。

《孙公百忍歌》没有注明作者和成歌年代。应是流行民间，从使用词语特点看，当为近世人所编辑。

关于“百忍”，鉴于陋识所限，未见有关孙氏的记载，有名的则是张公艺的百忍。《旧唐书》卷一百八十八《孝友列传》，有张公艺传：

郓州寿张人张公艺，九代同居。北齐时，东安王高永乐诣宅慰抚旌表焉。

隋开皇中，大使、邵阳公梁子恭亦亲慰抚，重表其门。贞观中，特敕吏加旌表。麟德中，高宗有事泰山，路过郓州，亲幸其宅，问其义由。其人请纸笔，但书百余“忍”字。高宗为之流涕，赐以缣帛。

张公艺以“忍”治家不仅正史有记载，在民间也流传很广，最有名的是元代四折杂剧《张公艺九世同居》。为纪念张公艺，张公艺的老家河南濮阳市台前县桥北张村今建有百忍堂，内有石碑数通及“百字忍”图。正因为张公艺“百忍”史书有载，故张姓世传《百忍歌》。今网上有“张氏版《百忍歌》”，以为张氏家训，其词与《孙公百忍歌》一字不差。这也从一个方面表明，凡有益的家训，都会被人们所接受、所承认。以此联系中国历史上的家规、家训可知，家训的内容和形式是多种多样的，就文字数量而言，有的可能是一个字，有的可能是一句话，有的可能是一篇文章，有的可能是一本书。就其形式看，有的可能是俚句小曲，有的可能是诗词歌赋，有的可能是殷殷书信，有的可能是分类政论。

二、家训溯源

人们常说，家庭是孩子成长的摇篮，父母是孩子的第一任教师。由此可知家庭教育的重要性。

由于父母及其他家庭成员的观念与行为对孩子道德意识及行为方式的养成起着一定的决定性作用，家庭教育就成了社会伦理传承与人才培养的重要一环。

正因为如此，家庭教育在中国教育发展史上具有重要的地位，积累了无数宝贵经验的家训、家书也就成了家庭教育百花园中的奇葩。

家训是我国家庭教育的独特创造，狭义的“家训”指历史上家长为了教育儿孙而写下的训词或戒条，有的称家训，有的称家戒或家范；旧式家谱中的家规则是阖族的家训。

历史上的家训多是官宦、士绅及其族人修身治家、为人处世、成业立世之道的总结，以文字的形式垂范后人，以期达到家风传承、家业兴旺之目的。

1. 早期之家训

我国第一部称得上标准家训的典籍应推北齐颜之推的《颜氏家训》。颜之推学问淹博，但经历坎坷，离乱的社会使他既看到了太平之时贵胄子弟“望若神仙”之状，也使他看到其在末世时“泊若穷流”（《颜氏家训·勉学》）的惨况。他清醒地认识到，子弟若无立身之本，纵然贵如王子，富可敌国，但终不可保身。他无限感慨地说，坐拥天下“犹自败累，况士庶乎”？这使人们立刻想起了《尚书·无逸》。周公鉴于殷商灭亡的教训，告诫成王必须牢记“稼穑之艰”，否则，多则十年、八年，少则五六年、三四年，王权必遭困厄。家训的发展与成熟是一漫长的过程，如依史而论，笔者以为《尚书》之《无逸》当为中国家训的滥觞之作。

孔子一生追慕周公，除继承其宗法、礼乐思想外，作为教育家，在家教中也很重视礼乐思想的灌输。《论语》中就有孔子教育儿子孔鲤（伯鱼）学礼、学诗的记载。

> 陈亢问于伯鱼曰：“子亦有异闻乎?”对曰：“未也。尝独立，鲤趋而过庭。曰：‘学《诗》乎?’对曰：‘未也。’‘不学《诗》，无以言。’鲤退而学《诗》。他日又独立，鲤趋而过庭。曰：‘学《礼》乎?’对曰：‘未也。’‘不学《礼》，无以立。’鲤退而学《礼》。闻斯二者。”（《论语·季氏》）

孔子不仅明确教育伯鱼学《诗》、学《礼》，还具体规定了学《诗》的重点：

> 子谓伯鱼曰：“女为《周南》《召南》矣乎？人而不为《周南》《召南》，其犹正墙面而立也欤?”（《论语·阳货》）

《周南》是《诗经》十五国风中的第一篇，《召南》为第二篇，共有诗25首。《周南》中的主要篇幅产生于河南洛阳地区，《召南》中的主要篇幅产生于陕西岐山地区。西周时国都在镐，东都为洛邑。也就是说，《周南》《召南》中的篇幅大多是黄河中游地区民众的诗，反映的是社会下层庶民百姓的生活以及他们的思想、感情。这些诗篇均入乐，其格调健康、高雅，孔子评价为“乐而不淫，哀而不伤”（《论语·八佾》），故而孔子让伯鱼重点加以学习。朱熹认为，这两篇在《诗经》中地位重要，他说：“《周南》《召南》，《诗》首篇名，所言皆修身齐家之事。‘正墙面而立’，言即其至近之地，而一物无所见，一步不可行。”（朱熹《论语集注》）从中可知，孔子强调学《诗》的重要性就在于可以使人全面了解社会，懂得修齐之道。由于孔子重视《诗》《礼》之教，因而后世就把此一家教传统谓之

"诗礼传家"。

由于周公、孔子垂范在前，故后人纷纷仿效其教子。在《古今图书集成》中，《家范典》有5类31部共116卷，其中先秦两汉时有代表性的训诫儿孙的文献为刘邦的《遗太子书》、刘向的《诫子歆书》、蔡邕的《女训》和诸葛亮的《诫子书》等。蔡邕的家教培养出了一位才华出众、深明大义的女诗人蔡文姬；诸葛亮给人们留下了"淡泊明志""宁静致远"的格言。[①]

2.《颜氏家训》

魏晋南北朝时期是我国家训发展的成熟时期，其标志就是产生了《颜氏家训》。《颜氏家训》的主要特点是集以往家训、家戒之大成，从而形成了家训的基本范式，不仅开创家训理论之先河，而且从不同的角度全面、系统地概括了家庭教育的基本内容。

首先，在理论上说明了家教重要性。颜之推总结了古今教育成败的经验，有感于君子之泽早已不是五世而斩，也不是三世而斩，而是二世即斩。[②] 原因何在呢？"夫风化者，自上而行于下者也，自先而施于后者也。是以父不慈则子不孝，兄不友则弟不恭，夫不义则妇不顺矣。"（《颜氏家训·治家》）也就是说，子弟的不肖，家长负有重要的责任，其中一是对子弟的教育不够，二是以身作则不够。因此，家长必须率先垂范，为人仁厚，勤俭持家，事业有成，才能使子孙从小就具有良好的品德，并为其树立效仿的榜样。为此，他主张教育子女要从幼儿抓起，为他们选择好的老师，接触品德高尚、才艺过人的贤人，使他们在潜移默化中受到良好的教育。他说：

> 古人云："千载一圣，犹旦暮也；五百年一贤，犹比痫也。"言圣贤之难得，疏阔如此。傥遭不世明达君子，安可不攀附景仰之乎？吾生于乱世，长于戎马，流离播越，闻见已多；所值名贤，未尝不心醉神迷向慕之也。人在年

---

① 诸葛亮54岁时作《诫子书》，谆谆告诫其子为人要修德立志："君子之行，静以修身，俭以养德。非淡泊无以明志，非宁静无以致远。学须静也，才须学也。非学无以广才，非志无以成学。淫慢则不能励精，险躁则不能冶性。"

② 《孟子·离娄章句下》："君子之泽，五世而斩；小人之泽，五世而斩。"《战国策·赵太后新用事》："今三世以前，至于赵之为赵，赵王之子孙侯者，其继有在者乎？"

少，神情未定，所与款狎，熏渍陶染，言笑举动，无心于学，潜移暗化，自然似之；何况操履艺能，较明易习者也？是以与善人居，如入芝兰之室，久而自芳也；与恶人居，如入鲍鱼之肆，久而自臭也。墨子悲于染丝，是之谓矣。君子必慎交游焉。孔子曰："无友不如己者。"颜、闵之徒，何可世得！但优于我，便足贵之。(《颜氏家训·慕贤》)

在颜之推看来，首先家教要从幼儿开始，"人生小幼，精神专利，长成以后，思虑散逸，固须早教，勿失机也"(《颜氏家训·勉学》)。良好的家教对孩子的成长至关重要，其中最重要的就是以人为镜。从小就与君子为伴，与硕儒为伍，何虑子孙不成器哉！荀子所谓"蓬生麻中，不扶而直，白沙在涅，与之具黑"(《荀子·劝学》)，颜之推深得其要。

其次，主张读书与成业并重。和孔子一样，颜之推在家教上也是主张"诗礼传家"，认为只有熟读儒家经典《诗经》《三礼》《论语》《左传》，满腹经纶，才能具有广博的知识、良好的品德与入世的才学。他说："自古明王圣帝，犹须勤学，况凡庶乎！此事遍于经史，吾亦不能郑重，聊举近世切要，以启寤汝耳。士大夫之弟，数岁已上，莫不被教，多者或至《礼》《传》，少者不失《诗》《论》。"(《颜氏家训·勉学》) 颜之推不反对子弟为官，难能可贵的是，他认为出仕绝不是子弟们的唯一出路。他说：

人生在世，会当有业：农民则计量耕稼，商贾则讨论货贿，工巧则致精器用，伎艺则沉思法术，武夫则惯习弓马，文士则讲议经书。多见士大夫耻涉农商，羞务工伎，射则不能穿札，笔则才记姓名，饱食醉酒，忽忽无事，以此销日，以此终年。或因家世余绪，得一阶半级，便自为足，全忘修学；及有吉凶大事，议论得失，蒙然张口，如坐云雾；公私宴集，谈古赋诗，塞默低头，欠伸而已。(《颜氏家训·勉学》)

颜之推苦口婆心地教导儿孙们"修学"，目的全在经世，认为"人生在世，会当有业"，只要有了安身立命之"业"，就是对社会有用之人。他还一针见血地批评了那些看不起农商工伎者。这是很高明的见识，在封建士大夫中有如此明确主张者实属罕见。正是由于《颜氏家训》中有许多这样过人之见，该书在后世才得以广泛流布，并被人们奉为家训中之瑰宝。

最后，主张“德艺周厚”，全面发展。经世致用是颜之推家教思想的核心，他认为，不论国家之黉，也不论家庭之学，最高的目标都是为国家培养有用之士。他将国家所需人才分为六类：“国之用材，大较不过六事：一则朝廷之臣，取其鉴达治体，经纶博雅；二则文史之臣，取其著述宪章，不忘前古；三则军旅之臣，取其断决有谋，强干习事；四则藩屏之臣，取其明练风俗，清白爱民；五则使命之臣，取其识变从宜，不辱君命；六则兴造之臣，取其程功节费，开略有术，此则皆勤学守行者所能辨也。”（《颜氏家训·涉务》）他认为，就个人而论，一个人不可能政治、经济、军事、工程、外交等样样精通，但只要术业有专攻，精于一二，便可有所作为。在一专多能中，最重要的是德。做人必须修身重德，以诚为本，言行一致，名实相符，反对巧伪，做到“德艺周厚”：

名之与实，犹形之与影也。德艺周厚，则名必善焉；容色姝丽，则影必美焉。今不修身而求个名于世者，犹貌甚恶而责妍影于镜也。上士忘名，中士立名，下士窃名。忘名者，体道合德，享鬼神之福祐，非所以求名也；立名者，修身慎行，惧荣观之不显，非所以让名也；窃名者，厚貌深奸，于浮华之虚称，非所以得名也。（《颜氏家训·名实》）

颜之推鄙视士大夫中言行不一的“窃名者”，主张“修身慎行”“德艺周厚”。所谓“德艺周厚”，就是古人所说的“厚德载物”，就是今人所说的“德艺双馨”。就教育思想而言，把德育放在第一位是完全正确的。任何时代的教育无不是以人为本，德育为先；在用人方面无不是德才兼备，以德为先。在“德”的教育方面，《颜氏家训》继承了先哲的传统，将孝悌仁义作为士子教育的重要内容、恪守的基本信条，对我们今天在践行社会主义核心价值观中搞好教育工作，仍具有一定的启迪意义。

另外，《颜氏家训》文风平实，所言诸事皆百姓所见、所历，或有所惑、有所困，故而各色读者无不喜而接受。对此，范文澜先生予以很中肯的评价：“他是当时南北两朝最通博最有思想的学者，经历了南北两朝，深知南北政治、俗尚的弊病，洞悉南北学的短长，当时所有的知识，他几乎都钻研过，并且提出自己的见解，《颜氏家训》二十篇就是这些见解的记录。《颜氏家训》的佳处在于立论平实。平而不流于凡庸，实而多异于世俗，在南方浮华北方粗疏的气氛中，《颜氏家训》保持平实的作风，自成一家言，所以被看作处世的良轨，广泛地流传在士人群中。”① 可谓一语中的，评价极当。

三、家训之范

颜之推以自己的人生阅历、处世经验并以儒家思想为指导所撰《颜氏家训》，由于内容丰富、全面、系统，涉及领域宽泛，教育见解独到而启人心智，教育方法具体而切合实际，加之语言简洁生动，文风朴实，因而对后世影响极为深远，评价极高。唐代之后出现的家训，无不以《颜氏家训》为式，如南宋理学大家朱熹的《小学》、清人陈宏谋的《养正遗规》，均参照其内容与体例。明代陕西学者王三聘对《颜氏家训》推崇备至，认为“古今家训，以此为祖”（《古今事物考》卷二）。清代山东学者王钺更是对其称赞有加：“北齐黄门颜之推家训二十篇，篇篇药石，言言龟鉴，凡为人弟子者，可家置一册，奉为明训，不独颜氏。”（《世德堂集》之《读书蕞残》）

效仿不能代替创新。宋代之后的家训、家戒多多，其中在继承的基础上又加以创新的当推北宋司马光的《温公家范》和清初朱伯庐的《治家格言》。

1. 司马光《温公家范》

《温公家范》共十卷，内容丰富，凡涉修身齐家治国平天下者几乎无所不有；同时又条分屡析，对父母、子女、兄弟、姑嫂等如何相处，如何做一个合格的祖、父、母、子、女、夫、妻，从言谈举止到为人处世均有详明规范。较之其他家训，《温公家范》有两大突出特点。

一是重视礼教，以治国理念治家。

司马光进士出身，博览群书，哲宗时位至宰相，阅历非凡。司马光穷 19 年之力，编纂了《资治通鉴》。何以要编纂《资治通鉴》呢？他在《奉书表》中说：

① 范文澜：《中国通史简编》，人民出版社，1964 年，第 525 页。

“专取关国家兴衰，系生民休戚，善可为法，恶可为戒者”，以使执政者能够“鉴前世之兴衰，考当今之得失，嘉善矜恶，取得舍非，足以懋稽古之盛德，跻无前之至治”。也就是说，要以史为鉴，使国家长治久安。治国需要史鉴，需要有纪纲，治家又何尝不是如此呢？于是他又充分利用所见文献，撰写了治家“通鉴”——《温公家范》。《温公家范》立旨高远，从“齐家”和“治国”的关系上论述了治家的重要社会意义，并参照政治伦理之原则，具体地讲述了家庭教育的基本理念、原则、方法，同时有针对性地对不同家庭成员在家庭中所处的不同地位、不同关系、不同责任，定下了不同的要求和规矩。关于治家的重要性，他以《大学》“明明德”为据加以阐释：

古之欲明明德于天下者，先治其国。欲治其国者，先齐其家。欲齐其家者，先修其身。欲修其身者，先正其心。欲正其心者，先诚其意。欲诚其意者，先致其知。致知在格物，物格而后知致，知致而后意诚，意诚而后心正，心正而后身修，身修而后家齐，家齐而后国治，国治而后天下平。(《温公家范》卷之一)

为什么“齐家”必先于“治国”呢？他说：

所谓治国必先齐家者：其家不可教，而能救人者，无之。故君子不出家而成教于国。(同上)

司马光认为，社会结构的最底层是家庭，因而家庭教育是最基础的教育，家庭教育搞好了，成员素质提高了，不仅说明家长管理有方，其经验还可以推向全社会，以至影响天下。反之，家庭一团糟，究其原因不是家长无能，便是品德低下，这样的人怎能成为士大夫而握国之权柄呢！司马光将家庭教育视为关系到国家命运和社会治理的政治问题对待，而不仅仅是个私事，这正是他的高明之处，也大大提高了人们对家训的认识。明弘治六年（1493 年）进士、官至吏部尚书的何孟春由此受到很大启发，他认为像《颜氏家训》这样的书，“是虽一家之云，而岂姁姁私焉为其子孙计哉？”实则旨远意深，故而断言“家训非私言”[①]。何孟春是很有见

① 四库全书本《余冬叙录》卷四十五，转引自王利器《颜氏家训集解·叙录》。

地的。

作为一个政治家，司马光主张以礼治国。“何谓礼？纪纲是也。何谓分？君臣是也。何谓名？公侯卿大夫是也……是故天子统三公，三公卑诸侯，诸侯制卿大夫，卿大夫治庶人。贵以临贱，贱以承贵。上之使下……下之事上……然后能上下相保而国家治安。”（《资治通鉴》卷一）在他看来，正是有了“礼”，天下才秩序井然。他说：“礼之为物大矣！用之于身，则动静有法而百行备焉；用之于家，则内外有别而九族睦焉；用之于乡，则长幼有伦而俗化美焉；用之于国，则君臣有叙而政治成焉；用之于天下，则诸侯顺服而纪纲正焉。”（《资治通鉴》卷十一）。治家如治国，因而主张“治家莫如礼”，家庭教育的核心是“教之以礼”（《温公家范》卷之一），“以礼法齐其家”（《温公家范》卷之二）。因此，他在《温公家范》中征引了大量的经典之论，如《诗》《书》《礼》《易》《孝》并加以阐释，以明撰写家训之旨趣：“《诗》称文王之德曰：‘刑于寡妻，至于兄弟，以御家邦。’此皆圣人正家以正天下者也。降及后世，爰至卿士以及匹夫，亦有家行隆美，可为人法者，今采集以为《家范》。”（《温公家范》卷之一）总之，以礼的规范统领家庭教育与家庭治理，人人都要做到孝、诚、敬、和。

二是重视德育，遗德不遗财。

为子孙留点什么？教育子孙给社会留点什么？这是古往今来之人都无法回避的一个大问题，然而，对这一问题的认识，其差异却有天壤之别。鉴于历史的教训，从周公始，不论圣人贤士，还是布衣庶民，无不教育后人“勤而毋逸”。晚唐诗人李商隐《咏史》曰：“历览前贤国与家，成由勤俭败由奢。”与司马光同时代的政治家欧阳修说：“忧劳可以兴国，逸豫可以亡身。”（《新五代史·伶官传序》）司马光对此头脑十分清醒，在《家范》卷一“治家”开篇之后，紧接着在卷二就把这个问题提了出来：

> 为人祖者，莫不思利其后世。然果能利之者，鲜矣！
>
> 何以言之？今之为后世谋者，不过广营生计以遗之。田畴连阡陌，邸肆跨坊曲，粟麦盈囷仓，金帛充箧笥，慊慊然求之犹未足，施施然自以为子子孙孙累世用之莫能尽也。然不知以义方训其子，以礼法齐其家。

留给子孙万贯家业有成功的例子吗？司马光予以斩钉截铁地否定：鲜矣！为什么呢？因为从根本上来说它违反了行事的规范与道理，不合于“义方”①。他说，不少家长只知为儿孙遗留田亩、房屋和金银财货，以供子孙世代享用，却不知“以义方训其子，以礼法齐其家”，用力教子孙修身养德。最后的结果是什么呢？往往适得其反，家产钱财不仅被子孙“奢靡游荡以散之”，祖辈们还被其嘲笑为愚昧而不会享受。他说，人们应对这些触目惊心的教训深深反思。

> 夫生生之资，固人所不能无，然勿求多余，多余希不为累矣！使其子孙果贤耶？岂蔬粝布褐不能自营，至死于道路乎？若其不贤耶？虽积金满堂，奚益哉？多藏以遗子孙，吾见其愚之甚也。(《温公家范》卷之二)

正确的做法是什么呢？看一看古之贤圣是如何做的就明白了。他以虞舜、后稷、公刘、太王、王季、文王积德累功为例，得出了结论：

> 昔者圣人遗子孙以德以礼，贤人遗子孙以廉以俭。(同上)

司马光以史为鉴，主张为父母者应遗子孙以德以礼、以廉以俭，此言掷地有声，这是自汉代杨震倡言“清白传家”之后②，力主为子女“遗德不遗财”少有的官居显位者！

2. 朱熹《家训》

南宋朱熹，集理学于大成，被公认为孔子之后又一大儒，不仅在中国思想史上地位十分重要，被视为伟大的思想家，而且他被封建统治阶级尊奉为正统思想的代表者，所订“四书”被定为士人必读之书，所修科考教科书，在政治上影响极大。朱熹一生从事教育，所撰《家训》通篇以德为本，谆谆授以礼教。

> 君之所贵者，仁也。臣之所贵者，忠也。父之所贵者，慈也。子之所贵

---

① 义方，作事应遵守的规，也指家训。《左传·隐公三年、四年》载：春秋时，卫庄公之妻庄姜未生子，其嬖妾所生子州吁，有宠而好武，庄公弗禁。大夫石碏谏曰：“臣闻爱子，教之以义方，弗纳于邪。骄、奢、淫、逸，所自邪也。”庄公不听。时石碏之子石厚与州吁游，石碏劝戒亦其远，州吁而弗听。卫桓公十六年（前 719 年），州吁在石厚帮助下弑桓公而自立为君。时石碏虽老，仍设计除掉了州吁，并诛杀了石厚。《春秋》赞石碏曰：“为大义而灭亲，真纯臣也！”司马光在《温公家范》中引用了石碏的故事，认为对子女不可娇惯，以防出现骄横、奢侈、淫逸、放荡之恶习。

② 《后汉书·杨震传》载：“（杨震）性公廉，不受私谒。子孙常蔬食步行，故旧长者或欲令为开产业，震不肯，曰：‘使后世称为清白吏子孙，以此遗之，不亦厚乎！’”

者，孝也。兄之所贵者，友也。弟之所贵者，恭也。夫之所贵者，和也。妇之所贵者，柔也。

事师长贵乎礼也，交朋友贵乎信也。见老者，敬之；见幼者，爱之。有德者，虽年下于我，我必尊之；不肖者，虽年高于我，我必远之。

慎勿谈人之短，切莫矜己之长。仇者以义解之，怨者以直报之，随所遇而安之。人有小过，含容而忍之；人有大过，以理而谕之。勿以善小而不为，勿以恶小而为之。人有恶，则掩之；人有善，则扬之。处世无私仇，治家无私法。

勿损人而利己，勿妒贤而嫉能；勿称忿而报横逆，勿非礼而害物命；见不义之财勿取，遇合理（礼）之事则从。

诗书不可不读，礼义不可不知；子孙不可不教，僮仆不可不恤；斯文不可不敬，患难不可不扶。

守我之分者，礼也；听我之命者，天也。人能如是，天必相之。此乃日用常行之道，若衣服之于身体，饮食之于口腹，不可一日无也，可不慎哉！（见《紫阳朱氏宗谱》）

朱熹主张父慈子孝，兄友弟恭，夫和妇柔，敬老爱幼，尊师重道，抑恶扬善，重义轻利，助人恤弱，知书达礼。《家训》文词简练，篇幅短小而内容丰富，所言人伦、处世、为宦、交友诸项，无不彰显着理性的高远，闪耀着智慧的光芒，流传极广。

3. 朱柏庐《治家格言》

历史上影响较大的家训还有明末清初理学家、教育家朱柏庐的《治家格言》。

黎明即起，洒扫庭除，要内外整洁。既昏便息，关锁门户，必亲自检点。一粥一饭，当思来之不易；半丝半缕，恒念物力维艰。

宜未雨而绸缪，毋临渴而掘井！

自奉必须俭约，宴客切勿留连。器具质而洁，瓦缶胜金玉；饮食约而精，园蔬愈珍馐。

勿营华屋，勿谋良田！

三姑六婆，实淫盗之媒；婢美妾娇，非闺房之福。奴仆勿用俊美，妻妾切忌艳妆。

祖宗虽远，祭祀不可不诚；子孙虽愚，经书不可不读。居身务期俭朴，训子要有义方。勿贪意外之财，莫饮过量之酒。

与肩挑贸易，毋占便宜；见穷苦亲邻，须加温恤。刻薄成家，理无久享；伦常乖舛，立见消亡。

兄弟叔侄，须分多润寡；长幼内外，宜辞严法肃。听妇言，乖骨肉，岂是丈夫？重赀财，薄父母，不成人子！嫁女择佳婿，毋索重聘；娶媳求淑女，勿计厚奁。见富贵而生谄容者，最可耻；遇贫穷而作骄态者，贱莫甚。

居家戒争讼，讼则终凶；处世戒多言，言多必失。勿恃势力而凌逼孤寡，毋贪口腹而恣杀牲禽。

乖僻自是，悔误必多；颓惰自甘，家道难成。狎昵恶少，久必受其累；屈志老成，急则可相倚。轻听发言，安知非人之谮诉？当忍耐三思；因事相争，焉知非我之不是？须平心再想！

施惠无念，受恩莫忘。

凡事当留余地，得意不宜再往。人有喜庆，不可生妒忌心；人有祸患，不可生幸幸心。善欲人见，不是真善；恶恐人知，便是大恶。

见色而起淫心，报在妻女；匿怨而用暗箭，祸延子孙。

家门和顺，虽饔飧不继，亦有余欢；国课早完，即囊橐无余，自得至乐。读书志在圣贤，非徒科第；为官心存君国，岂计身家？

守分安命；顺时听天。为人若此，庶乎近焉。

朱子《治家格言》由于明白如话，通俗易懂，加之文词明快，朗朗上口，一经面世，便不胫而走，成为最受欢迎的治家课子之读本，以至街头巷尾，诵读之声不绝，家喻户晓，引用之者遍海内。如“黎明即起，洒扫庭除”“一粥一饭，当思来之不易”“勿贪意外之财，莫饮过量之酒”“宜未雨而绸缪，毋临渴而掘井”等警句，至今还被人们常常引用，以为处世之座右铭。

四、家训中的家书

家书是家庭成员相互传递信息、沟通情感的重要工具，尤其在动乱岁月，天各一方，亲人盼家书无不如大旱之望云霓，故杜甫诗云：“烽火连三月，家书抵万金。”（杜甫《春望》）张籍形容写信时情景说：“洛阳城里见秋风，欲作家书意万重。复恐匆匆说不尽，行人临发又开封。”（张籍《秋思》）

1. 著名的家书

家书也是家长教育子孙的重要手段与载体，历史上很多人就是利用家书的形式，把为人、处世、待人、接物之要义传给下一代，或提出具体修身谋事的原则或要求。就所见家书而论，汉魏六朝时仕宦之家保存的这类文献较多，如刘向《戒子歆书》、曹操《戒子植》、诸葛亮《诫子书》及《诫外甥书》、曹丕《诫子》、嵇康《家诫》、王僧虔《诫子书》、羊祜《诫子书》、杜预《与子耽书》、徐勉《为书诫子崧》等。

汉魏六朝时，由于社会动乱，门阀制度出现，世风移情，标榜门第成为时尚，这就使得有识之士进一步看到家庭教育的重要性，无不利用各种机会，以殷殷之情、肺腑之言，劝勉子弟切记祖训，不可放荡，立德修身，走成才之路。

刘向在《戒子歆书》中，要刘歆不要沉湎于“年少得黄门侍郎，要显处”之自我得意中，而要时时扪心自问：“未有异德，蒙恩甚厚，将何以报？”同时切记董仲舒所言“吊者在门，贺者在闾”，时刻“恐惧敬事”。“敬事则必有善功，而福至也。”否则，“受福则骄奢，骄奢则祸至，故吊随而来”。（《全汉文》）诸葛亮除教育其子奋发向上外，还在《诫外甥书》中教其外甥说，人生在世，首当立志，“志当存高远”，否则，“若志不强毅，意不慷慨，徒碌碌滞于俗，默默束于情，永窜伏于凡庸，不免于下流矣”。（《诸葛亮集》，中华书局，1960 年）著名书法家、官至吏部尚书的琅琊王僧虔，担心子弟依门阀之势而荒废学业，因而明白告诉儿子：“吾不能为汝荫，政应各自努力耳。”希望他们自己发奋图强，成为“有成就者”。（《南齐书》卷三十三，列传十四）。徐勉曾为南朝梁吏部尚书，一生以节俭廉洁为务，效法前贤，公开申明不为儿孙遗财产，还专门写了诫子书。《梁书》本传对此有详细的记述：

勉虽居显位，不营产业，家无蓄积，俸禄分赡亲族之穷乏者。门人故旧或从容致言，勉乃答曰："人遗子孙以财，我遗之以清白。子孙才也，则自致辎軿；如其不才，终为他有。"尝为书诫其子崧曰：

吾家世清廉，故常居贫素，至于产业之事，所未尝言，非直不经营而已。薄躬遭逢，遂至今日，尊官厚禄，可谓备之。每念叨窃若斯，岂由才致，仰藉先代风范及以福庆，故臻此耳。古人所谓"以清白遗子孙，不亦厚乎?"又云："遗子黄金满籝，不如一经。"详求此言，信非徒语。吾虽不敏，实有本志，庶得遵奉斯义，不敢坠失。所以显贵以来，将三十载，门人故旧，亟荐便宜，或使创辟田园，或劝兴立邸店，又欲舳舻运致，亦令货殖聚敛。若此众事，皆距而不纳。非谓拔葵去织，且欲省息纷纭。(《梁书》卷二十五，列传十九)

徐勉位居高位，不置田产，只用自己的薪俸周济亲族，有求者登门拜访时，要求对方只谈风月，不言公干，严厉拒绝一切进献，可谓古代官吏中最能自律者，在《为书诫其子崧》中以杨震、韦贤、董仲舒为榜样①，严于律己，实为古代廉吏之楷模。

2. 曾国藩家书

我国封建社会的家书中内容最丰富，涉及层面最广泛，述论最贴近生活且语言简洁者当为曾国藩的《曾文正公家书》。

曾国藩是中国历史上最富传奇性的人物之一，他从一介文弱书生而成为有清一代"文人封侯"的唯一者，成为清王朝"中兴第一人"，不仅是继孔、孟、朱之后中国最后一位大儒，而且成为"无湘不成军"的清军最高统帅。原因何在？结论之一就是他一生恪守"诚正修齐"之道，立志高远，严于律己，进德不止，修业不辍，慎独谦敬，勤劳自励。《曾文正公家书》既是他一生心路历程的写照，又是他

---

① 徐勉诫子书中所引杨震语"以清白遗子孙，不亦厚乎!"见《后汉书·杨震传》；所引韦贤语"遗子黄金满籝，不如一经"，见《汉书·韦贤传》；所引"拔葵去织"事见《汉书·董仲舒传》："故受禄之家，食禄而已，不与民争业，然后利可均布，而民可家足。此上天之理，而亦太古之道，天子之所宜法以为制，大夫之所当循以为行也。故公仪子相鲁，之其家见织帛，怒而出其妻，食于舍而茹葵，愠而拔其葵，曰：'吾已食禄，又夺园夫红女利乎!'

个人形象的缩影。

曾国藩一生著述富赡，李鸿章作为其门生，有感于其家书最为人所重，便命其弟弟李瀚章从1877年刊印的《曾文正公全集》1500多封书信中精选一部分，亲自加以核校，历时两年而成《曾文正公家书》。[①] 近代中国思想家梁启超对曾氏家书也情有所钟，十分推崇，并于1916年辑二百余条名言成《曾文正公嘉言钞》一帙印行。[②] 他在该书序中对曾国藩作了极高的评价：

> 曾文正者，岂惟近代，盖有史以来不一二睹之大人也已；岂惟我国，抑全世界不一二睹之大人也已。然而文正固非有超群绝伦之天才，在并时诸贤杰中称最钝拙；其所遭值事会，亦终身在拂逆之中。然乃立德、立功、立言，三并不朽，所成就震古烁今而莫与京者，其一生得力在立志自拔于流俗，而困而知，而勉而行，历百千艰阻而不挫屈；不求近效，铢积寸累，受之以虚，将之以勤，植之以刚，贞之以恒，帅之以诚，勇猛精进，坚苦卓绝。如斯而已！如斯而已！

任公所言公允至当，现谨依其意撷《曾文正公家书》浩繁文字之万一，抄录于后，以供研读，并识其治家、处世之要者。

一曰立志。曾国藩认为有没有高远求实的志向关乎着人的一生，关乎着治家与事业的成败。他要子弟有理想，立大志，不可甘居下流。在给沅浦九弟的信中说："不能勤奋以图自立，则仍无以兴家而立业。故又在乎振刷精神，力求有恒，以改我之旧辙，而振家之丕基。"（咸丰八年三月廿日）他认为，立志要有儒家仁爱精神的博大胸怀，要泛爱众。在给诸弟的信中，他以宋代理学家张载《西铭》中"民吾同胞，物吾与也"之论说道："君子之立志也，有民胞物与之量，有内圣外王之业，而后不忝于父母之所生，不愧为天地之完人。故其为忧也，以不如舜、不如周公为忧也，以德不修、学不讲为忧也。"他还说，立志之关键在于"真与不真"，在于"愤发"。"苟不能愤发自立""则读书何用?""虽使能文能诗，博雅自诩，亦只算得识字之牧猪奴耳！岂得谓之明理有用之人也乎?"（道光二十二年十月

---

① 《曾文正公家书》，中国书店出版社，2011年9月。本文所引章句均出于此书。

② 《曾文正公嘉言钞》，中国书店出版社，2012年5月。

廿六日）他认为，只有有了崇高的志向，才不会随波逐流、甘为下流。他在给诸弟的信中说：“盖士人读书，第一要有志，第二要有识，第三要有恒。有志则断不甘为下流；有识则知学问无尽，不敢以一得自足，如河伯之观海，如井蛙之窥天，皆无识者也；有恒则断无不成之事。此三者缺一不可。”（道光二十二年十二月二十日）

二曰尽孝。“孝”是中国传统伦理观念的核心，也是曾国藩治家以德的核心理念。他在给弟沅和儿子纪泽、纪鸿的信中说，“孝”为曾氏治家“八本”之一：“事亲以得欢心为本”（咸丰十一年三月十三日）。他在给诸弟的信中说：人的一生有很多学问，但“绝大学问即在家庭日用之间。于孝悌两字上尽一分便是一分学，尽十分便是十分学。……若事事不能做，并有亏于伦纪之大，即文章说得好，亦只算个名教中之罪人”（道光二十三年六月初六日）。孝可涵盖一切，离开“孝悌”二字，就无纲常可言。在给诸弟的书信中，曾国藩常以不能在家行孝而感到愧疚。

在湖南双峰县曾国藩旧居富厚堂内有一块曾国藩同治二年（1863 年）亲笔所书“肃雍和鸣”的匾牌，与众不同的是，该匾不是悬挂在堂屋对着门口的上方，而是与房屋坐向相反，在门口上方，与堂屋神龛相向而悬。这是有深意的。“肃雍和鸣”出自《诗经·周颂·有瞽》“箫管备举，喤喤厥声。肃雍和鸣，先祖是听”，意谓在肃穆的气氛中，将和谐、舒缓乐声敬献给祖先。曾氏以此为训，强调事亲以孝、祭祖以孝、健身以孝、兄弟孝悌、移孝作忠，一言以蔽之，孝致祥，以孝治家。

三曰进德修业。在曾国藩看来，一个人不论为宦、事农、经商，只要有高尚的品德、稳定的职业、专一的知识，就可以立身于世，终一生自卫其身。何谓之进德修业？他在给四位弟弟（澄侯、温甫、子植、季洪）的信中说：“吾人只有进德、修业两事靠得住。进德，则孝悌仁义是也；修业，则诗文作字是也。”（道光二十四年八月廿九日）他还说：“吾辈读书，只有两事：一者进德之事，讲求乎诚正修齐之道，以图无忝所生；一者修业之事，操习乎记诵词章之术，以图自卫其身。”（道光二十二年九月十八日）

家庭成员中如何做到进德修业，他认为“勤、敬、和”三字很重要。在给四位弟弟的信中说："凡一家之中，勤、敬二字能守得几分，未有不兴；若全无一分，无有不败。和字能守得几分，未有不兴；不和未有不败者。"（咸丰四年八月十一日）一个月之后，他又给他们写信，反复告诫："诸弟在家，总宜教子侄守勤敬。吾在外，既有权势，则家中子弟最易流于骄，流于佚。二字皆败家之道也。万望诸弟刻刻留心，勿使后辈近于二字。至要至要！"（咸丰四年九月十三日）读书是否一定要做官，曾国藩对此是否定的，他在给长子曾纪泽的信中说："凡人多望子孙为大官，余不愿为大官，但愿为读书明理之君子。"（咸丰六年九月二十日）他认为，做一个对社会有用的人才是进德修业之目的。

四曰勤敬谦俭。鉴于历史的教训，曾国藩常年不断地教育子弟切记"成由勤俭败由奢"的教训，勤俭持家，谦敬待人。在给九弟信中说："巨室之败，非傲即惰，二者必居其一。"（咸丰十年九月廿四日）他尤其重视节俭，在给弟澄侯的信中说："照料家事，总以俭字为主。情意宜厚，用度窒俭，此居家居乡之要诀也。"（咸丰十年五月十四日）"吾家子侄辈，总以'谦勤'二字为主，戒傲戒惰，保家之道也。"（咸丰十年十二月初四日）"以后望弟于俭字加一番工夫，用一番苦心，不特家常用度宜俭，即修造公费，周济人情，亦有一'俭'字意思。总之爱惜物力，不失寒士之家风而已。"（同治元年十一月十四日）

曾国藩虽然身居高位，十分显赫，但他要求全家人都不要脱离劳动，要像普通百姓一样种菜、养鱼、喂猪、纺织。他认为这是他爷爷星冈公一生治家的经验，必须代代相传。他在给弟澄侯的信中说："治家之道，一切以星冈公为法，大约有八个字诀……八字诀曰：书、蔬、鱼、猪、早、扫、考、宝也。"书即读书，蔬即种菜，鱼即池塘养鱼，猪即自己养猪。至于"早、扫、考、宝"，他解释道："早者，起早也；扫者，扫屋也；考者，祖先祭祀，敬奉显考、王考、曾祖考，言考而妣可该也；宝者，亲族邻里，时时周旋，贺喜吊丧，问疾济急，星冈公常曰待人无价之宝也。星冈公生平于此数端最为认真。"（咸丰十年润三月二十九日）当他听说家中人按他的要求去做时，很是高兴。在给四位弟弟的信中说："吾得闻家中事有数件可为欣慰者：……家中妇女大小皆纺纱织布，闻已成六七机。"（咸丰五年九三十日）据史载，曾国藩在南京任总督时，其夫人足不出户，与儿媳们一起织麻纺纱，下厨做饭。他反对衣来伸手、饭来张口的恶习，要求家人不许仆人倒茶递水，出门要走路而不能乘轿。

五曰廉洁谦退，戒傲戒堕。曾国藩一生既发达，官运亨通，又坎坷，屡遭困顿，虽身居要位而又常被诟议甚至唾骂，但他多能从长远考虑，隐忍不发，以廉谨谦退处之，以静待转机。他在给其弟曾国荃的信中说："余初为京师权贵所唾骂，继为长沙所唾骂，再为江西所唾骂，以至岳州之败、靖港之败、湖口之败，盖打脱牙齿多矣，无一不和血吞之。"（同治五年十二月二十二日）写此信时曾国藩已五十五岁。他总结教训时说，遭人唾骂也不全怪他人之卑劣及社会之不公，也有自己处事急躁，过于方刚之错。教训使他认识到"大柔非柔，至刚无刚"的道理，于是幡然自新，乐于"打脱牙和血吞之"。在给九弟信中说：人贵有自知之明，要懂得"盛名之下，其实难副"的道理，谦虚谨慎，尤其要做到自概。"余以名位太隆，常恐祖宗留贻之福自我一人享尽，故将劳、谦、廉三字时时自惕，亦愿两贤弟之用以自惕，且即以自概耳。"（同治元年五月十五日）这里，曾国藩提出人贵在"自概"，表明了他处世的基本原则。在这一封信中，他引用春秋时管子的话说："《管子》云：'斗斛满则人概之，人满则天概之。'余谓天之概无形，仍假手于人以概之。……吾家方丰盈之际，不待天之来概、人之来概，吾与诸弟当设法自概之。"其弟弟在回信中对"自概"之喻颇不以为然，曾国藩于是以"昔余往年在京，好与诸有名大位者为仇"的教训说明"刚"与"柔"的道理。"天地之道，刚柔互用，不可偏废。太柔则靡，太刚则折。刚非暴戾之谓也，强矫而已；柔非卑弱之谓也，谦退而已。"信的最后，他语重心长地说，千万不可在家乡求势、求强、求财，而应守谦退之家风："若一面见功立业，外享大名，一面求田问舍，内图厚实。二者皆有盈满之象，全无谦退之意，则断不能久。此余所深信，而弟宜默默体验者也。"（同治元年五月二十八日）曾氏治家之严，由此可见。

由于曾国藩家族世守家训，故而修德敬业之家风得以传承，不仅其兄弟各有成就，儿孙侄子等也成为国之栋梁：曾纪泽成为有名的外交家，在《中俄伊犁条约》谈判中做出了重大贡献；曾纪鸿成为有名的数学家。即至后代仍是人才辈出，如科学家曾昭抡、企业家曾宪梓等。

五、家训中的诗训

诗训是我国家训中的一种特殊形式，它和家书一样，是长辈对晚辈的某种寄托或冀望，即长者将生活体验中的精义用诗的形式艺术地加以表达。

1. 诗训可溯源于《诗经》

诗训的传统可以上溯到《诗经》。《诗经》内容丰富，既有宫廷庙堂大雅之什，更多是采自民间的十五国风，因而略加管窥并印证于《尚书》中之《无逸》《康诰》《酒诰》《召诰》诸篇，则可知我国的家训早在殷周即已蔚为大观。

《诗经》中有不少篇章描述家庭教育情景，反映了周代的家训情况。诸如《郑风·将仲子》《魏风·陟岵》《小雅·小宛》《小雅·蓼莪》《小雅·斯干》《大雅·抑》等。① 试以《大雅·抑》等篇说明之。

> 于乎小子，未知臧否。匪手携之，言示之事。匪面命之，言提其耳。借曰未知，亦既抱子。民之靡盈，谁夙知而莫成？
>
> 昊天孔昭，我生靡乐。视尔梦梦，我心惨惨。诲尔谆谆，听我藐藐。匪用为教，覆用为虐。借曰未知，亦聿既耄。
>
> 于乎小子，告尔旧止。听用我谋，庶无大悔。天方艰难，曰丧厥国。取譬不远，昊天不忒。回遹其德，俾民大棘。(《大雅·抑》第九、十、十一章)

相传《大雅·抑》为卫武公所写。卫国为周王朝最重要的诸侯国，卫武公历周厉王、宣王、幽王和平王并护送平王至东都洛邑，是功勋卓著的四朝元老。当他看到平王并不像他期望的那样励精图治时，很是失望和忧虑，就以咏诗自励的方式警示、诫勉平王。诗中，他以长者的口吻，像教育自己的孩子一样耳提面命，娓娓道来，反复说明什么事该做，什么事不能做；用比喻的方法，讲明了“温温恭人，维德之基”的重要性，把为人、为政的道理讲得既亲切又风趣。但为政以德毕竟是严肃的事情，故又以“取譬不远，昊天不忒”加以警示，忧愤之意，使人感到字字千斤，惊心动魄。

---

① 刘剑康：《论中国家训的起源——兼论儒学与传统家训的关系》，《求索》2000 年第 2 期。

将仲子兮，无逾我里，无折我树杞。岂敢爱之？畏我父母。仲可怀也，父母之言亦可畏也。

将仲子兮，无逾我墙，无折我树桑。岂敢爱之？畏我诸兄。仲可怀也，诸兄之言，亦可畏也。

将仲子兮，无逾我园，无折我树檀。岂敢爱之？畏人之多言。仲可怀也，人之多言，亦可畏也。《郑风·将仲子》

《将仲子》是一首爱情诗，是一位年轻女子对所爱之人的劝慰与求告。以爱劝慰，以情求告。周代民俗，“中春之月，令会男女。于是时也，奔者不禁。若无故而不用令者，罚之。”① 由此可知，在周代，是允许男女青年自由交往与择偶的，但必须在规定的时间内，即“中春之月”。所以诗中的女子对心爱的人说：你一定要克制，不可感情用事，不可做出逾规之事。因为在这件事上，国家规定很严，家长要求很严，兄长看管很严，邻里监督很严，这些都使我感到害怕。这位女子的说法是符合实情的，这可从《孟子》一书中得到印证：“男女授受不亲，礼也。”（《孟子·离娄上》）“不待父母之命，媒妁之言，钻穴隙相窥，逾墙相从，则父母、国人皆贱之。”（《孟子·滕文公下》）连透过墙缝偷看那么一眼都要被人小看，甚至辱骂，可见男女之大防是何其严厉。

此外，如《魏风·陟岵》描写出行在外的男子登山望乡时想到父母慈爱的叮咛和兄弟嘱咐；《小雅·小宛》中用比拟的手法描写父母对子女教诲：“螟蛉有子，蜾蠃负之。教诲尔子，式穀似之。”《小雅·蓼莪》中透出父母对子女的关爱：“父兮生我，母兮鞠我。拊我畜我，长我育我；顾我复我，出入腹我。”等等，均可透过深情的文字看到家庭教育的温馨与严格。

2. 唐代诗训举隅

唐代和宋代是我国诗歌创作的高峰期，因而以诗训子在许多诗人中出现。欣赏分析这些训子诗可以发现，虽然有的面面俱到，细致而入微，有的则只是宏观予以指导，言简而意永，但无不充溢着父母对子女殷切厚望的绵绵亲情。

---

① 《周礼·地官·媒氏》，《十三经注疏》，中华书局，1980 年。

抽直余恒守，公方尔所存。同占朱鸟克，俱起小人言。立政思悬棒，谋身类触藩。不能林下去，只恋府廷恩。（韦应物《示从子河南尉班》，《全唐诗》卷187）

韦应物在唐代宗广德元年（763年）任洛阳丞，永泰元年（765年），因惩办不法军士遭权贵诬讼，后弃官闲居。此诗有序曰："永泰中，余任洛阳丞，以扑抶军骑。时从子河南尉班，亦以刚直为政，俱见讼于居守，因诗示意。府县好我者，岂旷斯文。"由此可知，其虽遭困扼，但仍教育其从子要为官正直，不惧权贵，恪法不阿。①

木之就规矩，在梓匠轮舆。人之能为人，由腹有诗书。
诗书勤乃有，不勤腹空虚。欲知学之力，贤愚同一初。
由其不能学，所入遂异闾。两家各生子，提孩巧相如。
少长聚嬉戏，不殊同队鱼。年至十二三，头角稍相疏。
二十渐乖张，清沟映污渠。三十骨骼成，乃一龙一猪。
飞黄腾踏去，不能顾蟾蜍。一为马前卒，鞭背生虫蛆。
一为公与相，潭潭府中居。问之何因尔，学与不学欤。
金璧虽重宝，费用难贮储。学问藏之身，身在则有余。
君子与小人，不系父母且。不见公与相，起身自犁锄。
不见三公后，寒饥出无驴。文章岂不贵，经训乃菑畬。
潢潦无根源，朝满夕已余。人不通古今，马牛而襟裾。
行身陷不义，况望多名誉。时秋积雨霁，新凉入郊墟。
灯火稍可亲，简编可卷舒。岂不旦夕念，为尔惜居诸。
恩义有相夺，作诗劝踌躇。（韩愈《符读书城南》，《全唐诗》第341卷）

韩愈的儿子名昶，小名为符。此诗作于元和十一年（816年）秋，时韩愈49岁，韩昶18岁。前一年韩愈晋升为中书舍人，正五品上，掌起草诏令、侍从进奏、

① 韦应物在诗中要其从子以曹操为榜样，秉公执法。据《三国志·魏志·武帝纪》载，曹操为洛阳北部尉，制五色棒悬门之左右，有犯禁者，不避强豪，皆棒杀之。"触藩"原指公羊角抵撞藩篱被缠难以解脱，后喻前行碰壁，进退两难。

参议表章等事。韩愈深知通读经书之重要，将儿子安置在长安近郊之樊川山庄苦读。《符读书城南》是一首典型的家训诗，通篇有虚有实，有理有喻，无不围绕读书而言。

除要求子弟修德、立身、成业外，如何处世也是诫训子弟的重要内容，白居易的《遇物感兴因示子弟》是这方面诗训代表作：

圣择狂夫言，俗信老人语。我有老狂词，听之吾语汝。吾观器用中，剑锐锋多伤。吾观形骸内，骨劲齿先亡。寄言处世者，不可苦刚强。龟性愚且善，鸠心钝无恶。人贱拾支床，鹘欺擒暖脚。寄言立身者，不得全柔弱。彼固罹祸难，此未免忧患。于何保终吉，强弱刚柔间。上遵周孔训，旁鉴老庄言。不唯鞭其后，亦要轭其先。（《全唐诗》卷459）

白居易自长庆元年（821年）中进士后，四十年中为官十数任，无一日不见牛（僧儒）李（德裕）党争，深知官场风云诡谲，波涛凶险。牛李党争之激烈连皇帝也既感严重，又束手无策，唐文宗就无可奈何地慨叹："去河北贼易，去朝廷朋党难！"（《资治通鉴·唐纪》卷六十一）但白居易为官谨慎，对双方既不阿谀逢迎，也不落井下石，而是以儒家中庸之道行事，柔中有刚，刚中有柔；以老庄世态淡然之心顺其自然，坦然处之。会昌元年（841年），白居易年届七十，便将一生处世经验以诗的形式告诫子弟。《遇物感兴因示子弟》一诗，以剑锋虽利易折、牙齿虽坚硬易脱为喻，说明人在处世中不能过于刚强，过于刚强必有苦难。人应像乌龟一样性情温顺，像鸠鸟一般善良，遇事不可计较，而是宽宏大度。但也不可太软弱，过分软弱也会招致祸事。因此，要刚柔并济，善于应变，既要遵循儒家礼法，也要融会老庄哲学[①]；同时，谋事要有远见，要在"鞭子"到来之前就有应对措施。只有这样，才能处处主动。

---

① 《全唐诗》卷459《遇物感兴因示子弟》之前一首诗名《逸老》，最能展现白居易以老庄思想自处的心境。题目下有白居易自注："庄子云：劳我以生，逸我以老，息我以死也"。全诗如下："白日下骎骎，青天高浩浩。人生在其中，适时即为好。劳我以少壮，息我以衰老。顺之多吉寿，违之或凶夭。我初五十八，息老虽非早。一闲十三年，所得亦不少。况加禄仕后，衣食常温饱。又从风疾来，女嫁男婚了。胸中一无事，浩气凝襟抱。飘若云信风，乐于鱼在藻。桑榆坐已暮，钟漏行将晓。皤然七十翁，亦足称寿考。筋骸本非实，一束芭蕉草。眷属偶相依，一夕同栖鸟。去何有顾恋，住亦无忧恼。生死尚复然，其余安足道。是故临老心，冥然合玄造。"

3. 陆游的诗训

宋代，名人以诗训子者更多，欧阳修、韩琦、苏轼、黄庭坚等都写有教子诗，其中，训子诗写得最多的当是陆游。陆游有七个儿子：长子陆子虡，次子陆子龙，三子陆子修（子惔），四子陆子坦，五子陆子约，六子陆子布，七子陆子遹（子聿）。在陆游的教育下，皆品行优秀，功业有成。长子陆子虡，任淮西濠州通判，为官清正廉明，爱民有政声，离任时百姓出面挽留，州郡长官上表朝廷，因而受到表彰。子龙曾任武康尉、东阳丞，子修、子坦在嘉泰四年分别出仕闽县和临安。

陆游的训子诗逾百首，涉及读书、为官、交游、治家等各个方面。由于这些诗作大都写于晚年，阅历丰富的陆游不仅将子孙视为晚辈，谆谆教导，同时也视他们如朋友，训而不斥，平等相待，和蔼可亲。“父子更兼师友分，夜夜常共短檠灯”。[①] 他经常与儿孙在一起游嬉：“老翁七十如童儿，置书不观事游嬉。园中垒瓦强名塔，庭下埋盆聊作池。”（《秋晴每至园中辄抵暮戏示儿子》）孩子们在不知不觉中受到了感染与教育。他教育孩子们读书要勤奋、认真，要一丝不苟：“古人学问无遗力，少壮功夫老始成。纸上得来终觉浅，绝知此事要躬行。”（《冬夜读书示子聿》）“六艺江河万古流，吾徒钻仰死方休。沛然要似禹行水，卓尔孰如丁解牛。”（《六艺示子聿》）他教育孩子们学习要虚心，要从多方面丰富自己：“诗为六艺一，岂用资狡狯？汝果欲学诗，功夫在诗外。”（《示子聿》）他教育孩子们传承家风，不忘农桑，甘于清贫，温饱常乐：“春耕秋钓旧家风，门巷荒寒屋壁空。”（《家风》）“舍东已种百本桑，舍西仍筑百步塘。早茶采尽晚茶出，小麦方秀大麦黄。老夫一饱手扪腹，不复举首号苍苍。”（《示儿》）“为贫出仕退为农，二百年来世世同。富贵苟求终近祸，汝曹切勿坠家风。”“吾家世守农桑业，一挂朝衣即力耕。汝但从师勤学问，不须念我叱牛声。”（《示子孙》二首）他教育孩子们要有高尚的操守，要像父亲一样宁被罢官而不失气节：“斥逐襆被归，召唤振衣起。……亦知食不足，但有饿而死。……勿言五鼎养，肉食吾所鄙。”（《示儿》）“父子扶携返故乡，欣然击壤咏陶唐。墓前自誓宁非隘，泽畔行吟未免狂。”（《示儿》）他

---

① 《示子聿》，见钱仲联《剑南诗稿校注》，上海古籍出版社，1985 年。下引陆游诗均出于此书，不再一一为注。

教育孩子们居官要为民，为政要廉明：“汝为吉州吏，但饮吉州水。一钱亦分明，谁能肆谗毁？……相从勉讲学，事业在积累。仁义本何常，蹈之则君子。”（《送子龙赴吉州掾吏》）

在陆游的诸多诗篇中，教育孩子最要切记的是不忘国耻，收复中原，这也是陆游一生感咏最多的内容，最大的主题。清代学者赵翼在《瓯北诗话》中说，陆游之作品“入蜀后在宣抚使王炎幕下……志盛气锐，真有唾手燕、云之意，其诗之言恢复者十之五六。出蜀以后，犹十之三四”。陆游少年时即怀收复中原之志，“少年志欲扫胡尘”（《书叹》）、“手枭逆贼清旧京”（《长歌行》），后来在王炎幕下虽亦多次到前线，但其志始终未遂，只是梦想，“三更抚枕忽大叫，梦中夺得松亭关”（《楼上醉书》）。“胡未灭，鬓先秋，泪空流。此生谁料，心在天山，身老沧州”，不能收复中原成了他的终生遗憾！晚年，他仍壮心不已，“僵卧孤村不自哀，尚思为国戍轮台”（《十一月四日风雨大作》）。他将自己比作一匹老马，“一闻战鼓意气生，犹能为国平燕赵”（《老马行》）。他说：“病骨支离纱帽宽，孤臣万里客江干。位卑未敢忘忧国，事定犹须待阖棺。”（《病起书怀》）还说：“壮心未与年俱老，死去犹能做鬼雄！”（《书愤》）但是，现实是无情的，他最终面对的是“死前恨不见中原”（《太息》），这就使得他抱恨终生！1209 年 12 月 29 日，85 岁的陆游强行从病榻坐起，写下了最后一首《示儿》诗：

死去元知万事空，但悲不见九州同！王师北定中原日，家祭无忘告乃翁。

陆游一生从各方面无微不至地关心、教育孩子，此时相比之下，觉得“万事”都没有比收复中原更重要的了！要叮咛的只有一件事，那就是中原收复之日，一定要将这个喜讯告诉九泉之下的老父亲！

1943 年，朱自清先生写过一篇名为《爱国诗》的文章，他最为推崇陆游的《示儿》。他说，陆游“为了民族，为了社稷，他永远怀着恢复中原的壮志”：

《示儿》诗是临终之作，不说到别的，只说“北定中原”，正是他的专一处。这种诗只是对儿子说话，不是什么遗疏遗表的，用不着装腔作势，他尽可以说些别的体己的话；可是他只说这个，他正以为这是最体己的话。诗里说“元知万事空”，万事都搁得下；“但悲不见九州同”，只这一件搁不下。他虽

> 说“死去”，虽然“不见九州同”，可是相信“王师”终有“北定中原日”，所以叮嘱他儿子“家祭无忘告乃翁”！教儿子“无忘”，正见自己的念念不“忘”。这是他的爱国热诚的理想化；这理想便是我们现在说的“国家至上”的信念的雏形。……过去的诗人里，也许只有他才配称为爱国诗人。①

一个人在病危易箦之际还念念不忘国家、不忘山河，希望听到光复中原之音讯，并将此终天之恨作为唯一的“遗训”托付子孙，世界还有比这更伟大的家训吗？由此也可知，写给子弟的诗，最能真切地反映出作者心底之声。陆游的诗训在中国家训史上之所以地位很高，就在于爱国情怀像一条红线贯穿始终，启人心扉，动人魂魄，是其重要原因。

（本文作者为河南省社会科学院副研究员）

① 《朱自清选集》，开明书店，1952年。

明代孙姓进士的地域分布及文化影响

——以《明人传记资料索引》为例

⊙杨　波

在中华文明几千年的历史长河中，明朝是极富传奇色彩的一个朝代，不仅涌现出张居正、高拱、于谦、海瑞、戚继光、俞大猷、李时珍、郑和、郑成功等彪炳史册的历史人物，保留下北京故宫、永乐漆器、宣德炉、景泰蓝等技艺精湛的物质文化遗产，流传下众多的明代传奇、小品文、小说等文艺作品，而且给后人留下众多的科举教育资料。《明史》卷六九《选举志一》载："选举之法，大略有四：曰学校，曰科目，曰荐举，曰铨选。学校以教育之，科目以登进之，荐举以旁招之，铨选以布列之，天下人才尽于是矣。明制，科目为盛，卿相皆由此出，学校则储才以应科目者也。其径由学校通籍者，亦科目之亚也，外此则杂流矣。然进士、举贡、杂流三途并用，虽有畸重，无偏废也。荐举盛于国初，后因专用科目而罢。铨选则入官之始，舍此蔑由焉。是四者厘然具载其本末，而二百七十年间取士得失之故可睹已。"明朝是中国古代科举考试的鼎盛时期，当时选举的方式主要有学校、科目、荐举、铨选四大类，以进士、举贡、杂流三途并用，但时人尤重进士。宣德（1426—1435年）以后，政府用人专用科举，将科举与铨选合而为一，逐渐形成了"科举之外无出路，科举之外无人才"的局面。如果把明朝的历史比作灿烂星空，那么孙姓历史名人就如一颗颗星星，用自己的一束束光芒装点着明朝的天空。本文试以常见的明人传记资料为依据，简要考察明代孙姓进士的地域分布及文化影响，以期为今后的相关研究提供些许帮助。

一、明代孙姓进士的综合统计

有明近300年，正式登科的进士共有24866人①，每榜进士及第者多寡不一，平均在一百至三百人不等，如明洪武十八年（1385年）共有472人，洪武二十四年（1391年）仅有31人。正史一般没有专门为进士立传，很多传主的资料散见于各种诗文集、野史、杂史、碑传、地方志以及逸闻逸事中。明代资料索引的编纂，比较有影响的是哈佛燕京学社编纂的《八十九种明代传记资料引得》、日本东洋文库编纂的《明代史研究文献目录》、香港新亚书院编纂的《古今图书集成中明人传记索引》等，采录的文献来源分别是史传、期刊和类书，但对于文集中的传记资料纂辑较少。而关于明代进士的数据统计，常见史料亦有三种：一是由朱保炯、谢沛霖编写的《明清进士题名碑录索引》，上海古籍出版社1984年出版，共3册，收录明清两朝进士51624人；二是由台湾学者昌彼得、乔衍琯、宋常廉等主持编纂的《明人传记资料索引》，1965年由台湾文史哲出版社出版，1978年再版，1987年中华书局据1978年版再版，是治明代文史者必不可少的重要工具书；三是由潘荣胜主编的《明清进士录》，中华书局2006年出版，共收录明清两代7700多位进士的资料，内容虽然不全，但以个人之力为7000多人整理小传，亦属不易。

现存各种文献资料中著录的明代进士数量不一。在上述三种文献资料中，据《明清进士题名碑录索引》统计，明朝共有孙姓进士323名，其中洪武年间7人，建文年间2人，永乐年间15人，宣德年间1人，正统年间7人，景泰年间9人，天顺年间7人，成化年间26人，弘治年间27人，正德年间26人，嘉靖年间73人，隆庆年间13人，万历年间66人，天启年间9人，崇祯年间35人，中进士的比例同孙姓占全国总人口数的比例基本一致。《明人传记资料索引》中有传记资料著录的明代孙姓历史名人共有155人，其中进士及第者78人。从科举考试时间和进士及第人数来看，永乐年间6人，景泰年间5人，成化年间9人，弘治年间7人，正德年间10人，嘉靖年间14人，隆庆年间3人，万历年间16人，正统年间4人，天启

① 吴宣德：《明代进士的地理分布》，香港中文大学出版社，2009年。

年间2人，崇祯年间2人，其中孙朝宁在天启、崇祯年间两中北闱副榜。潘荣胜的《明清进士录》共收录明清两朝进士312人，主要列出进士及第的年份、三甲名次、进士小传等，人物小传相对比较简略，且无文献出处。

《明人传记资料索引》一书虽然著录的进士人数比《明清进士题名碑录索引》少，但此书的资料，主要采自台湾“中央图书馆”所藏明清文集、史传典籍近六百种，其中“引用明清人文集528种，史传及笔记类典籍65种，单行之年谱、事状、别传或期刊论文若干”①，所收史传类典籍多有《八十九种明代传记资料引得》所未收者，有不少文献是珍本、孤本，其文献价值尤为可贵。

二、明代孙姓进士的地域分布

从《明人传记资料索引》中所列孙姓进士的籍贯来看，浙江18人，山东9人，山西8人，河北7人，河南、陕西均为6人，江西5人，安徽、江苏均为4人，湖南、湖北、四川、上海均为2人，而辽宁、贵州、云南均为1人。兹以孙姓进士的籍贯和进士及第时间为线索，简要列表如下：

明代孙姓进士及第者情况简表

姓名	籍贯	及第时间	文献来源	主要成就
浙江籍（18人）				
孙子良	浙江海宁	永乐二年（1404年）进士	《王文端公文集》卷30，《水东日记》卷8，《东里文集》卷2	初选庶吉士，与修《永乐大典》，历官武选郎中、交趾参议、山东参政等。有《螺城集》
孙　燧	浙江余姚	弘治六年（1493年）进士	《东洲初稿》卷1，《东皋文集》卷2，《空同集》卷54，《见素集》卷6、27，《环溪集》卷1，《国朝献徵录》卷61，《皇明书》卷32，《吾学编》卷49，《皇明世说新语》卷3，《明史》卷289等	初授刑部主事，历河南右布政使，正德十年，以右副都御史巡抚江西，时为朱宸濠陈说大义，其次上疏言宸濠必反，皆为遮护不得达。十四年，宸濠反，被害，赠礼部尚书，谥忠烈。有《诗文启札》《奏议》《案牍稿》《卹刑录》

① 台湾中央图书馆编：《明人传记资料索引》之《编辑例言》其一，北京：中华书局，1987年。

续表

姓名	籍贯	及第时间	文献来源	主要成就
孙　升	浙江余姚	嘉靖十四年（1535 年）进士	《九愚山房文集》卷 17，《马文庄公集选》卷 2，《何翰林集》卷 27，《条麓堂集》卷 31，《世经堂集》卷 12、17，《国朝献徵录》卷 36，《四有斋丛说》卷 15，《明史》卷 224	升字志高，号季泉。孙燧幼子。初授翰林院编修，嘉靖二十五年出任应天府乡试考官，升国子监祭酒，官至南京礼部尚书。因其父孙燧被宁王朱宸濠谋害，终身不书“宁”字，亦不为人作寿文。居官不言人过，时称笃行君子。其长兄孙堪是嘉靖五年的武状元，二兄孙墀官至尚宝卿，世人并称为“三孝子”。卒赠太子少保，谥文恪。孙升学识广博，为文效法两汉，典实有体；诗宗汉魏，近体法盛唐，尤宗杜氏。有《易测窥天录》《文恪集》二十卷行于世
孙　鑨（一作孙珑）	浙江余姚	嘉靖三十五年（1556 年）进士	《漱艺堂文集》卷 1，《姚江孙月峰先生全集》卷 10《孙公行状》，《赵忠毅公文集》卷 14《孙清简公墓志铭》，《明史列传》卷 80，《明史》卷 224	鑨字文中，号立峰。孙升长子。历武选郎中，万历初累迁大理卿，进吏部尚书，大计京官，力杜请谒，执政皆不悦，遂乞休，疏十上，乃得归。卒年七十，谥清简
孙　铤	浙江余姚	嘉靖三十二年（1553 年）进士	《马文庄公集选》卷 9《祭少伯孙公文》，《条麓堂集》卷 26《孙公墓志铭》，《国朝献徵录》卷 37	铤字文和，号正峰，更号前锋。孙升次子。选庶吉士，授编修，分校《永乐大典》。晋左春坊左中允，历侍读学士、国子祭酒。隆庆四年擢南京礼部侍郎，未任卒，年四十三
孙　鑛	浙江余姚	万历二年（1574 年）进士	《谷城山馆文集》卷 4，《明史列传》卷 85	鑛字文融，号月峰、湖上散人。孙升幼子。隆庆举人，万历二年会试第一，殿试二甲第四名进士。历仕文选郎中、兵部侍郎、加右都御史、南兵部尚书等职，加封太子少保。早年为张居正所抑，然少有怨望，称张居正为“宰相中射雕手”。无嗣，曾自嘲云：“释迦不以罗睺传，仲尼不以伯鱼传。”

续表

姓名	籍贯	及第时间	文献来源	主要成就
孙如法	浙江余姚	万历十一年（1583年）进士	《明史列传》卷80，《明史》卷292	初授刑部主事，与从弟如游论建储及册封郑贵妃得罪，贬谪为潮阳尉，遂隐居柳城别墅，以图史自娱。工书，喜校雠，尤工词曲。曾祖孙燧、祖父孙升、父孙鑨，皆为进士
孙如游	浙江余姚	万历二十三年（1595年）进士	《明史》卷240，《大泌山房集》卷108	孙如法从弟。其父孙鏊，字文器，曾任上林苑丞。如游累官礼部侍郎，光宗时因论建储及册封郑贵妃、李选侍之事而得罪，熹宗朝以东阁大学士入参机务。卒谥文恭
孙嘉绩	浙江余姚	崇祯十年（1637年）进士	《西河合集》卷86《孙公墓碑铭》，《鲒埼亭集外编》卷4，《明史》卷240	孙如游孙。历官南京工部主事、兵部郎中、东阁大学士等。任兵部郎中时，有人发其纳贿事，下狱；已而黄道周亦下狱，嘉绩躬亲饮食汤药，力调护之，因从受易，后得释。福王时起九江兵备佥事，未赴。鲁王监国，累擢东阁大学士，从至舟山，遘疾卒，年四十三，谥忠襄
孙　枝	浙江钱塘	嘉靖三十八年（1559年）进士	《掖垣人鉴》卷14	历官工科给事中、山西右参政，先后巡视光禄、改巡京营、分守冀宁，落职归卒。有《孙敬身诗文》
孙　杰	浙江钱塘	万历四十一年（1613年）进士	《明史》卷306	初官刑科给事中，以依附魏忠贤，累擢工部尚书，冒功叙少保。魏忠贤诛，被劾归，名丽逆案，赎徒
孙　迪	浙江钱塘	永乐四年（1406年）进士	《国朝献徵录》卷35《孙君墓志铭》	迪生而秀颖，稍长入邑庠，授春秋。登进士第后选翰林庶吉士，超擢礼部员外郎，旋卒，年二十七

续表

姓名	籍贯	及第时间	文献来源	主要成就
孙　紘	浙江鄞县	成化十四年(1478年)进士	《明史》卷180	弘治初官南京给事中，因忤中官蒋琮，谪胶州判官，迁广德知州，卒于官。少贫，傭书市肉以养母。既通籍，终生不食肉
孙朝宁	浙江嘉善	两中南北闱副榜	《启祯野乘》卷9	初以通判署广东清远县，有善政，升肇庆同知，致仕归
孙　玺	浙江平湖	正德三年(1508年)进士	《荆川先生文集》卷14，《国朝献徵录》卷97	历官兴化知县、扬州府同知、山西按察佥事。惠政及民；岁饥悉力赈救，全活以万计；执法不阿；居家孝友睦亲，与人乐易。有《峰溪集》
孙　植	浙江平湖	嘉靖十四年(1535年)进士	《长水先生文钞》卷12、卷13	玺子。官至南京刑部尚书，隆庆四年听勘归，卒谥简肃。有《嘉乐堂集》
孙应奎	浙江余姚	嘉靖八年(1529年)进士	《掖垣人鉴》卷13，《国朝献徵录》卷31，《明史》卷202	应奎字文卿，号蒙泉。尝从王守仁讲学，历礼科给事中，与洛阳孙应奎同时，有两孙给谏之名。累官右副都御史，总理河道。坐事左迁山东布政。有《燕诒录》
孙　懋	浙江慈溪	正德六年(1511年)进士	《东川刘文简公集》卷13，《泾野先生文集》卷12，《哀文荣公文集》卷9，《欧阳南野文集》卷15，《国朝献徵录》卷75，《明史列传》卷71，《明史》卷203	历南吏科给事中，出为广东参议，迁副使，谪藤县典史，迁广西布政，入应天府尹，坐事忤旨，致仕。懋立身介洁，处事周详，年八十三卒。有《孙毅庵奏议》
山东籍（9人）				
孙　洪	山东昌邑	景泰五年(1454年)三甲一百九十八名进士	《国朝献徵录》卷60《实录本传》	历官兵部主事、兵部郎中、河南参政、副都御史等。成化年间任河南参政时，抚治流民，疏浚滏河，晋副都御史。后被诬下狱，致仕而归

续表

姓名	籍贯	及第时间	文献来源	主要成就
孙珂	山东福山	景泰五年(1454年)三甲一百八十九名进士	《国朝献徵录》卷68,《椒丘文集》卷1	历官广西道监察御史、南京大理丞等。在广西平乱有功，升南京大理丞。出潞州府，忤上官被贬，谪戍宣府，后释归
孙旬	山东莱阳	万历二年(1574年)进士	《支华平集》卷5《送巡按督差孙浒西序》	初授行人，擢御史，巡监浙江时恰逢兵乱，单身诣贼垒晓谕厉害，乱遂定。后按江西、顺天时，贵戚宦寺等敛手屏息。累迁大理少卿，以母忧归卒
孙昱	山东济宁	正统十三年(1448年)进士	《掖垣人鉴》卷9	初除工科给事中，天顺五年升山西右参政
孙琉	山东平阴	万历八年(1580年)进士	《谷城山馆文集》卷24《孙公墓志铭》	初授钱塘令，擢御史，历官山西参议，卒年五十四
孙珪	山东福山	成化十四年(1478年)进士	《掖垣人鉴》卷10	成化十四年由庶吉士授礼科给事中，仕终山西右布政使，卒于官
孙禄	山东栖霞	弘治九年(1496年)进士	《明史》卷187	初授户部主事，升督粮郎中，以忤刘瑾，下诏狱，释为民。刘瑾被诛后，起故官，历知扬州，官终应天府尹，引疾归
孙遇	山东福山	正统元年(1436年)进士	《名山藏臣林记》卷12,《明史》卷281	初授户部主事，擢知徽州府，守徽凡十八年，迁至河南左布政，为怨者所劾，致仕归
孙肇兴	山东莘县	天启二年(1622年)进士	《仰节堂集》卷4,《启祯野乘》卷4	天启中为给事中，疏参总理太监抗旨，降谪山阳县令，惠政大行
山西籍(8人)				
孙允中	山西太原	嘉靖二十六年(1547年)进士	《大泌山房集》卷113、卷92,《掖垣人鉴》卷14,《明史》卷209	历官湖广襄阳府推官，选户科给事中，仕终应天府丞

续表

姓名	籍贯	及第时间	文献来源	主要成就
孙　训	山西太原	隆庆五年（1571 年）进士	《掖垣人鉴》卷 16	训字廷扬，号龙门，允中子。隆庆五年由庶吉士授礼科给事中，升山东佥事。寻降肥乡县丞，历宁晋知县，升兵部主事
孙居相	山西沁水	万历二十年（1592 年）进士	《明史》卷 254，《仰节堂集》卷 1《三台奏议序》	万历二十年除知恩县，征授南京御史，负气敢言，天启中累迁兵部右侍郎。魏忠贤盗柄，引疾归。崇祯初起户部右侍郎，进尚书，总督仓场。后因言谪戍边，寻卒
孙　祥	山西大同右卫	正统十年（1445 年）进士	《水东日记》卷 16，《掖垣人鉴》卷 7，《明史列传》卷 39，《明史》卷 167	历官兵科给事中，擢右副都御史，以才干忠谠称。后守备紫荆关，寇犯，督战被杀
孙绍先	山西代州	弘治十八年（1505 年）进士	《张文定公纡玉楼集》卷 6，《洹词》卷 2	绍先字汝宗，玺从子。初选庶吉士，授检讨，卒年三十四。其弟绍祖，正德六年进士
孙绍祖	山西代州	正德六年（1511 年）进士	《紫岩文集》卷 45，《国朝献徵录》卷 19《孙君墓志铭》	绍祖字远宗，号我山，绍先弟。初授编修，性孝友。绍先卒，绍祖疏请归葬，值子殇妻病，置不顾，星驰抵家。教养孤侄如己出。母诞日，堂下生瑞草一本，人称为孝感所致，绘图赋诗咏之。官至右春坊右中允，卒年四十二
孙传庭	山西振武卫	万历四十七年（1619 年）进士	《绀雪堂集》卷 10，《思复堂文集》卷 2，《明史》卷 262	天启中由商丘知县入为吏部主事，魏忠贤乱政乞归。崇祯年间，累擢右佥都御史、兵部侍郎、兵部尚书等职，先后巡抚陕西、总督陕西，后因贼破潼关而陷阵死，卒年五十一岁，谥忠靖。有《鉴劳录》《白谷集》

续表

姓名	籍贯	及第时间	文献来源	主要成就
孙继先	山西盂县	隆庆五年（1571年）进士	《松石斋集》卷17《孙公墓志铭》，《明史列传》卷82，《明史》卷229	官南京监察御史，张学颜以私怨诬刘台私赎锾，戍台广西，继先发其奸，坐谪临清判官。终南吏部主事，万历十四年卒
河北籍（6人）				
孙承宗	河北高阳	万历三十二年（1604年）进士	《宁澹斋全集》卷3，《绀雪堂集》卷7，《牧斋初学集》卷77、卷47、卷41，《苍霞余草》卷6，《望溪先生文集》卷9，明崇祯间刊本《高阳太傅孙文正公年谱》五卷，《五十辅臣考》卷1，《天启崇祯两朝遗诗传》卷2，《明史》卷250	承宗为人沉毅有智略，尤晓畅边事。天启初累官兵部尚书、东阁大学士。时辽阳、广宁俱破，承宗自请以原官督理诸处军务，便宜行事，魏忠贤党谗之，乞归。清兵攻高阳，承宗率领家人拒守，城破之后投缳死。卒谥文忠，改谥文正忠定。有《孙文正文集》。与孙奇逢、鹿正称“范阳三烈士”
孙　修	河北邯郸	弘治十八年（1505年）进士	《国朝献徵录》卷64《孙公墓志》，《少华山人文集》卷4《奉送广源先生孙公督江序》	初授户部主事，改御史，侃侃自持，治狱有能声，擢陕西佥事，备兵延绥，敌不敢犯。寻命督理全陕屯政，法简而严。累迁浙江左布政，以母忧归。起拜右副都御史，巡抚湖湘，贪吏闻风畏惧。改南京操江，因灾异乞罢，卒年五十六
孙　博	河北景州	成化十四年（1478年）进士	《掖垣人鉴》卷10，《国朝献徵录》卷97	初授礼科给事中。汪直用事立西厂，博上疏论直擅作威福，直大恨之。会云中告警，受命北伐，师还论功，升山西按察佥事，遂乞致仕
孙　祯	河北任丘	弘治十二年（1499年）进士	《掖垣人鉴》卷11	由行人选户科给事中，累升山东左参政，仕终陕西左布政使

续表

姓名	籍贯	及第时间	文献来源	主要成就
孙维城	河北丘县（今属邯郸）	隆庆五年（1571 年）进士	《国朝献徵录》卷 63《孙公墓志铭》，《谷城山馆文集》卷 23《孙公墓志铭》，《苍霞续草》卷 14，《明史列传》卷 81，《明史》卷 227	由知县擢御史，以忤大学士许国，出知永平府，迁赤城兵备副使。拜右佥都御史，巡抚延绥，与总兵官麻承恩不相能，以理晓谕承恩族众哗噪，乱定后自劾，优诏慰留，寻疾卒，年六十三，归装萧然
孙　绪	河北故城（今属衡水）	弘治十二年（1499 年）进士	《卫阳集》卷 9《孙沙溪文集序》，《国朝献徵录》卷 63《孙公神道碑铭》	历官户部主事、吏部郎中、太仆卿。有《沙溪集》
河南籍（6 人）				
孙　贤	河南杞县	景泰五年（1454 年）进士，状元	《国朝献徵录》卷 20《传略》、卷 70《实录本传》，《状元图考》卷 2，《殿阁词林记》卷 6，《水东日记》卷 6，《吕文懿公全集》卷 9《封右春坊中允孙先生庆寿诗序》等	初授修撰，升侍讲，侍经筵，进左春坊中允，官至太常寺卿兼侍读学士。预修《寰宇通志》《英宗实录》，后因上疏乞立太子，假意引疾致仕，帝准归故里。年五十四在家郁郁而卒。谥襄敏。有《恩荣鸣盛集》
孙　春	河南汴梁	成化十四年（1478 年）进士	《国朝献徵录》卷 68《祥符文献志传》	初授户部主事，历官巩昌知府、广西布政使，升应天府尹
孙　凤	河南洛阳，寓居嵩县	正德三年（1508 年）进士	《泾野先生文集》卷 13《贺七峰方伯翁寿序》，《明史》卷 189	初授兵部主事，官至湖广布政使
孙　确	河南通许	永乐二年（1404 年）进士	《掖垣人鉴》卷 8	初任刑科给事中，升陕西汉中府知府
孙应奎	河南洛阳	正德十六年（1521 年）进士	《泾野先生文集》卷 11，《存笥稿》卷 5，《袁文荣公文集》卷 3，《山带阁集》卷 26，《掖垣人鉴》卷 13，《明史列传》卷 69，《明史》卷 202 等	授章丘知县，入为兵科给事中，后累迁右副都御史，巡抚顺天，晋户部尚书。晚岁一切为苟且计，于名颇损，言者劾其粗疏自用，改南工部，移户部，嘉靖三十五年致仕，卒于家

续表

姓名	籍贯	及第时间	文献来源	主要成就
孙　聪	直隶开州	正德六年(1511年)进士	《阳峰家藏集》卷35《孙公及配石氏朱氏合葬墓志铭》	历官合肥知县、户部主事、刑部郎中、庆阳知府、四川副使等
陕西籍（6人）				
孙必显	陕西潼关卫	万历四十四年(1616年)年进士	《牧斋初学集》卷52《孙公墓志铭》，《明史列传》卷90，《明史》卷236	累官吏部员外郎、验封郎中、山西按察经历等，后为南礼部主事，道出柘城、归德，恰逢流贼来犯，为设守完其城。后擢兵部右侍郎，旋卒，年四十八
孙丕扬	陕西富平	嘉靖三十五年(1556年)进士	《明史》卷224，《明史列传》卷80，《松瘿集》卷2，《曼衍集》卷5，《来禽馆集》卷9，《渭上稿》卷14、卷21	字叔孝，初擢御史，有风裁。万历初以右佥都御史巡抚保定，累拜吏部尚书，百僚无敢干以私。后因上疏诋张位，为帝所不直，乞去。后起故官，眷遇愈隆，以年迈乞归。年八十三卒，天启初追谥恭介
孙　代	陕西扶风	嘉靖三十八年(1559年)进士	《大泌山房集》卷107《孙公刘淑人墓表》	初授行人，擢御史，官至浙江参政。
孙振基	陕西潼关卫	万历二十九年(1601年)进士	《明史列传》卷92，《明史》卷236	初除莘县令，调安丘，以治行征授给事中。值汤宾尹科场舞弊事起，与台谏议论不合。出补山东佥事，寻以忧去，卒于家
孙　玮	陕西渭南	万历五年(1577年)进士	《吴文恪公文集》卷15，《苍霞余草》卷1，《掖垣人鉴》卷16，《启祯野乘》卷2，《天启崇祯两朝遗诗传》卷4，《明史》卷241	初授行人，擢兵科给事中，累迁右副都御史，巡抚保定，有惠政。进兵部尚书，掌左都御史事，告归。天启元年召以吏部尚书参赞机务，再掌左都御史事。四年疾笃，卒赠太子太保，谥庄毅

续表

姓名	籍贯	及第时间	文献来源	主要成就
孙　锦	陕西绥德	嘉靖五年（1526年）进士	《云冈公文集金台稿》卷1《监察御史同年孙君元朴奉使归寿序》	授大理评事，擢御史，累升右佥都御史巡抚宣府，后罢归
江西籍（5人）				
孙原贞	江西德兴	永乐十三年（1415年）进士	《国朝献徵录》卷57，《明史列传》卷43，《明史》卷172	历官礼部主事、河南右参政、浙江布政、兵部左侍郎等。因平闽浙乱有功而进尚书。有《岁寒集》
孙曰良	江西丰城	永乐九年（1411年）进士	《国朝献徵录》卷60《实录传》	初授监察御史，出知交州府，历广西右布政使，总督广西兵备，官至右副都御史镇守临清
孙　仁	江西新淦	成化五年（1469年）进士	《国朝献徵录》卷60《实录传》	仁字伟德，历官刑部主事、陕西河南布政使、右副都御史巡抚宁夏，后引疾归，卒于弘治十二年
孙　鼎	江西庐陵	永乐二十二年（1424年）进士	《王文端公文集》卷20，《国朝献徵录》卷65，《皇明世说新语》卷1，《四友斋丛说》卷9，《明史列传》卷38，《明史》卷161、卷282等。	初授江浦儒学教谕，升教松江，以孝弟立教。正统八年，荐擢御史，督南畿学政，以亲老致仕。鼎与吉水留观、李中齐名，有吉水三先生之目。天顺元年卒于家，年六十六，门人私谥曰贞孝先生
孙　需	江西德兴	成化八年（1472年）进士	《碧川文选》卷1《送四川按察副使孙君序》，《国朝献徵录》卷27《孙公传》，《明史列传》卷43，《明史》卷172等	需，字孚吉，别号冰蘗翁。孙原贞之孙。历官常州府推官、南台御史、四川按察副使、右副都御史巡抚河南、南兵部侍郎、南礼部尚书、南工部尚书等。弘治年间巡抚河南时，筑汴河堤以济灾民；正德年间为刘瑾所恶，中旨令致仕，刘瑾被诛后起南工部尚书，后乞休归。嘉靖初年卒，谥清简。有《冰蘗稿》，改题《清简公集》

续表

姓名	籍贯	及第时间	文献来源	主要成就
安徽籍（5人）				
孙　升	安徽建平	永乐二年（1404年）进士		镇压聚集白莲教起事的唐赛儿等人于诸城，官终建昌知府
孙　仁	安徽贵池	景泰二年（1451年）进士	《国朝献徵录》卷30《孙公行状》	仁字世荣，历官南京户部主事、陕西右参政、右副都御史等，以户部侍郎致仕。为官有惠政，巡抚四川时平定松潘黑虎寨乱。有《东山奏议》《东山稿》
孙　存	安徽滁州	正德九年（1514年）进士	《靳两城先生集》卷16《赠丰山孙先生转河蕃左使序》，《国朝献徵录》卷92《丰山孙公行状》，《王襄毅公集》卷17《丰山孙公神道碑铭》	初授礼部主事，累迁河南布政使。精于吏治，尝辑一代典制与疏例互相发明者附于律令，名曰读法。有《丰山集》
孙　濬	安徽宣城	嘉靖二十九年（1550年）进士	《鹿裘石室集》卷25《孙氏先录序》，《掖垣人鉴》卷14	由永丰知县入为给事中，疏劾赵文华希严嵩旨，乞翦权党以答中外，谪孝感丞。历知平阳府，卒于官
孙　孺	安徽凤阳	成化二十三年（1487年）进士	《费文宪公摘稿》卷12《送亚参孙公之江西序》，《罗文肃公集》卷15《梅压记》，《掖垣人鉴》卷10	历官礼科给事中、江西右参议
江苏籍（4人）				
孙　琼	江苏昆山	正统十三年（1448年）进士	《吴下冢墓遗文续》卷1，《国朝献徵录》卷47《孙公墓志铭》	官至刑部郎中。任刑部郎中时尽力为那些因锦衣卫罗织罪名而死于非命的人们平反；居家笃守礼度，虽所居朴陋而处之安然

续表

姓名	籍贯	及第时间	文献来源	主要成就
孙慎行	江苏武进	万历二十三年(1595年)进士	《无梦园遗集》卷7,《牧斋初学集》卷77,《启祯野乘》卷1,《天启崇祯两朝遗诗传》卷4,《明史列传》卷92,《明史》卷243,《明儒学案》卷59	历官礼部右侍郎、礼部尚书。熹宗时因追论“红丸案”，与廷臣意旨不合，谢病归；及三朝要典既出，三案尽翻，“红丸案”又以其为罪魁，当遣戍宁夏。崇祯元年魏忠贤败，乃免。后朝廷推阁臣，召之入都，年七十二卒，谥文介。有《玄晏斋集》
孙继皋	江苏无锡	万历二年(1574年)进士第一	《苍霞续草》卷10,《状元图考》卷3,《明史》卷234	历官修撰、少詹事、礼部侍郎、吏部侍郎。陈太后梓宫发引，神宗称疾不送，遣官代行，孙继皋上疏极谏，忤旨致仕。卒赠礼部尚书。有《宗伯集》《柏潭集》
孙　銮	江苏武进	正德十六年(1521年)进士	《毗陵人物纪》卷9	初授刑部主事，出守汉中，迁瀫江，升云南副使，再升山西行省、太仆寺卿，引归卒
上海籍(2人)				
孙承恩	松江华亭	正德六年(1511年)进士	《张文定公纡玉楼集》卷3,《陆文定公集》卷10,《内方集》卷9,《存笥稿》卷6,《世经堂集》卷12、卷13、卷17,《环溪集》卷22、卷26,《国朝献徵录》卷18,《长谷集》卷14,《宝日堂初集》卷22,《四友斋丛说》卷17,《皇明世说新语》卷4、卷5、卷6	承恩字贞父，号毅斋。初改庶吉士，授编修，历官礼部尚书兼掌詹事府。时斋宫设醮，承恩独不肯黄冠，遂乞致仕。卒年八十一，谥文简。博稽宏览，为文深厚尔雅，有《让溪草堂稿》
孙　衍	松江华亭	成化十四年(1478年)进士	《国朝献徵录》卷91、卷14,《四有斋丛说》卷17	初授深州，官至延平知府，年五十九卒。有《雪岑集》。

续表

姓名	籍贯	及第时间	文献来源	主要成就
湖北籍（2人）				
孙　交（初名孙蛟）	湖北安陆	成化十七年（1481年）进士	《见素集》卷8，《古庵毛先生集》卷6，《国朝献徵录》卷29，《皇明世说新语》卷2，《名山藏臣林记》卷18，《明史列传》卷63，《明史》卷194	嘉靖间官至户部尚书，政绩卓著，以太子太保致仕，谥荣僖。有《晚节园集》
孙　伟	湖北清江	弘治十五年（1502年）进士	《环溪集》卷21《鹭沙孙先生诗集引》	官鹤庆知府。工诗，有《鹭沙集》
湖南籍（2人）				
孙　羽	湖南华容	万历十七年（1589年）进士	《大泌山房集》卷21《遂初堂诗序》，《玉茗堂全集》卷4《孙鹏初遂初堂集序》，《睡庵文稿》卷10《鹏初孙先生寿序》	初任庶吉士，授礼科给事中改刑科。有《遂初堂集》
孙继芳	湖南华容	正德六年（1511年）进士	《洞庭渔人集》卷48《先提学府君行实》，《洞庭渔人续集》卷12《先大夫传》，《来禽馆集》卷16《世其孙公碑》，《国朝献徵录》卷102	历官刑部主事、兵部主事、兵部员外郎、云南提学副使等。有《石矶集》
四川籍（2人）				
孙　敬	四川成都	景泰五年（1454年）进士	《水东日记》卷27，《掖垣人鉴》卷7	初任兵科给事中，成化元年升山西右参议
孙宏轼	湖南资县	嘉靖十七年（1538年）进士	《天一阁集》卷18《赠大参孙槐溪序》	历浙江海道副使，才猷练达，为政简要，务持大体，升参政

续表

姓名	籍贯	及第时间	文献来源	主要成就
辽宁籍（1人）				
孙　磐	辽宁辽阳	弘治九年（1496年）进士	《明史列传》卷55，《明史》卷189	初擢吏部主事，正德初宦官渐用事，磐极言其弊，不从。后被刘瑾斥为奸党，勒归。刘瑾被诛，起河南佥事，坐累罢
贵州籍（1人）				
孙应鳌	贵州清平	嘉靖三十二年（1553年）进士	《温恭毅公文集》卷7、卷16，《小三吾亭文甲集》卷1，《掖垣人鉴》卷14等	历官户科给事中、江西佥事、郧阳巡抚、大理卿、礼部右侍郎、南工部尚书等。幼年颖异，日诵千言，在江西御流寇有方略，万历初首请恤录建文死事诸臣。卒谥文恭。有《淮海易谈》《律吕分解》《学孔精言舍彙稿》
云南籍（1人）				
孙继鲁	云南右卫	嘉靖二年（1523年）进士	《少华山人文集序》卷8，《国朝献徵录》卷62，《明史》卷204	历官淮安知府、右副都御史巡抚山西。性情耿介，然好刚使气，都御史翁万达议撤山西内边兵，并力守大同外边，报可，继鲁抗章争，忤旨逮下诏狱，瘐死，年五十。穆宗时追谥清愍

三、明代孙姓进士的文化影响

一个地区的科举入仕情况是当地文化繁荣程度的直接体现，对当地的政治、经济、社会、文化产生的影响也是全方位的。

从《明人传记资料索引》中收录的孙姓进士及第者情况来看，浙江籍进士有18人，占该书收录总数的五分之一强；山东、山西分别以9人、8人的数量位居第二、第三名；河北、河南、陕西平分秋色，均为6人；此外，江西、安徽籍进士均为5人，江苏籍进士4人，上海、湖南、湖北、四川籍进士均为2人，而辽宁、贵州、云南籍进士均为1人。在这78位孙姓进士中，既有簪缨世家，又有寒门子弟；既有同胞兄弟，又有父子血亲；既有同名同姓之人，又有同籍同年之人；既有名垂青史的宰执之材，又有“位卑未敢忘忧国”的中下层官员。

从《明人传记资料索引》中征引的文献来看，孙姓进士的传记资料来源主要有三，即明焦竑编纂的《国朝献徵录》、旧题清徐乾学《明史列传》和清张廷玉等奉敕编撰的《明史》。① 《明史列传》和《明史》因《明史》一书有通行本传世而广为人知，焦竑的120卷《国朝献徵录》，虽汇集了明洪武至嘉靖年间的众多原始史料，清人万斯同修《明史》时甚至声称“可备国史之采择者，唯此而已”，却因清乾隆年间被列为禁书，故传本较少，影响范围相对较小。《明人传记资料索引》所列78个孙姓进士传记，《国朝献徵录》中收录有29位的传记资料，其文献价值不容忽视，当为研究明代学术所必备。《明人传记资料索引》中所列传主的文献来源，为后人提供了研究明代历史人物的宝贵线索：一是可以直观地反映传主的生平、思想、事迹及功过等信息，二是反映了传主仕宦交游的时代环境，三是从侧面反映了传主在当时和身后的地位与影响等，比粗线条勾勒的正史更加翔实丰富，比稗官野史更加真实可信，展现给世人的是一个更加鲜活生动的历史世界。

明代孙姓进士的文化影响主要表现在四个方面，即以远见卓识参政议政、以文韬武略安身立命、以品格学养引领风尚、以身体力行促家族繁荣。其中以浙江余姚的孙升家族最为典型。孙升的父亲孙燧，是弘治六年（1493年）进士，因上疏言宸濠必反而被害，卒赠礼部尚书；孙升是嘉靖十四年（1535年）进士，官至南京礼部尚书，卒赠太子少保，谥文恪；孙升的长兄孙堪是嘉靖五年（1526年）的武状元，二兄孙墀官至尚宝卿，三兄弟被世人并称为“三孝子”；孙升三子皆为进士，长子孙鑨是嘉靖三十五年（1556年）进士，曾任吏部尚书，次子孙铤是嘉靖三十二年（1553年）进士，官终南京礼部侍郎，幼子孙鑛是万历二年（1574年）进士，官至南兵部尚书，加封太子太保；孙鑨之子孙如法是万历十一年（1583年）

---

① 关于《明史列传》的作者，说法不一。《明人传记资料索引》卷前的《引用书目》作“《明史列传》九十二卷，题清徐乾学撰，旧抄本”，李伟敏《抄本〈明史列传〉作者撰考》则云该书作者是徐乾学之弟徐元文，参见《咸阳师范学院学报》2007年第3期，第50—54页。

进士，曾任刑部主事，后因事归隐，以图史自娱；孙如法之从弟孙如游是万历二十三年（1595年）进士，后以东阁大学士入参机务，卒谥文恭；孙如游之孙孙嘉绩是崇祯十年（1637年）进士，官终东阁大学士。余姚孙氏家族先后出了十多个进士，无论是升至大学士、尚书这样级别的高官，还是隐归乡里读书作画，他们的铮铮铁骨、深厚学养和儒家品格不仅在当时美名远扬，而且对后世产生了深远的影响。

全国孙姓进士的地域分布情况，与当地高度繁荣的经济社会和积淀深厚的文化传统息息相关。江浙一带自古以来就是文化重镇，宋代以后经济文化发展程度一直居于全国前列，当地的藏书之富、刻书之盛、读书之尚，形成了独具特色的文化环境，也培育出众多闻名遐迩的风云人物。龚自珍《江左小辨序》中这样描述当时的文化环境："有明中叶，嘉靖及万历之世，朝政不纲，而江左承平，斗米七钱，士大夫多暇日，以科名归养望者，风气渊雅，其故家巨族谱系多闻人，或剞一书，或刻一帖，其小小异同，小小源流，动成掌故，使倥偬拮据，朝野骚然之世，闻其逸事而慕之，揽其片楮而芳香悱恻。"① 河南和陕西也都是人文历史比较厚重的地区，但由于明清时期全国政治中心的北移和文化中心的南移，这两个省份的文化发展程度相对有所衰退，表现在科举入仕方面也较为明显。而地处偏远的辽宁、贵州、云南等地，由于朝廷自宣德后分南、北、中卷按规定比例录取，从科举选拔的制度层面保证进士来源地域的广泛性，以促进边远落后地区文化教育的发展进步，故而进士及第的人数虽然稀少，但仍具有代表性，有助于增强朝廷对这些地区的管辖。

（本文作者为河南省社会科学院文学研究所副所长、副研究员）

① 龚自珍《龚定庵全集》第三辑。

先秦时代的虚拟血缘与姓氏问题

⊙徐义华

一、从神话看夏、商、周三族的独立起源

从夏、商、周三族起源神话看，他们原本各有自己的初始祖先。

在起源神话中，夏人的最早祖先为鲧和禹，其中禹为夏人取得天下的关键人物，被夏人尊为始祖。禹的出生被赋予了神话色彩：

> 洪水滔天，鲧窃帝之息壤以堙洪水，不待帝命。帝令祝融杀鲧于羽郊。鲧腹生禹，帝乃命禹卒布土以定九州。（《山海经·海内经》）

郭璞注引《启筮》云："鲧死三岁不腐，剖之以吴刀，化为黄龙。"《初学记》引《归藏》："大副之吴刀，是用出禹。"《吕氏春秋·行论》也载："舜于是殛之于羽山，副之以吴刀。禹不敢怨，而反事之。"类似的记载还出现在《天问》中：

> 鸱龟曳衔，鲧何听焉？顺欲成功，帝何刑焉？永遏在羽山，夫何三年不施？伯禹愎（腹）鲧，夫何以变化？（《楚辞·天问》）

这里的"伯禹愎（腹）鲧"与前引《山海经·海内经》中的"鲧腹生禹"意同，都认为禹是剖鲧腹而生。有学者认为，这是古代产翁制的孑遗。① 我们看到，事实上在禹之前，还有其父鲧，但为了突出禹的地位，夏人创造了"鲧腹生禹"的神话，弱化鲧、禹之间的父子关系，达到神化禹的目的。

---

① 翟振业：《〈天问〉中所见的产翁习俗》，《长沙水电师院社会科学学报》1994年第2期。

关于禹的出生，还有其他说法，如：

鲧娶于有莘氏女，名曰女嬉，嬉于砥山，年壮未孳，得薏苡吞之，意若为人所感，因而妊孕，剖肋而产高密。（《吴越春秋》）

禹毋修己，吞神珠如薏苡，胸坼生禹。（《世本·帝系篇》）

禹母吞珠孕禹，坼副而生。（《蜀王本纪》）

认为禹是其母吞薏或珠而孕，剖其母肋而生。

还有文献记载禹生于石：

禹产于石。（《淮南子·修务篇》）

禹生于砚石。（《太平御览》卷五十一引《随巢子》）

这种生于石的神话，延续到禹之子启的身上：

启生于石。（《太平御览》卷五十一引《随巢子》）

禹娶涂山，治鸿水，通轘辕山，化为熊。涂山氏见之，惭而去，至嵩高山下，化为石。禹曰："归我子。"石破北方而生启。（《绎史》）

另外，《天问》中有：

何勤子屠母，而死分竟地？

学者或认为是禹，或认为是启。王逸《楚辞章句》认为："言禹腷剥母背而生，其母之身分散竟地。"黄文焕《楚辞听直》认为："胡勤子屠母，死分竟地者，石破启生，则是启之母死而分裂，体不复全也。"显然，禹和启的出生神话有混淆的迹象。

夏人祖先的出生神话，说法不一，且由禹延及到启。这与商、周只重始祖有所不同，以至有学者甚至认为"夏无大祖，但宗禹而已"①。产生这种差异的原因，与早期国家发展形态有关。商、周时期国家已经相对成熟，商与周也是作为地方政权很长时间之后才取得王权，有很长的时间可以有目的地对自己的祖先进行政治性的神化。而夏禹时期，国家处于萌芽阶段，很多政治制度和观念尚不成熟，禹又是因为治水有功而继承尧、舜，在较短时期内取得王权。所以，夏人没有充足的时间

① 孔颖达：《礼记正义·王制》卷十二，上海古籍出版社，1990年。

完成对祖先的神化，仓促间产生不完善的版本，以后不断加以苴补。所以，夏人始祖神话形式多样，且在时段上及于禹、启。这与中国早期国家起源和形成方式密切相关，是王权从不固定向固定转变过程中的特殊现象。

商人则以契为始祖。古文献多有记载：

天命玄鸟，降而生商。(《诗经·商颂·玄鸟》)

郑玄笺说："天使鳦下而生商者，谓鳦遗卵，娀氏之女简狄吞之而生契。"另：

简狄在台，喾何宜？玄鸟至贻，女何嘉？(《楚辞·天问》)

《楚辞·离骚》王逸注曰："玄鸟，燕也。贻，遗也。言简狄待帝喾于台上，有飞燕遗其卵，喜而吞之，因生契也。"《史记·殷本纪》的记载更明确：

殷契，母曰简狄，有娀氏之女，为帝喾次妃。三人行浴，见玄鸟堕其卵，简狄取吞之，因孕生契。

可见商人实际上将契作为自己的始祖。

周人也有关于始祖弃的神话：

厥初生民，时维姜嫄。生民如何，克禋克祀，以弗无子。履帝武敏歆，攸介攸止，载震载夙。载生载育，时维后稷。(《诗经·生民》)

郑玄《笺》："帝，上帝也。"即后稷是上帝的儿子，在人间没有生身的父亲，是初始的祖先。

《楚辞·天问》也言：

稷惟元子，帝何竺之？

王逸《章句》："言后稷之母姜嫄出见大人迹，怪而履之，遂有娠而生后稷。"《史记·周本纪》则载：

周后稷，名弃。其母有邰氏女，曰姜嫄。姜嫄为帝喾元妃。姜嫄出野，见巨人迹，心忻然说，欲践之，践之而身动如孕者。居期而生子，以为不祥，弃之隘巷，马牛过者皆辟不践；徙置之林中，适会山林多人，迁之；而弃渠中冰上，飞鸟以其翼覆荐之。姜嫄以为神，遂收养长之。初欲弃之，因名曰弃。

记载了姜嫄怀孕和后稷出生的神异。

可见，夏、商、周各以禹、契、弃为始祖。夏、商、周三族各有自己独立的起源神话，都有各自的本族起源始祖。

二、虚拟血缘与先秦时期族群的融合

但是，随着社会的发展，文献中出现了夏、商、周三族的共同祖先：

帝喾卜其四妃之子，而皆有天下。上妃有邰氏之女也，曰姜原氏，产后稷；次妃有娀氏之女也，曰简狄氏，产契；次妃曰陈隆氏，产帝尧；次妃陬訾氏，产帝挚。(《大戴礼记·帝系》)

在这里，帝喾成为周弃、商契和唐尧的父亲，成为尧、商和周更早的祖先。

我们看到，在前面的神话起源中商人祖先契、周人祖先稷都是只知其母不知其父的起始祖先，在《大戴礼记·帝系》中却有了比他们更早的帝喾。夏、商、周三族本已都有自己的始祖，又将帝喾作为共同父亲。有学者认为帝喾是上帝，但我们看到，在这里帝喾并非事实上的祖先，是一种人群组织需要而虚拟的共同祖先。

也就是说，帝喾之所以被追认为共祖，与各族间认同与融合的进步有关，是为了融合而建立的一种虚拟血缘关系。这种由虚拟祖先进行族群融合的方式一旦出现，就为各族间的认同提供了有效的方式，使各族很快通过共同祖先认同为一个整体。文献有：

有虞氏禘黄帝而郊喾，祖颛顼而宗尧。夏后氏亦禘黄帝而郊鲧，祖颛顼而宗禹。殷人禘喾而郊冥，祖契而宗汤。周人禘喾而郊稷，祖文王而宗武王。(《礼记·祭法》)

故有虞氏禘黄帝而祖颛顼，郊尧而宗舜；夏后氏禘黄帝而祖颛顼，郊鲧而宗禹；商人禘舜（喾）而祖契，郊冥而宗汤；周人禘喾而郊稷，祖文王而宗武王。(《国语·鲁语》)

在这两段文字中，有虞氏也"郊喾"。结合上面提到尧、商、周人以喾为祖。我们看到，尧、舜、商、周同以帝喾为祖。从禘祭的角度，则分为两个体系，一个是有虞氏和夏后氏皆在禘黄帝，另一个是商人和周人皆禘喾。这应该是早期不同部族间联合关系不同的结果。

从群体融合的过程而言，时间越晚，融合在一起的族群越多，需要追认的共祖时代就会越早。随着部族的融合加强，加入的部族越多，需要追认的虚拟祖先时代就更往前，时代更久远的黄帝显然更利于各族的融合，我们看到，这种演化的结果正是认黄帝为共祖。《史记·五帝本纪》即将尧、舜、夏、商、周皆纳入黄帝谱系中，黄帝已经成为虞、夏、商、周的共祖。但黄帝的共祖地位主要在中原及北方地区，南方则保留了炎帝一系。黄帝与炎帝成为中国早期历史的两大虚拟祖先，是中国人所称"炎黄子孙"的来源。随着历史的发展，黄帝部族和炎帝部族的融合加强，共同虚拟祖先的追认也随之发展，我们看到：

> 昔少典娶于有蟜氏，生黄帝、炎帝。黄帝以姬水成，炎帝以姜水成。成而异德，故黄帝为姬，炎帝为姜，二帝用师以相济也，异德之故也。(《国语·鲁语》)

为黄帝和炎帝找到了同一个出处。这种说法的出现应该较晚，此时国家结构和族群关系已经基本稳定，所以少典没能最终取代炎黄成为更远的共祖。从观念形成时间顺序上看，帝喾共祖地位的形成要早于黄帝，而少典的共祖地位的出现更晚。

到历史后期，虽然统一的历史观念已经形成，但追认共祖这一扩大群体认同的方式并没有消失，而是得到不断的运用，甚至到很晚的时代依然如此。文献中我们看到，越、匈奴、鲜卑……都有过相同的群体归属方式。

从神灵性质上看，祖先神为某族内部神灵，具有天然的垄断性和封闭性，很难充当超越族群的纽带，不利于团体的扩大。但是，祖先神都是由人升格而成的神灵，各族祖先神本质是一样，不会带来信仰、信条之间的冲突。所以，一旦追认共同虚拟祖先的方法出现，共同祖先神反而成为族群扩大的有效方式。为了适应团体扩大和国家发展，中国早期族群采取的是追认共同虚拟祖先的方式。

这种虚拟的共同祖先，使各族群的祖先认同得以达成，促成了早期历史一统观念的形成。

三、中原及周边族群的融合

从以上文献可以看出，中国历史早期的族群融合明显有两次高潮，相应形成了两个关键的虚拟祖先即帝喾和黄帝。

第一次族群高潮主要是尧、商、周等群体，追认的共祖是帝喾，反映的是中原地区各部族的整合以及中原祖先信仰系统的形成。

第二次族群融合除中原部族的继续融合外，大量中原周边部族也纳入虚拟血缘系统，追认的共祖是黄帝。从文献可以看出，这次整合的族群比较复杂，大量“外族”进入黄帝系统：

> 黄帝生禺（虢），禺（虢）生禺京，禺京处北海，禺（虢）处东海，是惟海神。(《山海经·大荒东经》)

> 大荒之中，有山名曰融父山，顺水入焉。有人名曰犬戎。黄帝生苗龙，苗龙生融吾，融吾生弄明，弄明生白犬，白犬有牝牡，是为犬戎，肉食。(《山海经·大荒北经》)

除这种直接的世系表述外，还有一些非中原族群进入黄帝的姓族系统，如：

> 有人名曰大人。有大人之国，厘姓，黍食。(《山海经·大荒北经》)

郝懿行注：“《晋语》司空季子说黄帝之子十二姓中有僖姓，僖、厘古字通用，厘即僖也。《史记·孔子世家》云：‘汪罔氏之君，守封禺之山，为厘姓。’《索隐》云：‘厘音僖。’是也。”袁柯注：“《国语·鲁语》下云：‘防风，汪芒氏之君也，守封禺之山者也，为漆姓；在虞、夏、商为汪芒氏，于周为长狄，今为大人。’汪芒氏即汪罔氏，漆姓即厘姓也。则大人者，防风之后，亦黄帝之裔也。”东夷族的防风氏也纳入黄帝系统。还有：

> 有人方食鱼，名曰深目民之国，盼姓，食鱼。(《山海经·大荒北经》)

郭璞注：“亦胡类，但眼绝深，黄帝时姓也。”郝懿行云：“盼，府文切，见《玉篇》，与滕、荀二字形声俱近。《晋语》说黄帝之子十二姓中有滕、荀，疑郭本盼作滕或荀，故注云黄帝时姓也。”则是将深目的盼姓也纳入黄帝系统。

从《大戴礼记》《世本》《吕氏春秋》《山海经》等文献记载看，南方的祖先系统融入中原系统应该是在第二次族群高潮时期。我们以记载较为详细的《大戴礼记·帝系》为例进行分析：

> 少典产轩辕，是为黄帝。黄帝产元嚣，元嚣产蟜极，蟜极产高辛，是为帝喾。帝喾产放勋，是为帝尧。

黄帝产昌意，昌意产高阳，是为帝颛顼。颛顼产穷蝉，穷蝉产敬康，敬康产句芒，句芒产蟜牛，蟜牛产瞽叟，瞽叟产重华，是为帝舜，及产象、敖。

颛顼产鲧，鲧产文命，是为禹。

黄帝居轩辕之邱，娶于西陵氏之子，谓之嫘祖氏，产青阳及昌意。青阳降居泜水，昌意降居若水。

昌意娶于蜀山氏，蜀山氏之子谓之昌濮氏，产颛顼。

颛顼娶于滕氏，滕氏奔之子谓之女禄氏，产老童。

老童娶于竭水氏，竭水氏之子谓之高緺氏，产重黎及吴回。

吴回氏产陆终。

陆终氏娶于鬼方氏，鬼方氏之妹谓之女隤氏，产六子；孕而不粥，三年，启其左胁，六人出焉。其一曰樊，是为昆吾；其二曰惠连，是为参胡；其三曰籛，是为彭祖；其四曰莱言，是为云郐人；其五曰安，是为曹姓；其六曰季连，是为芈姓。

季连产什祖氏，什祖氏产内熊，九世至于渠，娄鲧出。自熊渠有子三人，其孟之名为无康，为句亶王；其中之名为红，为鄂王；其季之名为疵，为戚章王。

昆吾者，卫氏也；参胡者，韩氏也；彭祖者，彭氏也；郐人者，郑氏也；曹姓者，邾氏也；季连者，楚氏也。

从这段记录中我们可以明显看出两个系统，一个是中原系统陆终：

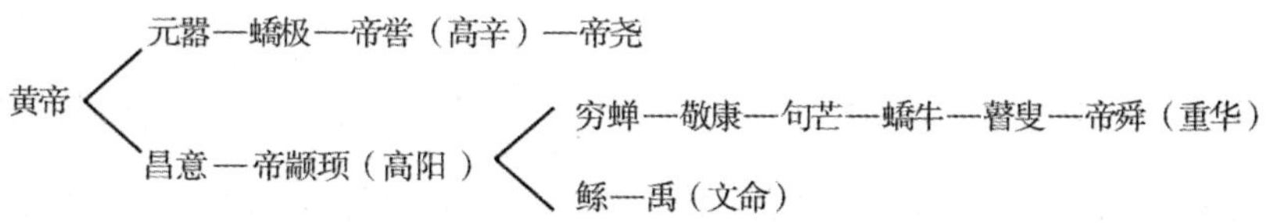

还有一个明显区别于中原系统的南方系统：

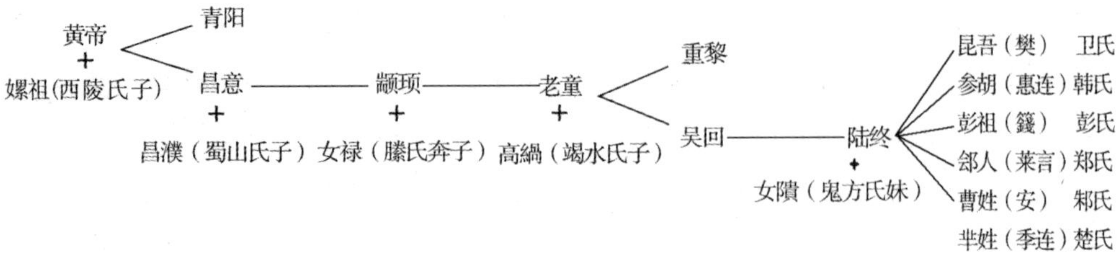

这一系统与南方楚地有密切的关系，《史记·楚世家》有：

楚之先祖出自帝颛顼高阳……高阳生称，称生卷章，卷章生重黎。重黎为帝喾高辛居火正，甚有功，能光融天下，帝喾命曰祝融。共工氏作乱，帝喾使重黎诛之而不尽。帝乃以庚寅日诛重黎，而以其弟吴回为重黎后，复居火正，为祝融。吴回生陆终，陆终生六子，坼剖而产焉。其长一曰昆吾、二曰参胡、三曰彭祖、四曰会人、五曰曹姓、六曰季连。芈姓，楚其后也。昆吾氏，夏之时尝为侯伯，桀之时汤灭之。彭祖氏，殷之时尝为侯伯，殷之末世灭彭祖氏。

与《大戴礼记·帝系》所载基本一致。楚国是南方大国，与巴蜀地区也有特殊的密切关系，所以其中很可能包含有巴蜀地区的内容。在陆终所生六子中，除去季连为芈姓与楚国之祖先，其他四人郑氏、彭祖、韩氏、昆吾都与巴蜀地区有或多或少的关系。郑氏，在《世本》有载："巴郡南蛮，本有五姓，巴氏、樊氏、瞫氏、相氏、郑氏，皆出于武落钟离山。"则郑氏是巴人之祖先；彭祖，《华阳国志·蜀志》载："则彭祖本生蜀，为殷太史。"即彭祖属于蜀人之祖先。韩氏，《山海经·海内经》："黄帝妻雷祖，生昌意，昌意降处若水，生韩流。"则韩氏之韩很可能也是得自韩流，即为蜀人之祖先。昆吾，《国语》载："己姓昆吾、苏、顾、温、董"，即昆吾为己姓，巴蜀地区有己国，《郡国志》记载："己国，高阳裔，即南郡县。以国为氏。"南郡在今四川，则巴蜀地区也有昆吾的分布。所以，《大戴礼记·帝系》中的这个南方系统很可能是荆楚与巴蜀两地区古代祖先传说的结合版本。也就是说，这一南方系统基本以荆楚和巴蜀为主，是由江汉平原和四川盆地地理单元内的传说加工而成。

南方系统有一个重要特点，即注重妻、母系的梳理，每个男性祖先后都加上妻、母方的族名和族源，而不是单纯注重父系的血缘传承。这种重妻、母的特点说明，在虚拟的父系血缘之外还有婚姻关系也是在此一系统的族群融合中发挥重要作用。这与中原地区单纯的父系血缘明显不同，这是族群融合从婚姻关系向血缘关系转变过程中的遗留。这正表明了中原系统族群融合的完成要早于南方系统的融入。

这种族群的融合是双向的，一方面是中心文化向外扩展，需要寻求一种认同的基础，以建立更大的共同体；另一方面，周边文化有融入中心文化，获取中心文化资源的倾向。在这一融合过程中，不同地区不同族群的神话、传说以及观念也被整合到同一个系统当中。但各自相对独立的事实毕竟存在，所以整合并不能完全彻底弥合不同文化之间的差异。所以，古代记载常常出现互相抵牾的情况，这并非是伪造或传抄错误，而是不同文化掺杂而导致的矛盾。

四、从虚拟血缘与族群融合看姓氏制度

血缘作为最基本的社会组织单位，在国家起源和形成的过程中依然起着重要作用。但现实中血缘集团的规模是确定的，不可能无限扩大，甚至扩大到一个国家的程度。不同血缘集团如何突破血缘界限融合为共同体，最终组成国家，这是国家形成过程中的一个重要问题。

中国古代的跨血缘共同体采取的是虚拟共同祖先的方式，即以虚拟血缘关系突破实际的血缘界限，最终实现融合。所以，中国国家起源和形成的过程中会存在一个表面假象，即是国家是一个大的血缘集团。这与西方以地域划分居民形成国家明显不同，但实际上中国早期国家在实际操作上也是以地域划分居民，但这种地域划分被虚拟血缘掩盖了。所以，很多学者认为中国国家形成时间较晚，这是没有认识到虚拟血缘关系的作用的缘故。

由此，我们可以推论，夏人姒姓、商人子姓、周人姬姓原本是实际血缘集团，后来随着政治实力的扩展，也都扩大为虚拟血缘集团。也就是说，姓是一个大的虚拟血缘单位，是用表面的血缘关系组合成的政治实体。

关于氏，应该也是自血缘集团发展而来的。当大的虚拟血缘集团出现后，一些独立的血缘集团保持了原有的称呼，即成为姓下的一个氏。即最初的氏很可能是通

过追认共祖关系加入到虚拟血缘关系中的原先的独立单位，如子姓中的墨胎氏，其国为孤竹，其地在今河北唐山、辽宁卢龙，很可能是早期融入子姓中的当地血缘集团。随着社会的发展，氏这一分支单位模式得以延续，由一个大血缘群体中分离出来的单位也称氏。

所以，姓氏从来不是单纯的血缘组织方式，而是政治组织方式，姓氏制度是用表面的血缘关系维系政治实体的制度。

（本文作者为中国社会科学院历史研究所先秦史研究室主任、研究员）

古文“孙”字臆解

⊙朱彦民

关于“孙”字，许慎《说文解字》“系部”有云：“，子之子曰孙，从系子，系，续也。”义训为“子之子曰孙”，结构为从系从子之会意字，会子孙相续之义。对于这一解释，治文字学者向来无异议。如段玉裁《说文解字注》进一步对其解释道：“系于子也，会意。”只有王筠《说文释例》云：“孙在系部，似当在子部。”指出《说文》“孙”字的部居不对，应当放在“子部”而非“系部”。

直到近代以来因为甲骨文发现之后，学术界才有人对“孙”字做了较新的解读。

一、甲骨文、金文“孙”字字形

甲骨文有“孙”字，字形作：（《甲骨文合集》10554）、（《甲骨文合集》31217）、（《甲骨文合集》30527）、（《怀特》434）等形，从子从幺。

含有“孙”字的甲骨卜辞

《甲骨文合集》10554、31217

甲骨卜辞涉及“孙”字者不多，计有：“……多子……孙……田？”（《甲骨文合集》10544）“至于子御，孙……？”（《甲骨文合集》30527？）“……卜……

孙……受祐？”（《甲骨文合集》31217）“弗孙兹？”（《前编》7·15·2）“帝弗孙其……？”（燕732）“壬午卜贞：余勿在孙葬？”（《怀特》434）等。这些卜辞大多属于残辞，因此“孙”字的用意不大明显，是否用其本义用法也未可知。只是后一卜辞稍微完整，可知“孙”字在此用作地名。

殷墟甲骨文发现者之一王襄先生，最早注意到了甲骨文“孙”字从子从幺，与金文和古玺文某些“孙”字结构相同：“古孙字毕仲敦孙作，古鉢文公孙之孙作，均与此同。”①

反倒是后来的甲骨学家对于甲骨文“孙”字的字形观察不够细致，比如李孝定先生云：“金文孙字多见，均从子从系，与此同。……辞云‘……多子孙……田’（《后下》14·7），固明为子孙字也。”② 徐中舒先生也作如是观，认为甲骨文“孙”字，“从子从系，为孙字初文”③。其实甲骨文“孙”字从子从幺，并非从子从系（糸），金文“孙”字也并非均从子从系，甲骨文与金文并不完全相同。

金文中“孙”字常见，尤其是文末嘏辞成语“子子孙孙永宝用”，更是多见。金文“孙”字，有的与甲骨文结构相同，字形作：（鼠季鼎）、（中山王譽兆域图）、（邾公釛鼎）、（舍父鼎）、（中山王譽壶）、（叚簋）、（格伯作晋姬簋）等形，从子从幺，但作此结构者较为少见。

有的则不同，字形作：（祖己鼎）、（叵尊）、（己侯簋）、（县改簋）、（豚卣）、（函皇父簋）、（子璋钟）等形，从子从系，与后来的小篆字形结构相同。作这种结构的“孙”字字形多见。

---

① 王襄：《簠室殷契类纂》，正编卷十二，天津河北第一博物馆，1929年石印本。

② 李孝定：《甲骨文集释》，台湾“中央研究院”历史语言研究所，1956年，第3865页。

③ 徐中舒主编：《甲骨文字典》，四川辞书出版社，1989年，第1407页。

《栾书缶》器、盖铭文

有意思的是，在同一篇金文中，“孙”字重见，两种字形都有。比如著名的《栾书缶》铭文：“正月季春元日己丑，余畜孙书也，择其吉金，以作铸缶，以祭我皇祖虞，以祈眉寿，蛮书之子孙，万世是宝。”[①] 第一个“孙”字从子从幺作，第二个“孙”字从子从系作。可见，两种字形在金文中并不存在早晚关系，而是可以同时共存的。

甲骨文、金文“孙”字字形异同示意表

文字	结构	字形 1	字形 2	字形 3	字形 4	字形 5	字形 6	字形 7
甲骨文	从子从幺							
		《合集》10554	《合集》31217	《合集》30527	《怀特》434			

① 《栾书缶》铭文中的“蛮”不依传统的说法释“栾”而释为“蛮”，是遵从了李学勤先生等人的观点。李学勤先生在《栾书缶释疑》（《中国古代文明研究》，华东师范大学出版社 2004 年版，第 193—196 页）中，推测此缶是春秋时居住在晋楚之间的蛮族部族被灭后，流落到楚国的蛮族后裔蛮书所做。

续表

文字	结构	字形 1	字形 2	字形 3	字形 4	字形 5	字形 6	字形 7
金文	从子从幺							
		鼠季鼎	中山王陵兆域图	邾公釶鼎	舍父鼎	中山王陵壶	叚簋	晋姬簋
	从子从系							
		祖己鼎	函皇父簋	己侯簋	县改簋	豚卣	叵尊	子璋钟

二、学界对“孙”字考释

由上文可知，“孙”字的古文字结构有从“幺”和从“系”两种字形。对于“孙”字所从之“幺”或“系”，理解不同，所以释义也就完全相异。

学界一般多从“系”而释“孙”，系为续也，子之子为孙，子孙相续也。如《说文解字》，见上文。也有将“系”解读为绳索者，如马叙伦、林义光、徐中舒诸先生。

马叙伦先生根据金文字形，认为“孙”字为形声字，所从之“系”为绳：“子孙角，，伦按孙从绳省得声，故此作。今《说文》作孙，从系。金、甲文无系字，乃之省耳。器作此文，或作者之族徽，或以为得孙为庆而造器耶。”①

与此相类，林义光先生云：“（孙），古作（叔家父匜）作（邾公华钟），从子系。系亦系属之意。或作（叚敦）。”② 将“孙”字所从之“系”理解为“系属之意”，与马氏从绳得意者相关，绳乃系属之物。

徐中舒先生也认为“孙”字与结绳有关：“从子从，为孙字初文。古代于先祖之祭坛上，必高悬若干绳结以纪其世系。甲骨文‘孙’字从，象绳形，盖父子相继为世，子之世系于父下，孙之世系于子下。此乃古代结绳遗俗之反映。”③

① 马叙伦：《读金器刻词》卷上，中华书局，1962 年。
② 林义光：《文源》卷十，中西书局，2012 年。
③ 徐中舒主编：《甲骨文字典》，四川辞书出版社，1989 年，第 1407 页。

日本学者白川静先生虽也认为“孙”字为会意字，是“子”与“系”组合之字，而“系”非续也，字形表示饰线下垂。理由是祭祀祖先时，后代司直“尸”（充任被祭奠者接受祭祀）职，身佩祝咒用饰物。祭奠祖父时，司直“尸”职的是孙子，因此“孙”有孙子之义。《礼记·祭统》：“夫祭之道，孙为王父（祖父）尸。”①

虽然也有学者如上举王襄先生，发现了甲骨文“孙”字从子从幺，不从系，但少见有从幺而考释“孙”字字义者。徐山先生是注意到了“孙”字甲骨文从幺，故从“幺”而释，依据“幺”者《说文》训：“小也，象子初生之形。”意为小、微，重幺为丝，是“幽”“幼”“儿”等字所从，都为微小、细小之意，故“孙”字之造字本义为“子之小者”，即子之幼儿为孙②。

三、对诸家观点的辨析

我们认为，以上诸说皆有其依据，有所创新，难能可贵，然细究来源，均容有未谛。

首先，“孙”字从系（糸），为金文或小篆字形，不是“孙”字的最早形态。《说文》依据小篆字形训“系”为续也，恐怕就很难发现其造字本义。其他依据《说文》而来的结论，也由此失去了站稳脚跟的基础。

其次，训“孙”为“子之子”，明显具有局限性。因为从古今文献记载来看，“孙”字的使用，不限于“子之子”（儿子之儿子），如金文中“子子孙孙永宝用”即是明显的例子。固然，儿子的儿女，可以成为“孙子”“孙女”，但跟孙子同辈的亲属，还有“外孙”“外孙女”（女儿的儿子、女儿），“侄孙”“侄孙女”（侄儿的子女），都不是“子之子”，也都是可以称“孙”者。而且孙子以后的各代，也都可以称“孙”，比如，“曾孙”（儿子的孙子，或孙子的儿子，即三世孙，也叫重孙）、“玄孙”（曾孙的儿子，或孙子的孙子，或儿子的曾孙），往下还有“来孙”“昆孙”“仍孙”“云孙”“耳孙”等，都不是“子之子”了。而且“孙”字后来还

① 白川静：《常用字解》，九州出版社，2010年，第288页。

② 徐山：《释“孙”》，《学术交流》2002年第4期。

有泛称的演化，比如“公孙”（与“公子”一样，是诸侯的后代子孙）、“王孙”（与“公子”并用为公子王孙，泛指贵族的子孙后代），等等。甚至，“孙”字的使用，还不限于人类，比如植物之再生孳生的，也可称“孙”，如“孙竹”（竹的枝根末端所生的竹）、“龙子龙孙”（比喻皇室宗亲、帝胄贵族，竹笋和新竹也称“龙孙”）。

马氏之说，注意到了金文中的“孙”字，有些不从“系”而从“幺”，意思也不是“续”，而是“绳”。指出金文有些“孙”字从“幺”是对的，但并非“金、甲文无系字”。甲骨文“孙”不从“系”而从“幺”，金文则或从“系”或从“幺”，从“系”者当是“幺”字之增饰，亦非原来造字本义、原来造字形状了。从“系”可以训“绳”，从“幺”则无从训“绳”了。

白川氏也是把金文、小篆的“孙”字字形当做本义来讲了。其实，如前所述，更早的甲骨文“孙”字从子从幺，而非从“系”。再者，“幺”并非身佩祝咒用饰物，不管什么场合，沒有人会佩戴“幺”的。另外，《礼记》所记“孙为王父尸”是周代礼制，距离此字造字时代恐怕晚了很多。用此礼制倒推“孙”字造字本义，不亦妄哉！况且，祭祀祖先时，不只是祭祀祖父或祖父辈，也可以祭祀亡父或父辈，可以祭祀高祖、远祖、先祖，那么“祭奠祖父时，司直‘尸’职的是孙子，因此‘孙’有了孙子之义”的说法，就显得站不住脚了。

“孙”字从“幺”，为甲骨文和部分金文的字形，应该可以从中发现该字的造字本义。这是徐山考释此字的思路，路径是对的。但是按照《说文》解读，“幺”有微小意，那么训“孙”为“子之幼子”，恐也未能符合“孙”字的实际使用情况。儿子之幼子固然可以成为“孙”，但儿子的已经成人的长子、次子也仍称“孙”。显然，此说也不正确。

四、“孙”字本义探究

我认为，追究“孙”字造字本义，是应该从甲骨文字形入手，而不是依据金文和小篆字形。

细究“孙”字在古文字中的形态，金文似乎可分为两种造型，其一为从子从幺，“幺”在“子”之手状之下；其二亦为从子从幺，然“幺”与“子”分开而不相连属。其实两种字形没有分别，都是会“子”“幺”之意。因为在甲骨文中，“孙”字的两个偏旁都是分离的。“子”之意义是明白的，要了解“孙”的本义，关键在偏旁“幺”究为何意。

由甲骨文、金文字形来看，“幺”字与表示干支的“午”字之一些字形相同，作，但其造字本义不是“午”的作杵头形，而是为单根卷曲的蚕丝。“幺”在甲骨文中是不单独使用的，总是与其他偏旁组合成字。比如二幺相并，即“𢆶”（）字，即双根卷曲的蚕丝，所谓抽丝成线、结线成缕者也，“幽”“几”等字所从。由“幺”而“𢆶”，即有孳生、滋长之意。“𢆶”即“兹”，通“滋”。《说文·草部》：“兹，草木多益。从草，兹省声。”盖《说文》将𢆶加上草字头，用来说解草木滋长之“兹”。则单独之“幺”和双“幺”之𢆶，也均当有孳生、滋长之意。段玉裁《说文解字注》云：“草部兹从𢆶省声。凡水部之滋、子部之孳、鸟部之鹚皆以兹为声。”是说“兹”“滋”“孳”“鹚”，皆从“𢆶”声，依照训诂学“右文说”，这些字也皆有孳生、滋长之意。如《说文·水部》：“滋，益也。从水兹声。一曰滋水，出牛饮山白陉谷，东入呼沱。子之切。滋，古文。”

从文字结构来看，“孙”字与“孳”字至少应该属于近义字，因为两者皆从子从幺从𢆶从兹。“孳”（古文作孳），《说文·子部》：“汲汲生也。从子兹声……孳，古文。”训为“汲汲生也”，也就是逐渐生长的意思。《声类》训为“蕃也”。《尚书·尧典》“鸟兽孳尾”，传曰：“乳化曰孳。”《列子·汤问》：“其民孳阜无数。”《周礼·天官·内宰》：“以其有传类蕃孳之祥。”《汉书·律历志上》：“孳阳万物。”《晋书·乐志上》：“子者，孳也。谓阳气至此更孳生也。”“孳”也通“滋”，故有“孳生”“孳尾”“孳牧”“孳息”“孳孕”“孳殖”“孳蕃”，皆有孳生、滋生、生殖、繁衍之意。“孳孳”又作“孜孜”，也是从子。“孙”与“孳”所从相同，则两者当有相近的意思。两者所不同者，可能“孙”多指人类之生息相传，而“孳”多指动植物之生殖繁衍。

“孙”字从子从幺，则“孙”之本义当会“子之兹（滋、孳）”之意。即由儿子往下孳生出来的孙子、曾孙、玄孙、来孙、昆孙、仍孙、云孙、耳孙等，皆是

“孙”之属也。

这或许就是“孙”字的造字本义。然究其如何，尚有待深考。

（本文作者为南开大学历史学院教授、博士生导师）

孙姓族人的迁徙与分布

⊙黄泽岭

孙姓，是一个典型的多民族、多源流姓氏，据史书记载，孙姓主要源自姬姓、妫姓、芈姓及少数民族改姓等，最早可追溯到3000多年前的周文王与陈胡公，春秋时期卫国的孙乙与齐国的孙书为得姓始祖。孙乙是姬姓孙氏的得姓始祖，孙书是妫姓孙氏的得姓始祖。孙姓在宋版《百家姓》中，排名为第三位。

下面，我来谈谈孙姓家族的迁徙与分布。

一、迁徙的分类

孙姓迁徙大致可分为三类：

（一）以国家或统治者意志为转移的迁徙

1. 赴任迁徙。如《仙源岘阳孙氏族谱》记载，其族源出山东青州，属乐安孙氏。其始祖孙万察在唐朝乾符年间（874—879年）任四川眉州判官，遂占籍眉州万金乡。其子孙熙人任安徽宣道，遂迁居安徽宣州。其卷首“历朝勋臣”记载：约在唐朝末年，其祖先“万民，官河南太守，占籍。……万修，任湖广尉，占籍。万善，任福建，占籍。万寿，任浙江团练使，占籍。万疆，任北燕尹，占籍。万冀，任山东，占籍。万邦，任职凤阳，寓居附籍。万显，任山西同知，居山西，占籍。万品，任上元县簿，占籍”。

2. 戍边迁徙。明代的军籍移民，应属戍边类别，人数高达100多万之巨，乃至成为孙氏定居云南、广西一些边远地区的主要源头。

3. 流放迁徙。判刑流放或可导致其家族的被迫迁居。如《苏州府志》所记载清北闱科场案，常熟人孙旸，“科场事发，为人牵连”，判整个家族流放上阳堡（今辽宁开元县东）。云南《鹤庆县志》记载，当地汉族孙氏，祖籍浙江余姚，始祖孙齐贤，于明洪武初以粮役谪戍鹤庆，后裔遍布附近若干乡镇，至今已传21世。

（二）战争、天灾等社会动乱时期的难民、流民潮造成的迁徙

这种迁徙多数发生在改朝换代的混乱岁月，尤其是北方少数民族入侵之际，有大批中原百姓南迁，如东汉末年至魏晋南北朝、唐朝后期至五代、北宋和南宋末年、元末明初和明末清初。自然灾害产生的流民，在明朝中期数量很大，北直隶、山西、河南、山东、南直隶、湖广、浙江、福建、云南等地区尤为严重。

（三）家族或个人主动进行的觅地垦荒、入城经商等缘由造成的迁徙。

1. 垦荒移民。觅地垦荒主要发生在一些边远地区。有一部叫做《闯关东》的电视剧，该剧反映的就是民国时山东移民闯关东垦荒、经商生存的情况。还有《民国人物碑传》中孙献庭碑记所述，其先祖为直隶（今河北）衡水县人，在康熙、乾隆年间，移民奉天，遂卜居今辽宁昌图县西甘沟子村。

2. 商业移民。明代徽州府约有30万人外出经商，有一半以上商人落籍他乡；苏州一带商人和手工业者外出经商的也不少，两地都是孙姓聚居之地。《民国黟县志》记载，清末，黟县人孙燮在汉口经商起家，而孙光祖去江西饶州（今江西鄱阳县）经营西洋钟表生意，后裔子孙隧落籍客乡。

二、孙姓家族不同历史时期的迁徙分布

孙氏族人的迁徙情况，与古代中华文明由中原向四周辐射的传播路径颇为相似。我们将其分为三个历史时期来研究，一是先秦两汉时期，二是魏晋隋唐时期，三是宋辽元明清时期。

（一）先秦两汉时期的孙氏迁徙分布

我们先从历史最悠久的卫国孙氏谈起，再鸟瞰这一时期各地区的有关情况。

1. 卫国戚邑孙氏

卫国始封之君为周武王的弟弟康叔。公元前 11 世纪，周公东征，平定了商王后裔武庚等的反叛后，把原商都周围地区和殷民七族分封给康叔，卫成为当时的诸侯大国。但到公元前 660 年，卫被翟打败，靠齐国的帮助，迁都楚丘（今河南滑县），从此沦为小国。后又迁都帝丘（今河南濮阳县西南）。卫武公有子惠孙，惠孙之子名耳，为卫上卿，食采于戚（今河南濮阳县北），耳之子乙以祖父字为氏，改姓孙，是为孙乙。该孙氏宗族大约在戚地生活繁衍了近 200 年，从公元前 8 世纪后期到公元前 535 年，最后由于政治斗争的失败，其孙氏宗族的主体部分不得不逐渐迁徙离开，乃至宗族沉沦、家道衰落。

2. 春秋战国时期的孙氏

春秋末期到战国初期，旧的宗法制度逐渐解体，新的社会统治秩序还没有建立，这时人们的迁徙出现一个比较宽松的局面，尤其是一些破落贵族的解体分散，更是推动了这一迁徙现象的发展。另外，因为政治斗争，政治难民也不断出现，再加上刑法的严峻，致使那些政治失败的贵族、士人，被迫离开故国而逃往他国，如孙膑在魏国遭受迫害，不得不逃奔齐国。

战国后期，主要在秦国，随着中央集权专制统治模式的完成，户籍制度的建立，人民开始被禁锢在当地，不准随便迁徙。然而当时却是一个大移民的时代。秦国在扩张过程中，一方面将本国人口迁入新占领区，另一方面又将所灭国人口强制迁移到他处。如《史记·秦始皇本纪》载，秦始皇八年（前 239 年），将原居住在帝丘的卫元君及其宗属迁至野王（今河南沁阳市），濮阳一带的卫国孙氏家族，此时应在迁徙之列。秦始皇二十六年（前 221 年），徙天下豪富 12 万户于咸阳，孙氏本为各国诸侯后裔之贵族，这 12 万户中也包含了一些孙氏富豪。

3. 两汉时的孙氏迁徙分布

经过春秋战国和秦汉时期的迁徙，两汉时期孙氏族人的分布地区已相当广阔。

在户籍管理日益严格的秦汉时期及之后的社会中，有因授地方官而举家迁往就职，它成为国家平稳时期一些家族得以迁徙的主要方式。西汉时，有许多功臣封侯，其后裔大都能入籍于当时政治文化中心的陕西关中。如《汉书·高惠高后文功臣表》载，沛县人孙赤随同乡刘邦起兵打天下，因战功被封堂阳侯，其子孙德嗣位，后因有罪被免侯爵。其曾孙孙明，在汉宣帝时注籍关中霸陵，孙赤家族因而迁移入籍陕西。相应的也有因犯罪被流放而迁出关中者。如《汉书·息夫躬传》记载，长安人孙宠，为人奸诈，因诬告东平王刘云谋反，迁南阳太守和封方阳侯，后事发被废侯爵流徙合浦。

秦末汉初，由于受战争影响，中原向辽东和朝鲜半岛的移民已有一定规模，《后汉书·东夷传》称："燕、齐、赵人往避者数万口。"直到东汉末年的战乱时期，仍有百姓流亡此地，山东半岛有人渡海而迁辽东。西汉末年，王莽改制，使社会经济遭到很大破坏，此时有大批农民被迫流入西南夷居之地。据《南中志》记载，当时内地无法生活或遭政治迫害逃到云南者，数量不少。《三国志·吴书·士燮传》载："先祖本鲁国汶阳人，至王莽之乱，避地交州。"汶阳位于今山东宁阳县东北，交州乃今两广和越南北部地区，士燮遂成为"苍梧广信（今广西苍梧县东）人"。东汉末年，迁徙岭南两广地区避难之人更多，如《三国志·蜀书》载，汝南人许靖就曾带着一批亲友"走交州，以避其难"。《三国志·魏书》记载，陈郡（今河南淮阳县）人袁涣之弟袁徽诸人，亦因"遭天下乱，避难交州"。总之当时民众之迁徙已达中国的最南端。在这些流民中，是否有孙姓族人，因缺乏史料而无法判断。不过可以肯定的是，在燕、齐、赵人向辽东的移民中肯定有孙氏族人，所以《三国志·吴书》中便出现了辽东的"阆中令孙综"。

作为孙武和孙膑祖籍地的山东地区，有关孙氏族人迁徙的记载最多。《后汉书·桓帝纪》出现了司空孙朗，为北海（今山东昌乐西）人，孙朗官至三公，其在山东北海的族人很兴盛。如北海高密《汉安平相孙根碑》云："府君讳根，字元石。司空公之伯子，乐安太守之兄子，汉阳太守侍御史之兄。"其中"司空公"即孙朗，可见其家族中为中高级官员者不少。《三国志·魏书·王修传》载：东汉初平（190—193年），王修为山东高密县令时，"高密孙氏素豪侠，人客数犯法。民有相劫者，贼入孙氏，吏不能执。因孙氏拒守，吏民畏惮不敢近。修令吏民：'敢有不攻者与同罪。'孙氏惧，乃出贼"。可见该支山东北海高密孙氏家族势力之强。

总之，两汉时江、浙、皖都已出现孙氏族人，尤其是在长江三角洲一带，应是孙武后裔的生活区域。

楚国孙叔敖家族的发展和迁徙的情况，史书中几乎没有什么记载。唯宋代洪适《隶释》中有载：孙叔敖有三子，长子居食邑固始；少子居楚国的都城郢，所在地江陵，即今湖北荆州。东汉时，孙叔敖的裔孙孙武伯，曾任渤海太守。武伯有二子，长子字伯尉，少子字仲尉；伯尉有一子六孙，仲尉有二子，其中一子也有六孙，所叙子孙名字甚详。其中一些子孙“不仕学治产”，经营工商业，扩大了其活动范围。孙叔敖的后代家族主要分布在今河南的南部与湖北的大部，这一支芈姓孙氏到汉代已有一定发展，家族规模相当可观。

《汉书·孙宝传》载，孙宝官至京兆尹、大司农，为颍川鄢陵（今河南鄢陵北）人。《汉书·百官公卿表》有执金吾孙云，河内（今河南武陟西南）人。《后汉书·儒林列传》中，有学者孙堪，河南缑氏（今河南偃师东南）人。加上前面卫国孙氏和楚国孙叔敖的后人，可以肯定，河南各地孙氏家族不在少数。

《汉书·百官公卿表》有京兆尹孙意，清河（今河北清河东南）人。《尚友录》载，以“头悬梁”刻苦读书闻名的孙敬是汉代信都（今河北冀州市）人。《后汉书·宦者列传》中首谋拥立济阴王称帝（即汉顺帝）的太监孙程为涿郡新城（今河北平乡县西南）人。《三国志·魏书·董昭传》载东汉末年，董昭领钜鹿郡时，“郡时姓孙伉等数十人专为谋主”，可见当时孙姓已为钜鹿大姓。两汉时期的河北，孙氏族人也开始在这里繁衍拓展，河北清河成为孙氏的著名地望。

下面我们来看一下中原以外地区的情况：《史记·南越列传》载：“越郎都稽得嘉，封为临蔡侯。”《汉书·西南夷两粤朝鲜传》同样有载，所谓“越郎”，孟康注：“越中所自置郎也。”而《史记·建元以来侯者年表》与《汉书·景武昭宣元成功臣表》都称为“临蔡侯孙都”。汉武帝时，南越相吕嘉反叛，郎官孙都率众降汉，且追擒吕嘉，元封元年（前110年）得封临蔡侯。既然孙都初为南越自置郎官，估计为当地南越（即今两广和越南北部一带地区）人。《后汉书·南蛮西南夷列传》载，汉武帝末年，珠崖（今海南省）太守会稽人孙幸调广幅布献朝廷，当地少数民族群众不堪奴役，聚众起义攻打郡邑，杀死孙幸。孙幸之子孙豹遂重整队伍，率军回攻破城，自领郡事，讨击余党，连年乃平。孙豹遣使封还其父印绶，上书报告了事情的经过，朝廷制诏即以孙豹为珠崖太守。此后孙豹威政大行，每岁进献不断。说明会稽（今浙江绍兴）人孙幸、孙豹一家已因官任而居珠崖。

《后汉书·杨震列传》载有辽东（今辽宁南部）太守孙了。《三国志·吴书》载：嘉禾元年（232 年），“魏辽东太守公孙渊遣校尉宿舒、郎中令孙综称藩于权，并献貂马”。此郎中令孙综是辽东本地人，可以说此时的东北地区也已见孙氏。

两汉时，孙氏族人在西部地区为官者也频频出现。如西汉时，孙宝曾任益州（今四川云南一带）刺史、广汉（今四川金堂县）太守。孙会宗曾为安定（今宁夏固原市）太守。孙諠在文帝时任北地都尉，驻军今西北甘肃一带，后力战匈奴阵亡。孙建在成帝时出任护军都尉，以威重著称西域。东汉时，孙俊为安定（今甘肃临洮县）太守。当然不是所有官员都会将家族迁往和定居于其任官所在地，或遇突发事件时，也不得不定居下来。《新唐书·宰相世系表》载，西汉末年，山东乐安孙福为太原太守，“遇赤眉之难，遂居太原中都”。

（二）魏晋隋唐时期的迁徙分布

这是孙氏族人在东南地区有效扩展和繁衍的时期，原因自然在于东吴政权的建立；这也是一个战乱频繁的年代，北方人因此大量南徙。从唐朝末年开始，孙中山的先祖也在这一浪潮中，向南方逐步挺进。

1. 东吴孙氏族人的扩散

东吴孙氏政权的建立，其政治中心先定都武昌（今湖北鄂城），后迁都建业（今江苏南京），同时将其心腹官员分领江东各地，富春（今浙江富阳）孙氏族人开始向江东各地扩散，主要聚居在其控制地各区域政治文化的中心城镇。

建安四年（199 年），孙策在打下豫章郡（今江西省）后，又分设庐陵郡（今江西吉水县东北），而任堂兄孙贲为豫章郡（治今南昌）太守，孙贲之弟孙辅为庐陵太守。孙贲死后，儿子孙邻嗣位。孙邻九岁就代领豫章。孙贲家族在今江西南昌生活了 30 余年。其曾孙孙惠，在吴亡后“寓居萧沛之间”，即今江苏与安徽一带。

建安九年（204 年），孙权的堂兄孙瑜，领丹阳郡（治今安徽宣城）太守。孙瑜有五子：孙弥、孙熙、孙耀、孙曼、孙纮。孙曼官至将军，封侯，连其子孙在内，孙瑜家族居今安徽宣城也至少有数十年之久。

孙瑜弟弟孙皎，据《三国志 · 吴书 · 宗室传》载，因战功“赐沙羡、云杜、南新市、竟陵为奉邑，自置长吏”。该地在今湖北武昌西面的金口、京山县、潜江县一带。建安二十四年（219 年）孙皎死后，其弟孙奂代统其众，以扬武中郎将领江夏太守，郡治沙羡。嘉禾三年（243 年）孙奂去世，其子孙承嗣位，以昭武中郎将领郡。赤乌六年（243 年）孙承过世，以其弟孙壹袭位为将，至太平元年（256 年）避祸奔魏。孙皎、孙奂家族在湖北生活的时间也有数十年。

还有官拜威寇中郎将，领庐江太守，镇守皖城（今安徽潜山县）的孙河，也是吴郡人。孙何，本姓俞，因作战勇敢，深得孙坚、孙策宠爱而赐姓孙，且列入富春孙氏族谱，后拜将军，屯守京口（今江苏镇江）。孙河有四子：长子孙助，官仁曲阿（今江苏丹阳县）长；次子孙谊，任海燕（今浙江平湖市乍浦）长；三子孙桓，最为出色，以功拜见武将军，封丹徒侯，驻军牛渚（今安徽当涂县西北）；少子孙俊，为定武中将郎，驻军薄落。他们的后裔以后扩散到更为广阔的地方。

孙权共有七子，大儿子孙登为太子，但 33 岁就去世了。二儿子孙虑，20 岁就过世，无子。三儿子孙和，曾立为太子，但孙权为立少子孙亮，将孙和无辜贬黜，太元二年（252 年），又将孙和改封为南阳王，据长沙。孙亮即位时，便被孙和赐死。后来孙和长子孙皓侥幸得立为帝，统治残暴，终为晋所灭。孙皓降晋，被迫举家北迁洛阳，被封归命侯。不过，孙皓还有弟弟孙德、孙谦等，估计还应留在江东。四儿子孙霸，曾被封为鲁王，与太子孙和争宠，事败赐死。孙霸有二子：孙基、孙壹，他们与祖母谢姬迁居会稽乌伤县（今浙江义乌市）。五儿子孙奋封为齐王，居武昌。孙权死后，孙奋迁南昌，后又迁往芜湖、章安县（今浙江临海县东南），封为章安侯。六儿子孙休为琅琊王，居虎林（今安徽泄州市贵池区西）。永安元年（258 年），孙休即位，为吴景帝。《三国志 · 吴书 · 三嗣主传》记载：甘露元年（265 年），孙皓即位后，先“逼杀景后朱氏……又送休四子于吴小城，寻复追杀大者二人”。孙休四子中，两个大的被杀，两个小的及其后代大约一直生活在吴地（今浙江一带）。

可见，孙权后代主要散居于江浙一带，有一支北迁洛阳。

另外，当时东吴孙氏北迁的，并不止孙皓这位末代君主。吴太平元年（256

年)，孙权堂弟孙奂之子孙壹就已率家奴千余口避祸奔魏，被封为车骑将军、武侯。建衡二年（270 年)，孙权弟孙匡之孙孙秀，带领妻、子、亲兵数百人奔晋，被封为骠骑将军、会稽公。天玺元年（276 年)，孙韶之子骠骑将军孙楷，也带领妻、子家属及亲兵数百人归晋，被任为车骑将军，封丹阳侯。东吴被晋灭后，还有部分孙氏官员往北方任职，如孙河的曾孙孙丞，在吴为黄门侍郎，吴灭赴洛阳，为范阳涿（今河北涿州市）令。可见东吴孙氏在后期，因政治原因而北迁者不在少数，也为孙氏的传播兴旺提供了最为直接的可能。

2. 魏晋南北朝时期的迁徙分布

东汉末，关中长安及中原地区战乱不止，北方民众纷纷拥向江南，多者达“男女万众”，少者也“以百数”。而荆州相对比较安定，《三国志・魏书》记载：“关中百姓流入荆州十余万家。”《后汉书・刘表・传》记载：“衮、豫学士逃荆州依刘表者，数以千计。”当时中州避乱迁江东者，数量达 70—80 万人。东吴政权的首位丞相孙邵，并非富春孙氏集团的宗族成员，而是北海（今山东昌乐西）人，当过北海相孔融的功曹，随扬州刺史刘繇来到江东，后投归东吴政权。曾做过庐江太守，被孙权选拜为丞相。

而从河南的南阳、山西的三辅之地，迁徙到西南益州（今四川一带）的也达万户。蜀汉刘备手下大臣孙乾，也是北海人，刘备领徐州时，已辟为从事，后长期随从谋划政事。刘备收取益州，政权稳固后，孙乾自从事中郎升为秉忠将军，在谋臣中地位颇高。山东北海人孙乾可谓是迁居四川孙氏的较早先祖之一。

西晋“永嘉之乱”引发的北民南迁，一直延续到南北朝时期，这是秦统一中国后规模最大、数量最多、时间最长的人口迁移。公元 316 年，匈奴族刘聪灭西晋，晋室被迫南迁，建都建康（今江苏南京)，是为东晋。大批北民举家随族渡江南下避乱，一些士族、地主纷纷率家族、部曲迁往江南。这股流民南下的浪潮此起彼伏，一直持续了 170 余年，场面蔚为壮观。据有关文献记载，南迁的人口在 90 万人以上，有些史家估计当时豪强地主隐匿人口较多，迁徙人口可能达一二百万之多。

永嘉之乱时，北方许多孙氏家族随着南迁的官员、军队和民众一起渡江南下以避乱。如太原中都（今山西平遥）的孙氏举家移居江东，孙统、孙绰、孙盛诸兄弟定居会稽（今浙江绍兴）。孙盛之子孙潜、孙放，孙潜后为豫章（治今江西南昌）太守，孙放官终长沙相。山东东莞（今山东莒县）的孙谦家族一度侨居历阳（今安徽和县）。

据有关资料分析，当时自河南、河北、陕西等地南下的人口，以侨居江苏的为最多，约有二三十万；流入安徽约一二十万。还有湖北、江西等地也不少。此后孙氏族人的南迁行程依然持续。东晋末年，为五斗米道起事的孙泰、孙恩叔侄为琅琊（今山东临沂）人，而其活动的区域是在江浙一带。《南齐书》记载："孙淡，太原人也，居长沙。……豫章王领湘州，辟骠骑行参军。"孙淡是从山西迁往湖南的。《梁书·儒林传》记载："时北来人儒学者有崔灵恩、孙详、蒋显，并聚徒讲说。"当时北方的著名学者大批南下，孙详亦为其中之一。

也有往西和往北迁徙者。《晋书·孙旂传》记载，孙旂曾任荆州、兖州刺史，迁平南将军。孙旂有弟弟孙尹，字文旗，历任陈留、阳平太守。并记叙了其子孙弼，侄子孙髦、孙辅、孙琰四人，称于当世，遂与赵王心腹孙秀合族，又与孙秀、赵王司马伦合谋篡位，司马伦废帝自立，诸子俱封将军，赐开国郡侯，并推孙旂为车骑将军。最后齐王司马冏等兵起，司马伦兵败被杀，四子皆伏诛，孙旂也被问斩。该族为避赵王伦之难，遂北移徙居昌黎（今辽宁义县）。

后乐安孙氏又有一支徙居武邑武遂（今河北武邑县）。《周书·张轨传》记载，轨"初在洛阳，佳品，与乐安孙树仁为莫逆之友"。可见，山东乐安的孙树仁家族在北朝时迁居洛阳。这说明山东乐安孙氏也有往西迁移的。

《宋书·褚叔度传》记载，景平二年（424 年），"富阳县孙氏聚合门宗，谋为逆乱，其支党在永兴县，潜相影响"。其中首脑人物有：冠军大将军孙发亮、建威将军孙道仲、孙公喜、孙法杀、左司马孙道覆、宁朔将军孙伦等，其军攻击富阳、永兴、山阴、钱塘诸地，声势不小。失败后，官府"分别善恶，执送愿徙贼余当数百家于彭城、寿阳、青州诸处"。彭城即今江苏徐州。寿阳为今安徽寿县。青州原为山东益都，东晋侨置于广陵县，位于今江苏扬州西北。这是统治当局将南方孙氏族人惩罚性地向北流放。

北朝战乱中的各政权，常以掠夺性手段获得本国内部和迁移对方的人口，用于补充兵源和充当奴隶；同时在本国内部也进行一些强制性迁移，将人口迁至都城周围或其他指定地点，以充实某些必须增加人口的边缘地区。这些迁移就其频繁程度和规模而言，都是空前的。南北朝时期，内地战乱不止，人民不胜徭役之苦，中原农民大量向周边地区迁徙，如偏僻的云南姚州就有中原流民2000多户。

3. 隋唐五代时期孙氏族人迁徙情况

隋末唐初的战乱，也有大量流民迁向长江流域和岭南地区，甚至到辽东、高丽、突厥诸地区，黄河中下游地区人口大减。如贞观三年（629年），流亡唐境外的流民回流和遣返的就达120余万人。据《新唐书·宰相世系表》诸书记载，山东乐安孙氏有一支迁徙至河北清河，致使清河成为孙氏的著名郡望；唐武德（618—626年）中，清河孙氏中又有一支“子孙因官徙汝州郏诚”，即今河南郏县。据《元和姓纂》卷四记载：在徙居河北武邑的孙氏族人中，在隋唐之际又有一支徙居上党涉县（今河北涉县西北）。

一些地方志与家谱记载，唐总章二年（669年），南方泉州、潮州间山民骚乱。朝廷诏左郎将陈政为岭南行军总管，率河南固始一带府兵3600人前往镇抚。后因水土不服，作战失利，朝廷又命其兄弟陈敏、陈敷再率固始“五十八姓”军校增援。仪凤二年（667年），陈政病卒，其子陈元光代父领兵，屯垦建宅，开垦漳州，诸军便在这里定居落籍，其中有河南固始孙氏。查《全唐文》记载，陈元光为河南光州人，高宗朝以左玉卫翊府左郎将戍闽，迁岭南行军总管，其“请建州县表”谓：“幸赖先臣绪业，叨蒙今日国恩。”垂拱四年（688年），陈元光又擢漳州刺史。

唐“安史之乱”引起第二次由北向南的大规模流民潮。李白《为宋中丞请都金陵表》谓：“天下衣冠士庶，避地东吴，永嘉南迁，未盛于此。”《唐代墓志汇编》孙起墓志记载，唐建中以后，该支已徙居上党涉县（今河北涉县西北）的乐安孙氏中，有一支迁居江南。

唐朝以后，迁入四川的孙氏家族已不少，如唐散文家孙樵，原籍关东（今河南灵宝市东），后迁居遂州（今四川遂宁）。据宋参知政事孙抃墓志铭载，孙抃原籍浙江富春，其七世祖孙朴，仕唐武宗、宣宗之世而徙居长安，其子孙长孺任彭山令，因唐季多故，子孙遂迁入四川眉山。长孺喜藏书，建有书楼，眉山人号其家曰“书楼孙氏”。《止斋文集》陈良傅跋朱宰所藏孙介画云，唐僖宗广明元年（880年），时黄巢起义爆发，画家孙介之避乱迁蜀。唐末画家孙位，会稽（今浙江绍兴）人，也在黄巢起义后从长安避难入蜀，定居成都。《宋史·孙光宪传》记载：“孙光宪，字孟文，陵州贵平人，世业农亩，惟光宪少好学。”陵州贵平即今四川仁寿县东北贵平市。孙光宪为五代时人，累官至检校秘书监兼御史大夫，后出任黄州刺史。“世业农亩”说明其家族定居四川已多时，孙光宪有二子，孙谓、孙谠，并进士及第。可以估计，其家族为四川孙氏一大家族。

我们看到，今天南方以唐朝晚期的孙万登为先祖的家乘不少。如《斜河孙氏宗谱》等称，孙万登是青州乐安人，为隋都官堂书、光禄大夫孙仲瑜的七世孙，是乐安孙氏的嫡系后人。孙万登在唐僖宗时任金吾上将军，咸通四年（863年），南诏两陷交趾，杀虏十余万人，朝廷发兵御敌，孙万登率山东青州兵抵南土平蛮。咸通七年（866年）破南诏而凯还，道经新安之休宁（今安徽休宁），爱其风土之美。以后政局更为动荡，战乱不止，孙万登去官离职后便率家族南下，自山东青州（今益都县）迁居休宁黎阳乡之唐田。今南方江、浙、皖一带许多家族，便是此次乐安孙氏南迁族人的后代。该族人不但广布安徽的休宁、歙县、婺源、祁门、贵池、全椒、宁国等处，同时还散迁至江苏的无锡、常熟、南通、通州、张家港、涟水及上海的松江，江西的德兴会昌，湖南的湘潭韶山等地。

唐末，黄巢起义，战事频繁，北方民众南徙有增，一些人从河南、安徽、湖北、江西迁至皖南、赣东、福建、广东诸地。僖宗末年，有王绪者自称将军，攻陷河南光州固始县，当地人王审知、王潮率民众千余人随王绪渡江入闽，后王潮杀王绪为帅，任福建观察使。王潮病死，王审知继位，梁朝开国，封为闽王。福建泉州有一些孙氏家谱称，其先祖乃随王审知入闽的河南固始籍民。如惠安《玉堂孙氏族谱》称，其先祖于唐末自河南光州固始入闽，肇始于福清，再迁泉州东桥，而后衍派晋江、同安等地。《晋江莆田孙氏族谱》记载，其先祖原籍河南光州固始，唐僖宗时由河南徙闽，肇始于温陵（今泉州市），成为望族。

河南光州固始孙氏迁闽还有许多支家族，如《北都孙氏宗谱》称，其先祖孙月，为河南光州固始县人，唐代中期避朱泚之乱，徙家福州长溪。《柳塘记》记载，其先祖孙朱，实籍河南光州固始县，唐五代战乱之时由河南徙闽之福清，再转徙泉州之东门。《鹤山集》“孙和卿墓志”亦载，墓主世居光州固始，唐末迁福州长溪县等处。《安溪狮渊孙氏族谱》记载，其先祖孙顺仁，原籍河南光州固始县，后周时由河南辗转入闽，卜居泉州府安溪县长泰里狮渊乡，后裔分迁周围地区与海外。另外，《晋江青阳孙氏族谱》记载，后晋兵部尚书孙严率家族避乱迁闽，徙居侯官建安郡（今福建晋安市），有三子：长子孙璠，迁同安（今厦门同安）；次子孙玞，迁晋江青阳（今晋江市青阳镇）；三子孙玭，迁嘉禾（今厦门五通），后裔分布福建各地。

今天江南的许多家谱还以五代后唐的三司使孙岳为先祖，如《余姚孙境宗谱》称，孙岳由睦州（今浙江建德市）徙居越之余姚（今浙江余姚）梅川乡。而《旧五代史本传》称，孙岳为冀州（今河北冀州市）人，不知该族何时由冀州迁往睦州，也就是由北方的河北迁往南方的浙江。我们分析，本传称孙岳在后唐曾任颍、耀二州刺史、阆州团练使，再迁凤州节度使，最后回京城开封任三司使，不久便在权力斗争中被害。孙岳所任职地方属安徽、四川和陕西诸地，都远离浙江，且浙江之地时为吴越国所占据，孙岳作为后唐的重要官员绝不可能迁居吴越国。所以估计应是孙岳被害后，其子孙因避难而迁徙浙江，乃至余姚，而家谱则记其祖先孙岳南迁，因孙岳有名声地位。此后该族在余姚有很大的发展，并向四周扩散。《余姚孙境家谱》谓：“其后子姓散处，则有嵊县派、烛湖派、云南派、四胜派、马堰派、武清派、上村派、山南派、慈溪派、舟山派、直隶派、新城派。”其中，除浙江嵊县、舟山、慈溪、嘉善、绍兴、宁波诸地外，还有远迁云南、直隶（今河北）者。

（三）宋辽元明清时期的迁徙分布

1. 宋辽时期的移民

五代时期，辽曾数次南下，攻入黄河流域，将俘掠的中原人民迁入自己统治的东北与燕云地区。金统治者在不断南侵的过程中，也将俘获的汉人不时强迁东北“实内地”，一次甚至有数万之众。1127 年金灭北宋时，又将宋皇室与工匠 3000 余人北徙五国城（今黑龙江依兰县）。金军从汴京北撤时，更将“华人男女，驱而北者，无虑十余万”，其中各式人才都有，尤其多手艺工匠，上京会宁府（今黑龙江哈尔滨市阿城区白城）三万余户几乎都有汉人奴婢。这一时期东北地区的汉族大量增加，与各族杂居，汉人在数量上可能已成为第一大民族，由于河北、河南、山西、山东一带都有孙氏地望，有一些孙氏族人进入东北地区应在情理之中。

北宋末年，金兵南侵的“靖康之难”导致第三次流民南迁浪潮。宋室南迁，徙都临安（今杭州），引发北方流民的持续南移，史书言：“中原士民，扶携南渡，不知其几千万人。”有的迁居江浙，有的避入荆湖，有的直徙岭南。宋人庄绰《鸡肋篇》记载：“建炎之后，江、浙、湖、湘、闽、广，西北流寓之人遍满。”这次移民潮规模比前两次都大，对近代经济文化的影响也最为深远。

《宋诗纪事》记载，开封人孙皓，南渡后家于会稽（今浙江绍兴）。《后村集·孙花翁墓志铭》记载，开封人孙惟信，南渡后家居婺州（今浙江金华）。《至顺镇江志》记载，南宋匠作监孙应凤和参知政事孙附凤兄弟，及其子孙规、孙矩、孙煜等是淮西人，南迁寓居江苏镇江。《溧阳孙氏宗谱》记载，其始迁祖孙旭，宋嘉熙进士，仕吏部文选司敕授徵仕郎，为北宋龙图阁大学士孙奭之九世孙，其祖上世居博平（今山东聊城），在宋室徙都临安时，南渡隐居平陵（今江苏溧阳市西北），该族在平陵卜居300余载，“子姓日繁，支派愈多，迁徙无定”。

《云阳幸家巷孙氏宗谱》“历世先贤序”说：“自宋室南迁，嗣子形散处四方，有迁于杭州、婺州者，有迁于睦州、三衢者，有迁于抚州、广信者，有居饶州、建昌者，有居福州、建宁者，有居山东、洪洞者，有居苏州、云间者，有徙于建康、毗陵者，有居广德、歙州者，有徙于河南、陈州者，有居于宁波、绍兴者，皆出于广东新会之派也。”

2. 元朝时期的移民

元初，蒙古骑兵在中原大地残酷屠戮，元代史官虞集曾说：“蜀人受祸惨甚，死伤殆尽，千百不存一二。”还把大批掳掠的或投降的中原人民迁往北方充作奴隶，如一次就将河北十余万家迁至漠北，安置于土拉河之地。兵燹之后，中原和四川诸地区人口锐减。由于蒙古军队对这些地区的人民进行恐怖摧残，民众遭受空前的灾难，而使许多北方、四川地区的幸存者纷纷南迁或外逃。据元初的户籍统计，中原北方仅135万余民户，南方为1184万余民户。福建德化县《乐陶孙氏族谱》记载，其先祖原居荆阳之间，而后随宋幼主入闽，先居全州之南街，后移居安溪，又有支族分徙仙游、永春、福清等地。明万历年间，始祖孙桐梧入赘德化县乐陶坂（今浔中镇隆泰村），始开乐陶孙氏之一脉。此时开始，一些孙氏家族陆续前往广安地区。

3. 明朝时期的移民

明初在灭元战争后，又一统天下，创建了卫所军制，将100多万军队驻守于全国各地，皆携带家属另编军籍，分给土地而定居于戍地，世袭为军户逐渐成为土著，从而完成此规模颇大的军籍移民。其军队来源于多方面，既有原起义军将士，也有元军归附者，还有征兵而来和因罪谪发者，其中不乏孙姓将士。如《楚南孙氏族谱》记载：其家原籍北京直隶省顺德府内丘县（今河北），明洪武元年（1368年），先祖孙成调任辰州（今湖南）千所百户，实授官诏信校尉，见当地层峦叠翠，风水甚佳，遂举家迁去，占籍辰州。后裔尊孙成为迁楚南辰州始祖，后代广布这一带村镇，成为望族。云南、广西诸汉人稀少的边地，其孙氏之源头，也往往与此有关。另外，明初也时派一些医生、工匠与军队同往边疆，如东北努尔干都司在特林修建永宁寺和立碑，其汉族工匠中就有画匠孙义。

明初还进行了大规模的政府组织移民，黄淮地区由于战争的摧残，人烟稀少、土地荒芜，便移江南数十万人至此，构成东南地区的江、浙、皖、赣诸省人民向北、西输入黄河、淮河流域的迁移局面。在华北，又从山西和山东东部地区输入河北、河南和山东西部，山西洪洞县民被移居四方的故事尤为著称。河南南阳府《舞阳县地名志》马桥乡中，录《孙氏家谱》说："我始祖于明初自山西洪洞县迁舞，居于石桥村，再迁于此。"今河南《栾川县志》亦记载，该县潭头乡大王苗孙氏家族，便是明初由山西洪洞县迁嵩县，再转迁本地。明初移民规模达数百万乃至千万之巨，在历史上是空前的。

4. 清朝时期的移民

清朝破产农民的流向主要是自河北、山东流向东北，自湖广流入四川。清军和大批满人入关，东北人口大减，土地荒芜。顺治初年就屡次下令"招徕流民"垦荒，至1657年颁布了《辽东招民开垦例》，以减免税等诸政策鼓励移民，有谓"燕鲁穷氓闻风踵至”，除农业外，还有采参、狩猎、淘金诸谋生者。康熙七年（1668年）开始，一度把东北列为禁区，禁止汉人流入，但违禁前往的农民没有因此停止。咸丰年间又部分开禁，到光绪二十六年（1879年），完全开禁，闯关东的中原流民犹如洪潮般拥入。乾隆三十六年（1771年），东北全区人口才83万，到光绪末年，人口猛增到1640万，其中孙氏族人不少。

三、当代孙姓的分布

全国三十多个省市区都有孙姓分布，其中以东北三省、山东、河南、河北、安徽，江苏、浙江等地为多。

东北三省：

黑龙江的孙氏，主要分布于佳木斯市、伊春市、克山县等，其中孙氏在佳木斯为第五位大姓，有32000余人，占总人口数的5.3%；在伊春为第六位大姓；在克山县为第六位大姓，约5000户，占总户数的4%左右。在宾县，孙姓列第九位，有2681户，占总人口数的2.13%。

吉林省的孙氏，集中于长春、吉林、通化、舒兰、永吉、德惠、抚松、榆树、伊通、延吉、怀德、农安、磐石、柳河、延边等地。

辽宁省内，在新金县，孙氏为第六位大姓，1985年有37727人，占总人口数的4.82%。桓仁县，孙氏为第五位大姓，有1—2万人，占总人口数的近5%。灯塔市孙氏列第九位，1987年有2687户，占总户数的2.11%。

山东省：

山东是中华孙姓的主要发源地之一，孙姓在各地的分布相当稠密。乐安大约在惠民、广饶县一带，东莞在今山东沂水县境内，如今这里的孙姓人口分布依旧密集。在惠民、广饶县一带，以孙氏命名的村庄和保存下来的孙氏家谱相当多。据1985年调查统计，广饶县孙姓人口近2万人，约占总人口数的3%。

孙姓人口在山东位居前五名的县市有：济南台儿庄区、海阳县等，孙姓排第三位；文登市（据1985年统计，本市孙姓人口为35000人，占总人口数的4.98%）、梁山县、莒南县排第四位；莱州市（据1985年统计，本市孙姓人口为48126人，占总人口数的5.54%)、诸城市（据1987年统计，本市孙姓人口为4.5万左右)、临淄区（据1985年统计，孙姓人口为20927人，占总人口数的4.22%)、高密市（据1985年统计，孙姓人口为1万人以上)、平邑县（据1985年统计，孙姓人口为1万人以上)、潍坊市、栖霞县等排第五位。

孙姓人口排列在第六位的县市有：安丘市（据1985年统计，孙姓人口为7496户，占本县总人口数的3.27%)、泗水县（据1988年统计，孙姓人口为10365人，占本县总人口数的1.94%)、茌平县（据1985年统计，孙姓人口为5000人以上，约占本县总人口数的1.4%)、烟台市、莱西市、东平县等。

孙姓人口排第七位的县市有：蒙阴县（据1987年统计，孙姓人口为12336，约占本县总人口数的2.79%)、金乡县等。

其他市县：青州市排第九位（据1987年统计，孙姓人口为1万人以上)、肥水县排第十位、新泰市（据1985年统计，孙姓人口为1万人以上）与利津县（据1985年统计，孙姓人口为996户，占总户数的1.7%）排第十三位、临城县（据1990年统计，孙姓人口为1660人，占总人口数的0.94%）排第十五位；成武县（据1985年统计，孙姓人口在5000以上，约占总人口数的1.4%）排第十七位。

河南省：

河南是孙姓族人的主要发源地，卫国孙氏在河南北部，而另一支主干楚国孙氏有部分源头在河南南部。孙姓现仍是当地的大姓之一。

孙姓在商丘市区排名第四位，在整个商丘市孙姓为第五大姓。在浚县，孙姓排第六位，人口约18500人。在孙叔敖家乡固始县，孙姓为当地第八大姓，有关孙氏的村、镇等地名也有11处之多。在舞阳县（据1985年统计，孙姓为2203户，占本县总人口数的1.91%)、武陟县（据1985年统计，近1万人，约占本县总人口数的1.8%）孙姓排名第九位。在濮阳、汲县、卫辉市一带及洛阳、开封、郑州诸地的孙姓家族也不少。卫辉市孙氏排第十一位。

在栾川县，据1990年统计，孙姓人口位列第十二位，有4904人，占总人口数的1.8%左右。泌阳县排在第十二位。孙姓排名在当地列第十三位的有许昌县（据1982年统计为2984户，约占总户数的2%)、登封市（据1988年统计为10313人，占总人口数的 1.97%)、灵宝市（据 1997 年统计，孙姓约占本地总人口数的 1%)、泌阳县。

在郏县，孙姓人口排名第十五位（据 1982 年统计为 6547 人，占总人口数的 1.39%)；获嘉县为第十七位。在济源为第三十位（据 1990 年统计为 4499 人，占总人口数的 0.78%)。

除上述市县外，在当今河南的商丘、驻马店、西平、杞县、西华、封丘、偃师、洛宁、淮滨、沈丘、尉氏、鹤壁、襄城、南阳、安阳诸地，孙姓人口也都有较集中的分布。

河北省：

河北在历史上也是孙姓居住较为集中之地，河北清河曾是南北朝至隋唐时期孙姓著名郡望之一，位于现河北的清河县和山东临清市一带。在当代孙姓仍是当地大姓之一。

孙姓人口在当地排名前五位的市县主要有：海唐县排第二位（据 1988 年统计为 17320 人，占总人口数的 13.42%)。孙姓人口在本地排名在第五位的有：武张县（据 1987 年统计，为 8735 人，占总人口数的 4.63%)、清河县（据 1988 年统计，为 12492 人，占总人口数的 4.36%)、卢龙县（占总人口数的 4.5%左右)。清河县是孙氏的著名郡望之一，这里仍有 4%以上的比例，并且有孙庄镇、孙洼镇、孙石佛村、孙家洼村等聚居区。

排名在第六位的市县主要有：围场县（据 1987 年统计，为 15443 人，占总人口数的 3.1%)、南皮县（据 1990 年统计，为 7805 人，占总人口数的 2.65%)。

排名第七位的市县主要有：大城县、怀安县、玉田县、黄骅市、盐山县、任丘市、滦平县。排名第八位的市县主要有：万金县、南宫市、遵化市、灵寿县。排名第九位的市县有：定兴县。排名第十位的市县有：文安县、雄县、乐亭县、冀州市。

排名第十一位以后的市县主要有：石家庄市（第十一位)、藁城县（第十一位)、正定县（第十一位)、大名县（第十二位)、吴桥县（第十二位)、大厂县（第十三位)、晋州市（第十八位)、高邑县（第二十位)、滦南县（第二十二位)。

除上述地区外，承德、枣阳、沧州、献县、唐山、蠡县、涿州、新城、肃宁、涞源、沧县、廊坊、固安、磁县、青县、内丘、保定、安次、丰润、顺平县、容城、丰南、抚宁、宁晋等，孙姓也有相对集中的分布。

江、浙一带：

江苏自三国时期就成为孙姓的集中居住地。当代孙姓主要集中分布于长江沿岸各市县，特别是苏南地区为最。

在苏南地区，孙姓主要集中居住地有：镇江、丹阳、常州、无锡、苏州、常熟、宜兴、句容、吴江、张家港、江阴等地。长江以北主要集中居住地有：南通、江都、扬州、泗洪、涟水、沭阳、丰县等。

浙江富春（富阳）是南北朝至隋唐时期孙姓著名郡望之一，浙江省自三国东吴孙权称帝以来，孙姓就是当地的大姓之一，在当代更是如此。自古以来，这里的孙姓名人志士层出不穷。

当代孙姓的集中居住地主要有富阳、杭州、宁波、萧山、余姚、湖州、绍兴、慈溪、奉化、嘉兴等地，其他地方如象山、金华、义乌、永嘉、桐庐、永康、上虞、诸暨、余杭、东阳、瑞安、舟山、嵊州等也有相对集中的分布。

孙氏郡望地之一的富阳，如今孙氏主要聚居于龙门乡龙门村及大青乡宵井村、春建乡下塘村诸处，富春江两岸的孙氏还有王洲五堡支、场口化竹支、大青孙家溪支等，其中以龙门村孙氏最为壮大，如今村子共有 1700 多户人家，而 90% 以上姓孙。

福建省：

福建孙姓族人是从唐末开始迁入的，现人口集中居住区有：厦门集美、同安、连江、泉州、惠安、晋江、安溪、南安、浦城、永春等地。福建孙姓自明代中期以后还有向海外迁移的。

福建闽西还是客家的集中居住地，客家先民，原是中原的汉民。因战乱等原因，自西晋以来，客家先民经过几次大的南迁，在闽西、粤、赣边三角地区聚集、形成、壮大，后又从这里走向四方。孙中山先人曾从闽西宁化迁居到广东。现在闽西宁化是海内外客家裔孙寻根谒祖的圣地之一。

广东省：

广东孙姓迁入较晚，最早是在南宋时期，现主要居住地有：中山、顺德、兴宁、陆丰、海丰、揭阳等地。广东在近代出现孙氏最伟大的人物，同时也是中华民族史最伟大人物之一——中国民主主义革命的先行者孙中山先生。

山西省：

山西是孙姓较早居住的地方，这里有孙姓早期的两大郡望：太原（今山西省平遥县）、河东（今山西省夏县西北）。在历史上这里的孙姓曾出现过辉煌，如魏晋南北朝期间的太原孙氏。由于历史上各种因素的影响，现在这里孙姓人口的分布比例不是很高。

陕西省：

陕西省也是孙姓居住较早的地方，这里有孙姓早期的郡望华原（治今陕西铜川市耀州区），唐代华原诞生了“医圣”孙思邈。现在陕西省的孙姓人口分布比例不是很高，低于全国平均数。如陕西省蒲城县孙氏排第十位，延长县孙氏排第十一位，都在5000人以上；而耀州区孙氏排在第十七位，有2000至3000人，占总人口数的1%左右。

（本文作者为南乐县政协主席）

孙姓的排名、人口与分布

⊙陈建魁

一、孙姓排名与人口

（一）旧《百家姓》中孙姓排名

第一次对全国姓氏进行排名的，是北宋初年出现的《百家姓》。在这部钱塘老儒所编的《百家姓》中，孙姓排名第3位，即“赵钱孙李，周吴郑王……”赵为当朝国姓，故列首位；钱是编者所在吴越国之皇帝姓氏，孙是钱氏正妃之姓。此书原收集姓氏411个，后增补到504个，其中单姓444个，复姓60个。《百家姓》的次序不是各姓氏人口实际排列，是因为读来顺口，易学好记。《百家姓》流行颇广，与《三字经》《千字文》并称“三百千”，是中国古代幼儿的启蒙读物。

到了明代和清代，也有类似宋代《百家姓》的读物。如明人吴沈所编《皇明千家姓》：

> 朱奉天运，富有万方；圣神文武，道合陶唐。学弘周孔，统绍禹汤……本支绵衍，子孙延长……公孙有熊……颛孙公乘……公行王孙……长孙慕容……沙陀乌孙……侯冈虢射，仲叔阳成；公明熊相，常寿安平……

《皇明千家姓》共收姓氏近2000个，其编写，首先是用明朝国姓“朱”字打头，用以宣扬皇帝权威。中间部分大都按照事物归类，有介绍各种知识的作用。末尾又是大段歌功颂德的话。文中出现6个孙字，考察文意，“子孙延长”是歌颂朱明王朝的，公孙、颛孙、长孙、乌孙皆是复姓，只有“公行王孙”里边的“孙”，才指的是单姓“孙”。只是排名比较靠后，大约排名在1900位。

清代则在康熙年间出现了《御制百家姓》，全文472字：

孔师阙党，高山詹仰。冉季宗政，盖郗颜闵。余宗伊傅，轩辕皇甫……单于冷薄，长孙仲孙……吉缪朱陈，太叔公孙。贝叶谭经，百家姓续。

《御制百家姓》中，孙字出现3次，即长孙、仲孙、公孙，此三处皆可作复姓，但仲孙、公孙可以分开，仲、孙、公都可作姓氏。

（二）新《百家姓》中孙姓排名

20世纪80年代，电子计算机的逐渐普及为我国当代各姓人口的统计带来了方便。1987年到1989年，中国科学院遗传研究所、国家语言工作委员会文字处、中国文字改革委员会根据1982年全国人口普查资料，分别进行抽样统计，其结果大同小异，前10个大姓都是“李王张刘陈杨赵黄周吴”，只是排列顺序有所不同。而孙姓在以上三种排名中，分别居于第12位、第11位、第15位。

中国科学院遗传研究所得出的全国前300位大姓姓氏排名如下：

1. 李（7.94）	2. 王（7.41）	3. 张（7.07）	4. 刘（5.38）
5. 陈（4.53）	6. 杨（3.08）	7. 赵（2.29）	8. 黄（2.23）
9. 周（2.12）	10. 吴（2.05）	11. 徐（1.66）	12. 孙（1.54）
13. 胡（1.31）	14. 朱（1.26）	15. 高（1.21）	16. 林（1.18）
17. 何（1.17）	18. 郭（1.15）	19. 马（1.05）	20. 罗（0.86）

……

这300个姓氏的人口约占我国汉族总人口的98.5%（括号内的数字表示占汉族总人口的百分率）。

国家语言工作委员会文字处在1989年对1982年全国人口普查中57万多人的姓氏情况进行了分析统计，发现前200大姓的人口数量占人口总数的95.5%。前300位大姓是：王李张刘陈，杨周黄赵吴；孙徐林胡朱，郭梁马高何……孙姓排名第11位。

中国文字改革委员会进行姓氏普查的结果，前300位大姓是：王陈李张刘，杨黄吴林周；叶赵吕徐孙，朱高马梁郭……孙姓排名第15位。

在这三种抽样统计中，以中国科学院遗传研究所的抽查影响最大，当时被称为新《百家姓》。它根据国家统计局提供的1982年全国人口普查千分之零点五随机抽样资料（57万余人），以及1970年台湾省人口状况，按人数多少排列出了中国最常见的100个汉族姓氏，其中孙姓居于第12位，约占全国总人口数的1.54%。

21世纪初，在国家自然科学基金姓氏研究项目的支持下，中国科学院遗传与发育生物学研究所与深圳市鼎昌实业有限公司历时两年对中国人姓氏进行了一次大规模调查，两年的调查涉及全国1110个县市，得到了2.96亿人口的数据，共获得姓氏4100个。2006年的调查结果显示，孙姓仍居于第12位，占全国总人口数的1.44%。

2006年版的《百家姓》出炉后，取代1989年版的《百家姓》，被称为新《百家姓》。这100大姓的排列顺序如下：李王张刘陈杨黄赵周吴，徐孙朱马胡郭林何高梁……

2007年4月，公安部治安管理局根据对全国户籍人口的一项统计分析，排出了新的《百家姓》。统计结果显示：姓氏人口总数在2000万以上的姓有10个，依次为：王、李、张、刘、陈、杨、黄、赵、吴、周。姓氏人口少于2000万多于1000万的姓氏有12个，依次是：徐、孙、马、朱、胡、郭、何、高、林、罗、郑、梁。孙姓总排名为第12位，占全国总人口数的1.54%。根据上述统计数据及2013年底中国人口（包括港澳台）14亿左右的统计，当时中国孙姓人口在2156万人左右。而在三年后的2016年10月，中国孙姓人口及海外华裔孙姓人口，总人数约在2400万。

二、当代孙姓的分布概况

孙姓经过历代的播迁，已经发展成为典型的北方姓氏。当代，孙姓人口遍布海内外，名列当代中国姓氏中的第12位。我国大陆各省、市、自治区及港澳台地区都有孙姓分布。汉、回、满、彝、苗、侗、羌、佤、朝鲜、土家、阿昌、哈尼、景颇等民族均有孙氏。当今孙姓在全国的分布，以山东孙姓人口最多，河南次之，两省大约占孙姓总人口数的28%，其次分布于黑龙江、河北、江苏、辽宁、吉林、安徽六省，这六省集中了孙姓人口的41%。山东作为孙姓人口第一大省，居住了孙姓总人口数的18%左右，占山东总人口数的3.36%。以长江为分水岭，形成了孙姓南多北少的分布格局。下面试以省会城市孙姓人口排名（西藏与港、澳无资料可查，暂缺），进一步说明孙姓在全国的分布格局（此据2007年公安部之统计数据）。

孙姓排名在前10位的省会城市（含首都）有9个，都在长江以北：

济南市十大姓：王、张、李、刘、赵、孙、杨、陈、马、徐，孙姓排名第6位。

长春市十大姓：王、李、张、刘、赵、孙、杨、陈、于、高，孙姓排名第6位。

哈尔滨十大姓；王、张、李、刘、赵、孙、杨、陈、于、徐，孙姓排名第6位。

沈阳市十大姓：王、张、李、刘、赵、杨、孙、陈、高、马，孙姓排名第7位。

北京市十大姓：王、张、李、刘、赵、杨、陈、孙、高、马，孙姓排名第8位。

天津市十大姓：王、张、李、刘、杨、赵、陈、孙、高、马，孙姓排名第8位。

郑州市十大姓：王、李、张、刘、赵、陈、杨、郭、孙、马，孙姓排名第9位。

合肥市十大姓：王、张、李、陈、刘、杨、吴、周、徐、孙，孙姓排名第10位。

银川市十大姓：王、张、李、刘、杨、陈、赵、吴、马、孙，孙姓排名第10位。

而上述9个孙姓人口排名前10的省会城市，除了银川在中国西部，郑州在中国中部，其他7个都在中国东部地区。

而在上述省会城市、北京所在省区的一些大城市中，孙姓人口排名也都是比较靠前的，如山东的青岛市，青岛十大姓：王、张、李、刘、孙、于、赵、徐、陈、杨，孙姓排名第5位；辽宁的大连市，大连十大姓：王、刘、张、李、孙、于、姜、赵、宋、杨，孙姓排名第5位。

以省区来说，孙姓排名在前10位的有山东、河南等，排名在前10到20位的有上海、陕西等，排名在50位以后的有福建、重庆等，排名靠后的多在东部偏南和西部偏南的一些省区。

孙姓排名在前10位的省区主要有山东、河南、河北、吉林、辽宁、黑龙江、北京、天津等。

山东省前100大姓：王张李刘孙，赵杨陈徐马……孙姓排名第5位。

内蒙古自治区前100大姓：王张李刘赵，杨郭孙高陈……孙姓排名第8位。

河北省前100大姓：王张李刘赵，杨陈孙马郭……孙姓排名第8位。

河南省前100大姓：王张李刘杨，赵陈郭孙马……孙姓排名第9位。

新疆维吾尔自治区汉族前100大姓：王张李刘杨，陈赵周马孙……孙姓排名第10位。

省区孙姓排名在前10到20的主要有上海、陕西等。

上海市前100大姓：张王陈李徐朱周吴刘沈，杨黄陆孙顾赵胡金曹钱……孙姓排名第14位。

陕西省前100大姓：王张李刘陈杨高赵马路，郭贺曹孙贾任周薛胡牛……孙姓排名第14位。

而在南方省区、西南省区，孙姓的排名则比较靠后，如：

海南省前100大姓：陈王李吴符，林黄张周郑，刘杨梁何蔡，曾许冯谢黎，邢钟苏韩罗，唐邓朱郭莫，叶潘孙羊赵……孙姓排名第33位。

江西省前100大姓：刘李陈张黄，王吴周胡徐，杨曾罗钟谢，熊肖朱彭余，邓郭何邹廖，程叶赖郑万，袁江汪邱林，曹付蔡许卢，方赵夏丁孙……孙姓排名第35位。

重庆市前100大姓：李张陈刘王，杨周黄罗唐，吴胡何谭邓，彭赵徐蒋向，谢余曾朱熊，郑廖肖袁秦，冉程田郭夏，邹高冯孙梁……孙姓排名第39位。

湖南省前100大姓：李刘陈张王，周黄杨唐罗，肖彭胡邓曾，何吴谢谭蒋，朱廖曹赵徐，贺郭易袁邹，龙雷尹熊文，钟夏郑孙向……孙姓排名第 39 位。

福建省前 100 大姓：陈林黄张吴，李王郑刘杨，蔡叶许谢苏，曾周洪郭朱，罗赖何邱徐，庄江沈余肖，廖胡卢方魏，潘高柯戴范，邓傅施吕翁，颜钟游梁孙……孙姓排名第 50 位。

新疆维吾尔自治区前 100 大姓：王张李刘杨，徐吴朱郭黄，魏唐郑曹罗，谢杜任丁梁，邓彭程崔姜，蔡白苏薛秦，沈余段史夏，陆常顾谭尹，康齐樊武严，侯毛钟龚孔……孙姓排名第 50 位。

广东省前 100 大姓：陈梁黄何李，林吴张刘周，罗叶曾郑黎，邓卢杨郭钟，谭蔡谢朱许，麦冯潘伍区，苏徐马廖余，莫彭欧邝冼，胡邱汤王陆，唐温袁严阮，赵简方萧杜，沈翁范古……孙姓排名第 61 位。

台湾省前 100 大姓：陈林黄张李王吴刘蔡杨，许郑谢郭洪邱曾廖赖徐……余赵卢梁颜柯孙魏翁戴……孙姓排名第 67 位。

四川省前 100 大姓：李张王刘杨陈黄周罗吴，蔡曾唐何钟邓朱徐赵蒋……税温姚孙赖严段付尹于……孙姓排名第 74 位。

综上可知，孙姓是典型的北方大姓，在华北、东北部的省市中的排名比较突出，例如在山东、北京、天津、辽宁、吉林、黑龙江、河南、宁夏、新疆和内蒙古等省市自治区，孙姓都是十大姓氏之一。

（本文作者为河南省社会科学院历史与考古研究所副所长、副研究员）

研讨会相关文件

“中国濮阳·中华孙姓源流研讨会”开幕式致辞

⊙魏一明

各位专家、各位嘉宾：

大家上午好！

在这丹桂飘香、金菊绽放的深秋时节，“中国濮阳·中华孙姓源流研讨会”在龙乡濮阳召开了。我谨代表河南省社会科学院和河南省姓氏文化研究会，对研讨会的召开表示衷心祝贺，对各位学者和嘉宾的到来表示热烈欢迎！

河南地处中原，是中华民族和中华文明的主要发祥地，历史文化资源积淀丰厚，也是全国数一数二的姓氏文化资源大省。在以人数多寡排序的中华前100个大姓中，有78个姓氏起源于河南；中华前五大姓氏王、李、张、刘、陈均起源于河南；有“陈林半天下，黄郑排满街”之称的海外四大姓氏也起源于河南。自改革开放以来，国门大开，到河南寻根问祖的海外华人与日俱增，络绎不绝，根亲文化风生水起，寻根旅游和寻根经济应运而生。与此相适应，河南对姓氏文化的研究越来越深入，影响范围也越来越大。

中华文明以农业文明为最大特点，数千年来，安土重迁的农业社会和自给自足的小农经济，逐渐形成了相对稳定的“家国同构”的社会形式，家庭、家族与国家在组织结构方面主要以血亲宗法关系来统领。“草木祖根，山祖昆仑，江河祖海”成为中华民族代代相传的基因、理念，慎终追远、报本反始、尊祖敬宗成为中华民族的优良传统，姓氏文化由此也成为中华优秀传统文化中的一部分。

习近平总书记指出：“中华文化源远流长，积淀着中华民族最深层的精神追求，代表着中华民族独特的精神标识，为中华民族生生不息、发展壮大提供了丰厚滋养。”“中华优秀传统文化是中华民族的精神命脉，是涵养社会主义核心价值观的重要源泉，也是我们在世界文化激荡中站稳脚跟的坚实根基。”“抛弃传统、丢掉根本，就等于割断了自己的精神命脉。”家庭是社会的细胞，一个个家庭组成了一个个姓氏家族，千千万万个姓氏家族组成了中华民族。研究开发姓氏文化有利于传承和弘扬中华民族优秀传统文化，有利于提升中华民族的文化认同和文化自信，有利于增强中华民族的凝聚力和向心力，对于实现“两个一百年”奋斗目标和中华民族伟大复兴的中国梦具有积极的意义。

河南省社会科学院是河南省哲学社会科学最高研究机构，正在致力于新型智库建设。多年来，中原文化被我院作为重点学科予以特别扶持、重点发展，除了历史与考古研究所、文学研究所和哲学与宗教研究所这些固定机构，还设立了中原文化研究中心、河洛文化研究中心、河南省文化产业发展基地、姓氏祖地与名人里籍研究认定中心以及《中原文化研究》《河南文化蓝皮书》等学术交流平台。河南省姓氏文化研究会是我院主管的河南省一级法人社会团体，近年来在我省姓氏文化研究和姓氏寻根谒祖活动方面发挥了重要的组织领导作用，培养和联系了一批对姓氏文化有专门研究的专家，取得了不少成绩。2009 年由我院和省委统战部联合编纂的《中华姓氏河南寻根》一书，共计 280 万字，介绍了起源于河南的 80 个大姓，图文并茂，是河南姓氏文化研究的集大成之作。近几年，由我院历史与考古研究所和文学研究所发起组织，对卢姓、龚姓、茹姓、郑姓、姜姓等姓氏以及信阳根亲文化等都召开了专题研讨会，取得了丰硕成果，促进了地方经济文化的发展。今后一段时间，我们要立足中原大地、根植中原文化，凝练中原智慧、创新中原思想，提升中原智库、打造中原学派，解决中原问题、服务中原人民。既要围绕省委省政府的中心工作展开研究，发挥决策咨询作用；也要积极与地方开展合作，服务于地方政府，为地方发展提供智力支持。

孙姓作为中华大姓，得姓两三千年以来，钟灵毓秀，名人辈出，积累了丰厚的家族文化，而濮阳戚城正是孙姓的重要起源地。在传承弘扬中华优秀传统文化的当下，对于在中国历史和中华文化的发展进程中曾经发挥过重要作用的孙姓进行深入研究，进一步厘清孙姓的起源与播迁，进一步挖掘孙姓优良的家风家训等文化价值，进一步研究孙姓历史名人的文化贡献，并在此基础上，进一步加强孙姓文化古迹的保护，加强孙姓文化的开发利用，加强孙姓优良家风的传承弘扬，应该是这次研讨会召开的主旨和意义所在。希望河南省姓氏文化研究会和濮阳市孙姓文化研究会能够以此次研讨会为契机，把姓氏文化研究与地方文化研究、文化强省建设研究、中华优秀文化传承弘扬研究结合起来，出版更多更优秀的成果。

最后，预祝研讨会取得圆满成功！祝愿与会各位专家学者、各位嘉宾在濮阳期间心情愉快，身体健康！

谢谢大家！

（本文作者为河南省社会科学院党委书记）

“中国濮阳·中华孙姓源流研讨会”开幕式欢迎辞

⊙郭岩松

尊敬的各位领导、各位专家和孙氏宗亲：

在这金风送爽、丹桂飘香的美好季节，我们高兴地迎来了“中国濮阳·中华孙姓源流研讨会”的隆重召开。在此，我谨代表濮阳市委、市政府对会议的召开表示热烈的祝贺！对参加会议的各位专家和孙姓宗亲表示热烈的欢迎和衷心的感谢！

华夏文明源远流长。孙姓是中华民族最古老、最悠久的姓氏之一，在漫长的历史发展长河中始终与中华民族同呼吸、共命运，为中华民族光辉灿烂的历史，为人类社会的发展与进步，做出了巨大的贡献！苍天之木，必有其根；怀山之水，必有其源。姓氏不仅是血缘的纽带，更是文化的纽带、团结的纽带。本次“中国濮阳·中华孙姓源流研讨会”的召开，与会专家学者将深入挖掘濮阳姓氏文化资源，厘清中华孙姓源流，以正本清源，统一认识，这对于促进全国乃至全球孙氏宗亲认祖归宗，加快华夏历史文明传承创新区建设和濮阳经济社会特别是文化事业发展具有十分重要的意义。

习近平总书记说：“博大精深的中华优秀传统文化是我们在世界文化激荡中站稳脚跟的根基。”濮阳，历史悠久，人杰地灵，有着灿烂的历史文明，是中华民族重要发祥地之一。漫长的历史岁月在这片土地上留下了众多传说和历史典故，如仓颉造字、晋文公退避三舍、柳下惠坐怀不乱等历史佳话；晋楚“城濮之战”、齐魏“马陵之战”、宋辽“澶渊之盟”等历史遗迹；兵家之祖吴起，一代名相商鞅，天文大师僧一行等均诞生在这里。因 1987 年在西水坡出土了距今 6400 年的珍贵文物蚌塑龙形图案，濮阳被中华炎黄文化研究会命名为“华夏龙都”“中华帝都”。

进入新世纪特别是近几年来，濮阳市委、市政府以深入开展“一创双优”集中教育活动为契机，强力推进经济社会发展，大力实施城市建设综合提升工程，着力改善民生，短短几年时间，濮阳面貌发生了巨大变化，经济社会发展增速一跃跨入全省先进行列，实现了赶超发展、跨域发展，富裕文明和谐美丽新濮阳已初现。上个月刚刚闭幕的第七届濮阳市党代会又绘就了今后5年濮阳发展的美好蓝图，濮阳又将迈上新一轮赶超发展的快车道。

相信，本次“中国濮阳·中华孙姓源流研讨会”的召开，必将进一步提升濮阳在全国的知名度，形成宣传濮阳、推介濮阳的良好氛围，对推动濮阳经济社会尤其是文化事业繁荣发展产生积极的影响。

最后，预祝“中国濮阳·中华孙姓源流研讨会”圆满成功！祝各位专家学者在濮阳工作生活愉快，祝大家身体健康、阖家幸福、万事如意！

谢谢大家！

（本文作者为濮阳市市委常委、宣传部部长）

“中国濮阳·中华孙姓源流研讨会”开幕式致辞

⊙徐义华

诸位老师、诸位同行、诸位朋友：

大家下午好！

很高兴有机会参加“中国濮阳·中华孙姓源流研讨会”。今天在座的有我的前辈也有我的学长，如老师辈的曹定云先生、马世之先生、李玉洁先生、杨东雷先生，学长辈的朱彦民先生、张新斌先生、李立新先生、王大良先生、薛瑞泽先生、孙学雷先生，他们都在濮阳古代文明和姓氏文化研究方面有丰硕的成果，所以在今天的会场上我在辈分上是后学，在研究上是后进，大会安排我来发言，我感到诚惶诚恐。不过，这样的安排也有一个好处，那就是像我这样的后学后进，都认识到了濮阳古代文明和姓氏文化的重要性并投入到学习和研究中，就更能证明濮阳古代文明和姓氏文化的影响力和吸引力。

濮阳属于中原地区，具有非常丰富的文化底蕴。从考古方面，这里有西水坡遗址、马庄遗址、戚城遗址；从历史方面，这里是康叔受封之卫，是城濮发生之地，是诸侯会盟之所，是历史风云际会之处；从文化方面，这里有颛顼、帝喾，有仓颉，有戚、孙姓起源地。就是说，濮阳拥有丰富的古代文明和姓氏文化研究资料，其中有的资料学术价值和社会意义都非常重要，例如濮阳西水坡遗址发现的龙虎图案，即是中国古代历史的重要资料，大家多关注龙图案并宣传华夏第一龙，并以之作为濮阳的标志。其实，西水坡龙虎图案的文化含义和社会内涵更为重要，左青龙右白虎的图案，是古人对天象的划分，而这种天象划分除自然历法知识属性外，还具有特殊的社会属性，即是当时的时间确定标准。也就是说，早在七千年前历法和时间标准即在濮阳地区出现和形成。这说明，濮阳地区在历史早期不仅在知识方面是领先的，而且在人群组织方面也是领先的。人类社会的发展和跨地域跨族群组织的出现是有前提的，一个很重要的标准即是统一的时间标准，只有形成统一的时间标准，才可能实现大地域内不同人群之间的统一行动。而这种统一时间标准的建立，即是基于对天象的观察。濮阳地区青龙白虎图案的出现，表明这一地区已经具备了建立标准的基础。与之相应的，是古代著名的颛顼历，以颛顼命名历法，说明颛顼在历法建设方面有过重要作用。而颛顼恰恰是活动在濮阳及其周边地区，濮阳又称颛顼故都，颛顼、帝喾二帝陵也在左近。这种时间标准的建立，说明濮阳曾经是引导历法知识和族群融合的核心地区。同时，颛顼也是中国古代族群融合过程中的重要人物，从古代文献看，颛顼是将中原部族与东夷、楚蛮、巴蜀等周边部族融合在一起的关键人物。由此，可以说，濮阳地区不仅有丰富的姓氏起源资料，而且可以追溯历史早期的族群融合。

今天来参加研讨会的，有专家学者、政府官员、社会贤达，也有孙氏宗亲，可谓集中了各种社会力量。在姓氏文化研究方面，河南具有特殊的优势，除姓氏文化资源丰富之外，更重要的是形成了一个稳定高效的研究和组织团队，即以河南省社会科学院张新斌、李立新等为代表的河南姓氏文化研究会，近些年在姓氏文化研究方面有规模、有影响的学术研讨会大部分都是由河南省社会科学院这一团队组织进行的。姓氏文化研究是近年的研究热点，但总体上力量比较分散，而河南省社会科学院却形成了比较集中的力量，不仅在研究方面成果领先，而且在组织方面，也是非常成功，能够把学界、政界和社会力量组织在一起，形成合力。所以，可以预见，河南省社会科学院在以后的姓氏文化研究方面会取得更大成绩。

濮阳地区拥有丰富的古代文明和姓氏文化资源，对于研究者具有很强的吸引力，同时又拥有强有力的组织团队，并得到政府、社会各界的支持，具有优良的研究环境，我相信以后在中国古代文明和姓氏文化研究方面，将会取得越来越大的成绩。我也预祝本次大会取得圆满成功！谢谢大家！

（本文作者为中国社会科学院历史研究所研究员）

“中国濮阳·中华孙姓源流研讨会”会议纪要

⊙李立新

2016年10月14日—16日，“中国濮阳·中华孙姓源流研讨会”在中华龙乡濮阳市隆重召开。此次研讨会由河南省姓氏文化研究会、河南省社会科学院中原文化研究中心主办，濮阳市孙氏文化研究会承办，濮阳市社会科学界联合会协办。来自中国社会科学院、中国科学院、中国青年政治学院、中国国家图书馆、南开大学、浙江大学、苏州大学、四川行政学院、陕西历史博物馆、河南省社会科学院、郑州大学、河南大学、郑州航空工业管理学院、河南科技大学等高等院校和科研院所的专家学者，以及孙姓宗亲、新闻记者等60余人参加了会议。会议期间，与会代表实地考察了孙姓起源地戚城遗址、龙湖、濮上园等，切身体会到濮阳的文化魅力。与会专家从孙姓起源与播迁、孙姓文化、孙姓名人等方面展开研讨，并就以下几个方面达成共识：

一、姬姓孙氏是中华孙姓的主体支派。按照传统的说法，孙姓起源有姬姓孙氏、妫姓孙氏、芈姓孙氏及子姓孙氏等几种观点。其中姬姓孙氏出自卫国公族，乃周文王第八子卫康叔之后，出身华贵，得姓时间最早。春秋初年，卫武公之孙耳，食采邑于戚（今濮阳市戚城）；耳之子武仲，以祖父惠孙之字为氏，即为孙氏；《世本》《元和姓纂》《新唐书·宰相世系表》《广韵》等姓氏学著作及众多孙姓家谱、墓志等文献材料，论及孙姓起源，均首推姬姓孙氏。在孙姓发展历史上，包括孙中山在内的众多历史名人和当今绝大多数孙姓族人都属于这一支派。至于孙武到底属于姬姓孙氏还是妫姓孙氏，聚讼不决，应是历史上因政治原因而建立虚拟血缘关系的结果。因此我们可以说，天下孙氏主根在濮阳。

二、孙姓历史上名人辈出。诸如孙武、孙权、孙思邈、孙逖、孙星衍、孙中山、孙犁等，他们在政治、军事、文化等方面做出了突出贡献，得到世人的敬仰，也是孙姓族人的荣光。他们的光辉事迹和优良品格值得今人不断去研究、宣传和传承。

三、"孝友堂"是孙氏的著名堂号。以"孝友"为核心的孙氏家风是孙氏文化的宝贵财富，也是中华民族优秀传统文化的重要内容。而作为孙姓祖地的濮阳市，正是中国孝道之乡、孝道文化名城，古代著名的二十四孝故事中，就有四个发生在濮阳。濮阳市应把孙氏文化和孝道文化结合起来，予以深入挖掘、传承和弘扬。

四、濮阳市戚城故城是春秋时期卫国孙氏家族的封邑，具有丰富的历史文化内涵，不仅是孙姓，而且也是戚姓、文姓等姓氏的起源地。戚城遗址为全国重点文化保护单位，已被开发为园林式景区，是河南省大遗址保护的典范。建议濮阳市在此基础上，进一步挖掘其文化内涵，确定根亲文化主题，打造"寻根朝圣之旅"和"中国濮阳戚城寻根文化节"，吸引海内外华人来濮阳寻根旅游、投资兴业，充分发挥戚城遗址的社会效益和经济效益，为当地的文化建设做出应有贡献。

（本文作者为河南省社会科学院文学研究所副所长、研究员）